Heilige Helfer

Eine Veröffentlichung des LVR-Instituts für
Landeskunde und Regionalgeschichte

Qualität für Menschen

Alois Döring

Heilige Helfer

Rheinische Heiligenfeste
durch das Jahr

GREVEN VERLAG KÖLN

© Greven Verlag Köln GmbH 2009

www.Greven-Verlag.de

Gesetzt aus der Bauer Bodoni und der Perpetua

Redaktion: Dr. Ute Herborg-Oberhäuser, Bad Honnef

Lektorat: Dr. Michael Lauble, Düsseldorf

Gestaltung: Thomas Neuhaus, Billerbeck

Satz: Manfred Saftenberger, Waldbüttelbrunn

Umschlagfoto: Rheinisches Volkskundearchiv des LVR-
Instituts für Landeskunde und Regionalgeschichte

Lithographie: farbo prepress GmbH, Köln

Druck und Bindung: fgb · freiburger graphische betriebe, Freiburg

ISBN 978-3-7743-0432-1

INHALT

VORWORT
von Eckhard Bolenz   8

HEILIGE HELFER
Zur Einführung   9

JANUAR
1. 1.   Maria   27
6. 1.   Heilige Drei Könige   37
17. 1.   Antonius (der Große)   44
20. 1.   Sebastian (Sebastianus)   48
23. 1.   Lüfthildis von Lüftelberg   50
28. 1.   Irmund (Irmundus) von Mündt   54

FEBRUAR
1. 2.   Brigida (Brigitta) von Kildare   57
3. 2.   Blasius   60
5. 2.   Agatha   63
5. 2.   Adelheid (Adelheidis) von Vilich   65
9. 2.   Apollonia   69
14. 2.   Valentin (Valentinus) von Terni   71
24. 2.   Matthias   74
25. 2.   Walburga (Walpurgis)   77

MÄRZ
17. 3.   Gertrud (Gertrudis) von Nivelles   81
19. 3.   Josef von Nazareth   84

APRIL
6. 4.   Petrus von Verona (Petrus Martyr, Petrus von Mailand)   89
23. 4.   Georg   91
27. 4.   Salmanus von Würselen   94
30. 4.   Quirinus von Rom (von Neuss)   96

MAI

5. 5.	Godehard (Godehardus, Gotthardus) von Hildesheim	101
11. 5.	Mamertus (Eisheiliger)	104
12. 5.	Pankratius (Eisheiliger)	104
13. 5.	Servatius (Eisheiliger)	105
14. 5.	Bonifatius (Eisheiliger)	106
16. 5.	Johannes von Nepomuk	108
21. 5.	Hermann Josef von Steinfeld	111
25. 5.	Urban (Urbanus)	114

JUNI

13. 6.	Antonius von Padua	117
24. 6.	Johannes der Täufer	120
27. 6.	„Siebenschläfer"	125
29. 6.	Peter und Paul (Petrus und Paulus)	128
30. 6.	Donatus von Münstereifel	131

JULI

3. 7.	Thomas	135
23. 7.	Apollinaris	137
24. 7.	Christophorus	141
25. 7.	Jakobus der Ältere (derGroße)	144
26. 7.	Anna	150

AUGUST

6. 8.	Gezelinus von Schlebusch	155
10. 8.	Laurentius	157
16. 8.	Rochus	160
24. 8.	Bartholomäus	164
30. 8.	Heribert (Heribertus) von Köln	166

SEPTEMBER

4. 9.	Irmgard (Irmgardis) von Süchteln / von Köln	169
4. 9.	Suitbertus (Swidbert) von Kaiserswerth	172
15. 9.	Oranna	174
16. 9.	Kornelius	176
29. 9.	Lutwinus (Liutwin) von Trier	179
30. 9.	Sophia und ihre Töchter Fides, Spes und Caritas	181

OKTOBER

10.10. Heilige der Thebäischen Legion (Viktor von Xanten,
        Cassius und Florentius von Bonn)   185
11.10. Quirinus von Malmedy   188
20.10. Wendelinus   190
21.10. Ursula (und ihre Gefährtinnen)   194
23.10. Severin (Severinus) von Köln   197
28.10. Judas Thaddäus   200

NOVEMBER

 3.11. Hubertus von Lüttich   203
 7.11. Willibrord (Willibrordus)   208
11.11. Martin (Martinus) von Tours   211
22.11. Cäcilia   214
30.11. Andreas   216

DEZEMBER

 1.12. Eligius   221
 4.12. Barbara   223
 5.12. Anno   227
 6.12. Nikolaus   229
 7.12. Ambrosius von Mailand   234
13.12. Jodokus   237
13.12. Odilia (Ottilie)   239
13.12. Luzia   241
26.12. Stephan (Stephanus)   244
27.12. Johannes der Evangelist   246
31.12. Silvester   250

ANHANG

        Literatur / Quellen   254
        Heiligenregister   259
        Ortsregister   260
        Patronate / Anliegen   263
        Bildnachweis   264

VORWORT

St. Florian soll Haus und Hof vor Feuer schützen – sind nicht Blitzableiter und Feuermelder wirksamer? Der heilige Christophorus behütet den Autofahrer – bringen nicht die Einhaltung von Verkehrsregeln und eine defensive Fahrweise mehr Sicherheit im Straßenverkehr? Ist nicht diese ganze Heiligenverehrung überkommene katholische Frömmigkeit, die ihren Platz in lang vergangenen Lebenskontexten hatte? Provokante Fragen – aber mit ihnen werden wir als Wissenschaftler des LVR-Instituts für Landeskunde und Regionalgeschichte immer wieder konfrontiert.

Es ist unsere Aufgabe, den Lebensalltag im Rheinland sowohl in der Gegenwart als auch in der Vergangenheit zu dokumentieren und seine kulturellen Bezüge und Bedeutungen zu erklären. Religion, Spiritualität und Glaubensvorstellungen haben für den Lebensvollzug der Menschen im Rheinland eine große Bedeutung. Das hat Alois Döring schon bei seinen Forschungen über die rheinische Brauchlandschaft erkannt. Deshalb lässt er seinem ersten Band „Rheinische Bräuche durch das Jahr" einen zweiten folgen, in dem die Heiligen und die Formen ihrer Verehrung im Vordergrund stehen. Denn die Heiligen spielen auch heute noch eine wichtige Rolle: Heilige haben einen Namen, ein Gesicht und eine Geschichte. Sie sind für viele Menschen persönliche Ansprechpartner bei Problemen und Sorgen. Ihre Bilder und Figuren schmücken nicht nur Kirchen, sondern öffentliche Plätze, Straßen, Häuser und Privatwohnungen. An ihren Gedenktagen finden Feste, Umzüge, Prozessionen oder Jahrmärkte statt. Sie haben bis heute einen Sitz im Leben. Heiligenverehrung gehört zu den Traditionen, die den Menschen Strukturen in Zeit und Raum vermitteln. Mit ihren religiösen und sozialen Funktionen bieten sie Potential für Sinnstiftung und die Erfahrung von Spiritualität.

Alois Döring ist der wohl profundeste Kenner der populären Heiligenverehrung im Rheinland. Als Volkskundler geht es ihm nicht um theologische Dogmen oder eine Fixierung von historischen Ereignissen, sondern ihn bewegen andere Fragen: Was bedeutet die Heiligenverehrung für die Menschen, die sie praktizieren? Welche Zeichen, Symbole und Handlungsmuster werden genutzt, um Gedanken- und Gefühlswelten auszudrücken? Mit diesem an der Alltagsrealität orientierten Ansatz ist ein Buch entstanden, das wie ein Nachschlagewerk aufgebaut ist. Übersichtlich, klar und präzise stellt es die im Rheinland populären Heiligen in Einzelportraits vor. Informationen über Festtermine, Ikonographie, Biographie sowie gegenwärtige und historische Verehrungsformen werden ergänzt durch Wetter- und Bauernregeln sowie zahlreiche Illustrationen.

So ist ein gleichermaßen informatives wie schönes Buch entstanden, dessen Leserinnen und Lesern ich viel Freude bei der Lektüre und Anregungen für den Alltag wünsche.

Bonn, im August 2009   *Dr. Eckhard Bolenz*
                    Leiter des LVR-Instituts für Landeskunde und Regionalgeschichte

Heilige Helfer

Zur Einführung

Heilige gelten als *wirkliche Helfer*. Die Gläubigen richten ihre Bitten an den Heiligen und schreiben ihm persönlich deren Erhörung zu. Nach theologischer Auffassung jedoch wirkt Gott das Wunder durch die Heiligen.

Gedenktage der Heiligen prägen den Jahreslauf, früher freilich mehr als heute. Im Netzwerk des Heiligenkalenders finden die Menschen Sicherheit und Geborgenheit in schwierigen Situationen. Denn die Heiligen erfüllen als Patrone die Aufgaben eines *himmlischen Anwalts*. Bruderschaften, religiös-weltliche Vereinigungen sowie Berufsgruppen erkoren ihre speziellen heiligen Helfer als Patron oder Patronin. Wetterregeln an Heiligenterminen gelten gewissermaßen als eine Richtschnur für die landwirtschaftlichen Arbeiten und die Ernteerwartungen der Bauern – und heute haben Hobbygärtner diese Tradition übernommen.

1   HEILIGSPRECHUNG

Als Heilige werden im Neuen Testament alle Mitglieder der christlichen Gemeinde bezeichnet (vgl. Römerbrief 1,7). Dieses Prädikat beschränkte die Kirche jedoch schon sehr früh auf Menschen, die als außergewöhnlich tugendhaft und glaubensstark galten. Die Geschichte der christlichen Heiligenverehrung beginnt mit dem Märtyrerkult, dessen frühestes Zeugnis der Bericht vom Martyrium des Polykarp um 160 ist.

Ab dem 4. Jahrhundert erweiterte man den Kreis der Verehrten um einzelne Personen aus der Welt der Mönche, um hervorragende Bischöfe, Adelsheilige, Königinnen und Könige sowie religiöse Erneuerer. Im 16. Jahrhundert sind die frühchristlichen Katakombenheiligen bekannt geworden, zu denen der heilige → Donatus gehört. Im antiken Rom durften Tote nicht in der Stadt begraben werden. Die ersten Christen legten ihre Begräbnisstätten deshalb außerhalb der Stadt in künstlichen Höhlen an, die später nach dem Standort der frühchristlichen Kirche S. Sebastiano *ad catacumbas*, zwei Meilen vor Rom, „Katakomben" genannt wurden. Als sich das Christentum im 4. und 5. Jahrhundert als Staatsreligion etablierte, entstanden in Rom große Stadtfriedhöfe; die Katakomben wurden aufgegeben. Im Jahr 1578 brach an der Via Salaria ein Weinberg ein und gab eine Katakombe frei. Forschergruppen fanden weitere Katakomben. Schon kurz nach deren Wiederentdeckung setzte ein regelrechter Ansturm auf die Gebeine aus den unterirdischen Friedhöfen ein.

Anfangs bestimmte das Kirchenvolk selbst seine Heiligen. Seit dem 6. Jahrhundert bedurfte es dazu der bischöflichen Genehmigung. Vom 10. Jahrhundert an zogen die

Päpste das Recht der Heiligsprechung an sich. Die erste päpstliche Heiligsprechung ist die Kanonisation des Bischofs Ulrich von Augsburg im Jahre 993 durch Papst Johannes XV. (985–996). Danach wächst die Zahl der päpstlichen Heiligsprechungen stetig. Günter ASSENMACHER fasst zusammen:

Es hatte sich somit seit der ersten päpstlichen Heiligsprechung im Jahr 993 immer mehr die Überzeugung gebildet, der Papst allein sei für die Erlaubnis des Kultes eines neuen Heiligen zuständig ... Im 13. Jahrhundert entwickelten sich dann immer strengere, vereinheitlichte rechtliche Formen, z. B. betreffend die direkte oder kommissarische Befragung der Zeugen, die Vereidigung der Amtspersonen, die Siegelung der Akten, deren Prüfung, die Behandlung der Sache im Konsistorium. Für die Verehrung eines Menschen als Heiliger in der streitenden Kirche war sowohl die volle Sicherheit über die Heiligkeit seines Lebens als auch über die auf seine Fürbitte hin gewirkten Wunder notwendig.

Papst Sixtus V. (1471–1484) war es, der dem Titel *selig (beatus)* eine eigene Bedeutung verlieh. Dazu lesen wir bei Günter ASSENMACHER: *Beatifikation bedeutete also die Erlaubnis einer eigenen Stufe oder eines eigenen, begrenzten Grades der Verehrung.* Als erste Seligsprechung wird die im Petersdom 1662 für Franz von Sales durchgeführte Feier angesehen.

Papst Johannes Paul II. (1978–2005) reformierte 1983 die Heilig- und Seligsprechung grundlegend. Noch einmal Günter ASSENMACHER:

Ein positives Urteil des Papstes wird in einem Dekret über den heroischen Tugendgrad, das Martyrium oder die Wunder festgehalten und in den 'Acta Apostolicae Sedis' publiziert. Danach steht der feierlichen Selig- oder Heiligsprechung selbst nichts mehr im Wege. Es bleibt allerdings 'im alleinigen Ermessen des Papstes, zu entscheiden, ob er die Kanonisation vornehmen will'.

Seit dem 16. Jahrhundert werden Heiligenlisten geführt, das heißt, alle vom Papst kanonisierten Heiligen werden in ein amtliches Verzeichnis eingetragen, in das „Martyrologium Romanum". Die Ausgabe von 1584 benennt rund 2 700 Heilige. Die heute offiziell anerkannten Heiligen und Seligen der katholischen Kirche verzeichnet die Ausgabe von 2004. Sie enthält auf 844 Seiten in lateinischer Sprache Angaben über 6 650 Selige und Heilige. Ferner sind rund 7 400 nicht namentlich und auch nicht immer zahlenmäßig erfasste Märtyrer aufgeführt, die bei Christenverfolgungen getötet wurden.

Den chronologischen Rahmen für die Heiligenverehrung bildet der „Allgemeine Römische Kalender", der seit dem 1. Januar 1970 gültig ist. Dieser Generalkalender wird ergänzt durch den „Regionalkalender für das deutsche Sprachgebiet", der Gedenktage von Heiligen aufführt, die in der jeweiligen Region gewirkt haben und dort besonders verehrt werden.

2 LEGENDEN

Legenden erzählen von heiligen Personen und stellen den Vorbildcharakter eines Heiligen heraus. Der Begriff entstammt dem mittelalterlichen Brauch, am Jahres-

Heiliger Martin mit Bettler zu seinen Füßen. Andachtsbild 17. Jahrhundert, kolorierter Kupferstich.

tag eines Heiligen in Kirchen und Klöstern Erzählungen von dessen Leben, Wirken und Tod vorzulesen. In Vers oder Prosa verfasst, zeigen sie die ideale Verwirklichung des Glaubens beispielhaft auf, um durch erbauliche Wirkung zur Nachahmung anzuregen. Die Demonstration eines vorbildlichen, gottgefälligen Erdenwandels war dabei entscheidender als die Aufzeichnung historischer Zeugnisse zum Leben eines Heiligen.

Die wichtigste schriftliche Sammlung von Heiligenlegenden ist die „Legenda aurea", zwischen 1263 und 1273 verfasst durch den italienischen Dominikanermönch Jacobus de Voragine. Sie war das populärste religiöse Volksbuch des Mittelalters. Für die Sammlung der Lebensgeschichten der Heiligen benutzte er vielfältiges Quellenmaterial wie Bibel, Apostel- und Märtyrerakten sowie in Klöstern oder im Kirchenvolk überlieferte Geschichten. Gleich nach ihrem Erscheinen trat diese Legendensammlung einen einzigartigen Siegeszug durch das ganze Abendland an, die erste deutsche Übersetzung entstand 1362. Nach der Reformation geriet die „Legenda aurea" weithin in Vergessenheit. Erst im 19. Jahrhundert wurde sie wiederentdeckt. Die Neuübersetzung dieses unter katholischen Gläubigen bis heute äußerst populären Erbauungsbuches durch Richard Benz erschien erstmals in den Jahren 1917 bis 1921.

Legenden

3   Attribute

Besondere Attribute auf bildlichen Darstellungen charakterisieren die Heiligen näher. Sie kennzeichnen den Träger: der Heiligenschein (*Nimbus*) zum Beispiel die Heiligkeit; Gattungsattribute – als Teil der Standestracht – die Zugehörigkeit zu einem geistlichen oder weltlichen Stand, zum Beispiel Bischofs-Mitra, Papst-Tiara, Mönchsgewand. Personenattribute beziehen sich auf ein bedeutsames Ereignis in der Vita oder personifizieren den Heiligen durch einen charakteristischen Gegenstand; Marterinstrumente wie Pfeile, Zangen, Messer oder Körperteile wie abgeschlagener Kopf, abgezogene Haut oder ausgerissene Zähne und ähnliche Requisiten erinnern an das Martyrium. Sinnbildliche Attribute verweisen auf die Tugenden der Trägerfigur, zum Beispiel steht die Lilie für Liebe oder Jungfräulichkeit, die Palme für Martyrium.

4   Patronate

Heilige wurden – und werden – als besondere Schutzpatrone erkoren. Kay Peter Jankrift schreibt dazu in seiner Medizingeschichte des Mittelalters:

Oftmals richteten die Gläubigen abhängig von der Art der Erkrankung ihre Gebete gezielt an solche Heilige, deren Hilfe für den jeweiligen Fall als besonders wirkmächtig angesehen wurde. Diese Wirkmächtigkeit leitete sich direkt aus dem Verlauf ihres Martyriums ab. Der heilige Erasmus beispielsweise, dem gemäß der hagiographischen Tradition mit einer Seilwinde die Gedärme aus dem Leib gerissen wurden, galt als Helfer gegen Magenschmerzen und Beschwerden des Verdauungstraktes.

Die Vorstellung der Patronatsfunktion wurzelt in der Sozialstruktur der mittelalterlichen Gesellschaft. Ähnlich wie man in der Obhut der Mächtigen Schutz und Sicherheit suchte, sollte der dem eigenen Stand nahestehende Schutzheilige als *himmlischer Anwalt* dienen, Schaden abwehren und Wohlergehen garantieren. Die spätmittelalterliche Gewohnheit, Heilige zum Patron zu küren, gipfelt letztlich in der Vorstellung vom *Heiligen für alle Fälle*, der von jedem Gläubigen angerufen und um dessen Hilfe bei jeglichem Anliegen gebeten werden kann. Dabei bildeten sich auch spezielle Patronatsgruppen aus.

Vierzehn Nothelfer

Die Vorstellung der helfenden Heiligen bündelt sich in der Verehrung der Vierzehn Nothelfer, die seit dem 9. Jahrhundert bezeugt ist. Durch eine Vision wurde der Kult um die vierzehn Heiligen populär: Der Legende nach erschienen dem Klosterschäfer Hermann Leicht der Zisterzienserabtei Langheim in Oberfranken in den Jahren 1445 und 1446 vierzehn Gestalten, die sich als *vierzehn Nothelfer* zu erkennen gaben und die Errichtung einer Kapelle beanspruchten. 1774 erbaute der fränkische Baumeister Balthasar Neumann (1687–1753) die bis heute viel besuchte Wallfahrtskirche Vierzehnheiligen.

Vierzehn Nothelfer. Relief von Eberhard Linke,
1970er Jahre. Pfarrkirche St. Brictius, Berk.

Patronate

Als die Vierzehn Nothelfer gelten in der Regel: Achatius – Ägidius – Barbara – Blasius – Christophorus – Cyriacus – Dionysius – Erasmus – Eustachius – Georg – Katharina – Margareta – Pantaleon – Vitus. Eine besondere Einheit innerhalb der Gruppe bilden die drei heiligen Jungfrauen: *Barbara mit dem Turm, Margareta mit dem Wurm, Katharina mit dem Rädchen, das sind die heiligen drei Mädchen.*

Heilige Vier Marschälle

Die Heiligen Vier Marschälle sind → Quirinus, → Hubertus, → Antonius und → Kornelius. Sie erfuhren im Rheinland eine besondere Verehrung, die durch kriegerische Ereignisse gefördert wurde. Als beispielsweise 1475 die Belagerung der Stadt Neuss durch Karl den Kühnen erfolgreich abgewehrt war, schrieben ihre Bewohner die Rettung der Hilfe durch den Neusser Stadtpatron Quirinus zu. Auch die Gründung von Hubertus- und Antonius-Ritterorden trug dazu bei, dass die Verehrung dieser vier Heiligen enormen Aufschwung erfuhr. Nach Wolfgang HERBORN taten die Marschälle *im Himmel in dieser Funktion ihren Dienst, denn nach der Vorstellung des Volkes war der ‚himmlische Hofstaat‘ analog dem irdischen Fürstenstaat aufgebaut, der vier Hofämter kannte.* Jeder dieser Marschälle galt als Beschützer von Mensch und Vieh, doch wurden sie auch bei bestimmten Krankheiten angerufen.

Weinheilige

Der Volksmund behauptet, die größte Tugend des Winzers sei die Hoffnung, sagt Georg SCHREIBER. Indes, in seiner Sorge um die Weinernte, in seiner Sorge vor Unwetter oder Ungeziefer wendet er sich vertrauensvoll an die Weinpatrone, bei denen er Anlehnung und Hilfe sucht. Durch deren Vermittlung soll der Lese Gottes Segen zuteil werden: Altäre und Kapellen sind den Schutzherren geweiht, Heiligenstatuen stehen wie Wächter in den Weinbergen, Prozessionen ziehen durch Fluren und Weingärten.

Die Schriftstellerin Bettina von Arnim schildert in „Goethes Briefwechsel mit einem Kinde" eine Winzerprozession im Rheingau. Sie legt dem Geistlichen die erklärenden Worte in den Mund: *Nun haben wir's unserm Herrgott vorgetragen, was unserm Wein not tut; noch acht Tage trocken Wetter, dann morgens früh Regen und mittags tüchtigen Sonnenschein, und das so fort Juli und August! Wenn's dann kein gutes Weinjahr gibt, so ist's nicht unsre Schuld.* (DÖRING)

Heilige Helfer

Weinheiliger Papst Urban.

Himmlische Fürsprecher der Winzer sind zum Beispiel die Heiligen → Laurentius und → Martin. Als Schutzherr des deutschen Weinbaus schlechthin gilt der heilige → Urban.

Brückenheilige

Brückenheilige wurden um gefahrlosen Übergang von Flüssen und Bächen, um sichere Schifffahrt und Flößerei angerufen, ebenso bei Hochwassergefahr und Überschwemmungen. Im Mittelalter wurde → Nikolaus u. a. zum Schutzherrn der Fährleute, Schiffer und Flößer und zum Heiligen der Flussübergänge. Ein weiterer mittelalterlicher Brückenheiliger war → Christophorus. Seit dem 17. Jahrhundert gilt → Johannes von Nepomuk als der Brückenheilige par excellence.

Exkurs: Schutzpatron für das Internet – ein modernes Patronat

Auch das elektronische Zeitalter macht sich das Schutzpatronat zu eigen. Die italienische Gruppe „Internet Observation Services" soll Anfang des 21. Jahrhunderts von höchster Stelle – dem Vatikan – den Auftrag erhalten haben, einen *www-tauglichen Heiligen* vorzuschlagen; die Wahl fiel auf Isidor von Sevilla (ca. 580–636).

Isidor ging als Jugendlicher ins Kloster und wurde mit dreißig Jahren zum Abt gewählt. Zehn Jahre später trat er die Nachfolge seines Bruders als Erzbischof von Sevilla an. Isidor machte sich einen Namen durch das 20-bändige Werk „Etymologiarum sive Originum", in dem er das Wissen der damaligen Zeit zusammenstellte. Daneben verfasste er ein umfangreiches Geschichtswerk sowie Abhandlungen über Theologie und Linguistik. Da er als einer der gelehrtesten Männer gilt, soll er sich zum Patron des Internets besonders eignen.

Unabhängig von einer endgültigen Klärung, wem die Ehre des Internetschutzpatrons zukommen soll, finden sich bereits ernst gemeinte Gebete, die an den heiligen Isidor von Sevilla gerichtet sind. Als Beispiel mag ein Gebet genügen, welches vor dem Surfen gesprochen werden sollte:

Allmächtiger, ewiger Gott,
du hast uns als dein Ebenbild erschaffen
und geboten, danach, was gut, wahr und schön ist, zu suchen.
Du hast uns dafür durch Jesus Christus deinen Geist geschenkt,
der die erfinderische Kraft ist.
Durch die Fürsprache des heiligen Bischofs Isidor bitten wir dich:
Stärke in uns deinen Geist, damit wir während der Reise durch das Internet
unsere Hände und Augen nur darauf lenken, was dir gefällt,
und den Menschen online mit Liebe und Geduld begegnen.
Durch Christus, unseren Herrn. Amen. (DÖRING)

5   PILGERREISE UND WALLFAHRT

Seit der Antike kennt die christliche Welt das Reisen zu heiligen Orten oder zum Lebensbereich heiliger Personen, bei denen Erhörung und wunderbares Eingreifen erwartet wird.

Die Pilgerreise meint anfangs nur den frommen Besuch der heiligen Stätten des Lebens und des Leidens Christi in Palästina, vornehmlich in Jerusalem. Sie setzt unter Kaiser Konstantin (306–337) ein und ist im 6. Jahrhundert vollständig entfaltet. Diese Pilgerfahrten galten im Frühmittelalter als *Zeichen der Heiligkeit* und wurden fast ausschließlich von Personen geistlicher oder adliger Herkunft durchgeführt. Das Pilgerwesen erfuhr im 12. und 13. Jahrhundert seine Ausprägung als europäisches Massenphänomen. Nun erfolgte die Einstufung von Jerusalem, Rom (Apostelgräber Petrus und Paulus) und Santiago de Compostela (Jakobusgrab) als Hauptpilgerstätten.

„Wallfahrt" bezeichnet den außerordentlichen Besuch eines Heiligtums als Gemeinschaftsunternehmen, speziell eine Prozession als regelmäßig wiederkehrenden

Reliquienprozession am Godehardus-Wallfahrtsfest in Vorst, 2009.
Messdiener mit Fahnen, Schützenbruderschaften, Gläubige und die
Geistlichkeit unter dem Tragehimmel prägen das Prozessionsbild.

Gang. „Wallfahrtsort" bezeichnet die Verehrungsstätte eines Kultobjekts. Kultobjekte können beispielsweise Reliquien sein, Wunder wirkende Bilder (Gnadenbilder) oder Nachbauten berühmter heiliger Stätten (zum Beispiel Lorettokapellen).

Heilige Helfer

5.1 Reliquienkult

Anfangs fand die Verehrung der Heiligen nur an ihrem Grab statt; ab dem 3. Jahrhundert konnten Reliquien (lateinisch *reliquiae*, Überbleibsel) das Grab ersetzen. Die Reliquien – Überreste von Körper, Kleidung oder Gebrauchsgegenständen von Heiligen – wurden zu Objekten der Verehrung. Sie vermitteln den Gläubigen die unmittelbare Gegenwart der verehrten Person, die Gläubigen erhoffen sich deren Fürsprache, ihre Heilung bringende Kraft und ihr Wunderwirken. Die Behältnisse der Reliquien (Reliquiare) sind künstlerisch oft von sehr hohem Wert. Schaureliquiare, auch *Ostensorien* oder *Monstranzen* genannt, kommen dem Bedürfnis der Gläubigen nach, die Reliquien zu sehen und zu berühren.

Der Reliquienkult brachte im Verlaufe des Mittelalters negative Begleiterscheinungen mit sich: Reliquien wurden schwunghaft gehandelt; es kam zu Raub, Betrug und Fälschung. Das bereits erwähnte Konzil von Trient bestätigte die Reliquienverehrung, versuchte aber auch Missbräuche zu beseitigen.

Die Reliquienfrömmigkeit ist in der gläubigen Bevölkerung wie in der kirchlichen Liturgie verankert und wird bis in die Gegenwart gepflegt. In Füssenich (Kreis Düren) wird der heilige Aldericus († um 1200) seit dem 16. Jahrhundert als Patron für das Vieh verehrt. Jakob SCHLAFKE schildert den Reliquienkult: *Die Gläubigen begehen sein Fest am 6. Februar. An diesem Tag werden die Gebeine, die sich in einem Schrein befinden, aus einem Marmorsarkophag feierlich erhoben und in den Chor getragen. Das Haupt in Samt und Goldkrone wird auf den Nebenaltar gestellt; mit ihm wird der Segen erteilt.*

Bernhard SCHNEIDER resümiert in der Trierer Bistumsgeschichte:

Sie [die Reliquienfrömmigkeit] *fand eine recht verbreitete Ausdrucksform in der Verehrung von Reliquien, die an den jeweiligen Festtagen zur Verehrung ausgestellt, den Gläubigen zum Kuss gereicht oder durch einen Umgang um den betreffenden Altar geehrt wurden. Außerdem konnten Reliquien von Heiligen in feierlichen Prozessionen durch den Ort getragen oder bei einer Prozession nach auswärts mitgeführt werden.*

5.2 Heilbrauch

Heilbrauch geschieht als Suche nach unmittelbarem Kontakt zum heiligen Objekt (Berühren / *Anrühren*), in Anwendung kultischer Heilmittel (Gebrauchen von Wasser, Brot oder Öl) oder Handlungen (Heilschlaf).

In der griechisch-römischen Antike unternahmen Heilung Suchende Wallfahrten in die Kultzentren des Asklepios, des Gottes der Heilkunst in der griechischen Mythologie. Sie unterwarfen sich einem Ritual, dessen zentrale Elemente Waschungen, Fasten und Heilschlaf waren. Nicht selten erlebten die Pilger wundersame Heilungen.

Diese Praxis wurde vom frühen Christentum aufgegriffen und fortgeführt. An die Stelle der antiken Gottheiten traten christliche Heilige, denen ähnliche Heilkräfte zugeschrieben wurden. Zu ihren Verehrungsstätten pilgerten Kranke in der Hoffnung auf Heilung:

Bei den Gräbern der Heiligen brannten Lichter, Oellampen oder Wachskerzen. Das in den Lampen verwendete Öl wurde häufig zu Kranken gebracht, welche dadurch Linderung ihrer Schmerzen, ja Heilung erlangten … Andere streuten auf und um die heiligen Gräber Blumen und Blätter, welche ebenfalls vom gläubigen Volke als Heilmittel mit Erfolg zu Kranken gebracht wurden. Wieder andere gaben ihren Kranken Wasser oder Wein zu trinken, die mit den Reliquien in Berührung gebracht worden waren. Alles, was mit den Reliquien eines Heiligen in Beziehung gekommen, selbst was in seiner Kirche gedient hatte, wurde ehrwürdig und heilkräftig: der Staub des Grabdenkmals, Tücher, welche die Reliquien oder auch nur das Grab berührt hatten, Reste von den Kerzen, die dort brannten, Früchte von Bäumen, die beim Grabe wuchsen, selbst Stücke des Glockenseiles. (BEISSEL)

Heiligenbrot

Seit dem frühen Mittelalter sind Brotsegnungen zu Ehren der Heiligen bekannt. Die Heiligenbrote galten als Heil- und Schutzmittel bei vielerlei Nöten und Anliegen: An Pfingsten gesegnetes Brot sollte helfen, Prozesse zu gewinnen, und mit gesegnetem Brot glaubte man Mäuse und Ratten aus Scheunen und Ställen vertreiben zu können. In der Trierer Gegend gab es das *Severusbrot*, für Dollendorf (Kreis Euskirchen) wird 1718 bezeugt, dass *nach altem Herkommen* am Tag *vor St. Johannes* Brot gesegnet wurde. Der Servitenorden auf dem Bonner Kreuzberg verteilte am Festtag (22. August) seines Generaloberen Philippus Benitius (†1285) gesegnete Brötchen an die Gläubigen. Das Brot wurde gesegnet, *weil nach der Legende auf das Gebet des Heiligen Engel zwei Körbe schmackhaften Brotes zur Pforte des Servitenklosters von Arezzo brachten, wo die Brüder nahe daran waren, vor Hunger zu sterben.* (DIETZ)

Der kirchlich-liturgische Brotsegen ist unter dem Titel „Brotsegnung an bestimmten Heiligenfesten" in das BENEDIKTIONALE aufgenommen. Dort heißt es: *Die Segnung des Brotes ist Lobpreis des Schöpfers, Bitte um seine Gaben und Mahnung zum brüderlichen Teilen.*

Weitere Beispiele siehe unter → Adelheidis, → Agatha, → Antonius der Große, → Antonius von Padua, → Brigida, → Hubertus, → Jakobus, → Kornelius, → Laurentius, → Lüfthildis, → Sebastianus, → Stephanus, → Walburga, → Wendelinus.

Heiliges Wasser

Als Grundstoff des Lebens spielt Wasser eine wichtige Rolle in der Lebens- und Glaubenswelt des Menschen. Beim Gebrauch von Wasser vermischen sich profane und liturgische Wertschätzung. *Seit dem 4. Jahrhundert wurde von heiligmäßigen Personen das Wunderwasser (aqua prodigiosa, aqua miraculosa) gesegnet. In Anlehnung an die Berichte über das Wunderwasser entwickelte sich die Wassersegnung am Festtag und auf den Namen von bestimmten Heiligen … Es wird zum ‚sacrum‘, zum geistlichen Heilmittel durch den Segen im Namen eines bestimmten Heiligen oder durch das Eintauchen von Reliquien und Kultbildern in Wasser.* (DÖRING)

Besondere heilkräftige Wirkungen wurden dem *Ignatius-* und *Xaveriuswasser* zugesprochen. Mit dem Wirken der Jesuiten und ihren Volksmissionen zur Erneuerung des katholischen Glaubenslebens erfuhr das gesegnete Wasser zu Ehren der Heiligen Ignatius von Loyola (1491–1556) und Franz Xaverius (1506–1552) hohe Wertschätzung. Das *Ignatiuswasser* und das *Xaveriuswasser* wurden gesegnet, indem man eine Medaille oder eine Reliquie des Heiligen in das Wasser tauchte. Das Wasser wurde getrunken, Speisen beigemischt, kranke Stellen wurden damit gewaschen. Es half bei Krankheiten von Mensch und Vieh.

Bis zur Gegenwart spielt das Wasser von Wallfahrtsstätten (Brunnen, Quellen) als Heilmittel eine bedeutende Rolle. Die Heilkraft kann durch wundertätiges Eingreifen des Heiligen, durch wunderbare Erscheinungen oder durch einen anderen Bezug zur Vita bekannt gemacht worden sein. Den St.-Goars-Born bei Hetzerath (Kreis Bernkastel-Wittlich) soll der heilige Goar durch Aufstoßen seines Stabes zum Sprudeln gebracht haben. Im 19. Jahrhundert nannte man ihn *Erbesborn, weil sein weiches Wasser sich besonders zum Kochen der Hülsenfrüchte eignet.* In der Nähe von Niederöfflingen (Kreis Bernkastel-Wittlich) lebte die heilige Edeltrudis: *Als eines Tages in der Eremitenklause es an Wasser fehlte, stieß deren Begleiter, der heilige Wilfried, mit dem Stabe in den Boden und eine Quelle entsprang. Am Festtag der Heiligen wallfahrteten die Bewohner der Umgegend zu dem Edeltrudis-Brunnen und wuschen die kranken Augen.* (DÖRING)

Als heilkräftig geltendes Wasser vom Jodokus-Brunnen in St. Jost bei Langenfeld.

Weitere Beispiele siehe unter → Adelheidis, → Antonius der Große, → Brigida, → Gertrudis, → Gezelinus, → Hermann Josef, → Irmgardis, → Irmundus, → Jodokus, → Johannes der Täufer, → Kornelius, → Laurentius, → Maria, → Odilia, → Pankratius (Eisheiliger), → Quirinus, → Salmanus, → Stephanus, → Valentin, → Walburga, → Wendelinus, → Willibrord.

Im Kult heiliger Quellen findet sich häufig das Zurücklassen von Kleidern. Dies geschieht in dem Glauben, mit der Kleidung werde auch die Krankheit abgelegt. Derartige Zurücklassungen können auch als persönliche Geschenke an den Wallfahrtsort und seinen Heiligen aufgefasst werden. Den *Guten Born* bei Börfink im Hochwald (Kreis Birkenfeld) suchten viele Gläubige auf. Über deren Bräuche berichtet Karl PFEIFFER, der 1890–1899 Lehrer in Börfink war:

Gewöhnlich trugen sie kleine Kinder mit sich, deren Köpfe mehr oder weniger mit einem lästigen Hautausschlage behaftet waren. Das heilkräftige Wasser der bekannten Waldquelle sollte an dem hartnäckigen Leiden seine Kraft beweisen. Fast regelmäßig wurde von den Begleitern der hautkranken Kinder ‚Guten-Born-Wasser' nach dem heimatlichen Wohnorte mitgenommen, um es zu einer häuslichen Kur zu verwerten …

Weiterhin fallen dem Besucher vom ‚Guten Born' mancherlei Bekleidungsstücke auf, die von den Bittgängern an Buchenzweige festgeknüpft wurden. Besonders zahlreich sah ich solche September 1892; ihre Höchstzahl mag manchmal an fünfzig heranreichen. Bei meinem letzten Besuche, am 10. Oktober 1909, erblickte ich allerdings nur zwei Kinderhäubchen und ein schwarzes Kopftuch. Die überwiegende Anzahl dieser Kleidungsstücke sind Kopfbekleidungsstücke, Käppchen, Häubchen und Kopftücher, aber auch Kinderhemdchen und Schuhe und Strümpfe befinden sich unter ihnen.

Heilige Erde

Zum Heilbrauch gehört auch die Anwendung heiliger Erde. Dieses Heilmittel ist der Herkunft nach dem Grabkult zuzuweisen: Wie die Jerusalempilger vom Grabe Christi entnahmen die Gläubigen von den Heiligengräbern Staub, Sand oder Erde.

Der Einsiedler und Märtyrer Timerlin von Ollesheim (Kreis Düren) wurde gegen die rote Ruhr, Schwindsucht und bei Kinderkrankheiten angerufen. Bis zum Ende des 18. Jahrhunderts war sein Grab in der Kirche von Ollesheim Pilgerziel. Der Kölner Kirchenhistoriker Aegidius Gelenius hält 1645 fest: *Von Wundern ist nichts bekannt, wenn man davon absieht, dass seit alters her bis heute fromme Frauen für ihre kranken Kinder etwas Erde vom Grab jenes Seligen zu holen pflegen und diese der Speise oder dem Tranke beimischen, wonach sich die Krankheit sofort bessere, wie sie mit Überzeugung sagen.* (WYNANDS) Der heilige Timerlin ist in Vergessenheit geraten.

Der heilige Gerlach, der im 12. Jahrhundert gelebt hat, wird bis heute in Niederländisch Limburg verehrt, einst aber auch im Rheinland. Der Kult konzentriert sich in seiner Grabeskirche in Houthem auf das alte Hochgrab, *unter dem geweihter Sand liegt, den Besucher immer noch schaufeln, abfüllen und mit nach Hause nehmen und wo auch hin und wieder Kerzen plaziert werden.* (WYNANDS) Am Gedenktag des Heiligen (5. Januar) wird gegenwärtig noch gesegnetes Brot verabreicht, Sand kann das ganze Jahr über mitgenommen werden.

Minnetrinken

Als Heilbrauch kann auch das Minnetrinken gelten. Es bezeichnet das Reichen und Trinken gesegneten Weines am Fest eines Heiligen und mag auf den vorchristlichen Brauch zurückgehen, einen Trunk zu Ehren der Götter darzureichen; an deren Stelle traten im Christentum die Heiligen. Die christliche Festüberlieferung kennt beispielsweise die → *Gertrudisminne*, → *Hubertusminne*, → *Johannesminne*, → *Martinsminne* oder die → *Sebastianussminne*.

Berühren, *Anrühren*

Noch auf einen letzten Heilbrauch soll hingewiesen werden: auf das Berühren / *Anrühren*. Durch das Berühren des Kultobjekts oder sein *Anrühren* galten aus Wallfahrtsorten mitgebrachte Andenken als Heil bringende Gegenstände. Im Jahre 1765 ließ der Trierer Erzbischof Johann Philipp von Walderdorff die seidenen Umhüllungen des *Heiligen Rockes* aus Trier erneuern. Bei dieser Gelegenheit konnten die Gläubigen ihre Andachtszettel an die Christusreliquie *anrühren*, die auf der Festung Ehrenbreitstein ausgestellt war. Erhaltene *Anrührbilder* stellen den Heiligen Rock dar mit Inschriften wie: *HATT ANGERÜHRT DEN H. ROCK JESU CHRISTI DEN 4. MAY 1765.*

5.3 MIRAKEL

Mirakel bezeugen den verehrten Heiligen als erfolgreichen Fürsprecher. Die Gläubigen ließen die Berichte über solche Wunder zum Dank für erlangte Hilfe aufzeichnen. An den Wallfahrtsfesten wurden sie meist von der Geistlichkeit öffentlich verkündet. Von der marianischen Wallfahrtsstätte Barweiler (Kreis Ahrweiler) ist beispielsweise dieser Mirakelbericht überliefert: *1729 am 3. Juli bezeugen vor den Pastoren von Welcherath und Barweiler Vater und Mutter die Heilung ihrer Tochter Gertrud Stewer aus Königsfeld, die sie stockblind nach Barweiler gebracht hatten.* (DÖRING)

Wunderberichte handeln auch von Gnadenerweisen in religiösen Anliegen. Am Marienwallfahrtsort Neviges (Kreis Mettmann) soll sich folgendes Ereignis zugetragen haben:

Anno 1733 ist eine bey einer Catholischen Fräulein dienende gewisse, Uncatholische Cammer-Jungfer, mit selbiger, in der Kirche zum Hardenberg vor dem Gnaden-Bild, Diensts halber, erschienen; bey dessen Erblickung aber hat sie eine Alteration und Gewissens-Angst bey sich empfunden, daß sie keine Freude oder Ruhe gehabt, biß sie im Catholischen Glauben unterwiesen, alle Ketzerischen Lehr und Irrthumben öffentlich daselbst abgeschworen, und mit Freude und Verwunderung

aller noch lebenden anwesenden theils Geistlichen, theils hohen Stands-Personen, über eine so un-
vermuthete Veränderung, die heilige Sacramenten auff Catholische Art erhalten hat. (HAUN)

Wiederholt bezeugte Anliegen betreffen ungetauft verstorbene Kinder. Totgebur-
ten waren dabei ein spezieller Anlass zu ängstlicher Sorge, weil in solchen Fällen ja nie
eine Chance bestand, den Kindern die Taufe zu spenden, die als Voraussetzung für die
Erlangung der ewigen Seligkeit galt. So häuften sich beispielsweise in Bödingen
(Rhein-Sieg-Kreis) die Fälle, dass Frauen das dortige Gnadenbild Mariens um die Wiederbelebung ihrer toten beziehungsweise tot geglaubten Kinder anriefen, damit diese
noch die Taufe empfangen könnten, in einem Maße, dass sich die geistlichen Behörde
im Jahre 1758 veranlasst sah, eine Untersuchung darüber anzustellen.

5.4 VOTIVGABEN

Votivgaben sind Dinge, die der Gläubige für erfolgte Hilfeleistung dem Heiligen
darbringt. Rheinische Mirakelbücher des Hochmittelalters (→ Adelheidis, → Anno)
nennen vielfältige Gaben: aus Wachs, Silber oder Holz geformte figürliche Abbilder
der geheilten Person oder Körperteile wie Gliedmaßen, Sinnesorgane, innere Organe,
ferner Figuren von geheilten Tieren. Uta KLEINE bringt weitere Beispiele:

Statt geformten Wachses wurden auch am Leib gemessene Kerzen oder Kerzendochte (latitudi-
nes / longitudines ex caera) dargebracht. Eine verbreitete Gabe waren ferner Leib- oder Leidenszei-
chen wie Knochensplitter und abgegangene Nieren- oder Blasensteine (calculi), Krücken (baculi,
crocicula), Tragbahren oder -körbe (sportae) und Fesseln (vinculae, ligaturae); außerdem Unfall-
werkzeuge oder -symbole wie Messer, Strick und Pfeilspitze, Schiff und Anker, oder beim Unfall ge-
tragene Kleider.

An rheinischen Wallfahrtsorten sind auch Votivgaben wie Bruchbänder,
silberne Brüste, Münzen, silberne Ampeln sowie Kerzen verschiedener
Art, Größe und verschiedenen Gewichts belegt.

5.5 WALLFAHRTSANDENKEN

Wallfahrtsandenken (Devotionalien) sind Erinnerungszeichen,
die die am Wallfahrtsort gewonnene Erfahrung von Heil
und Hilfe in das tägliche Leben einbringen.

Ab dem 12. Jahrhundert treten Pilgerzeichen auf, vor
allem aus Metall (Blei, Zinn) gefertigte Zeichen. Sie
wurden im Gussverfahren von darauf spezialisier-
ten Handwerkern produziert. Es handelte sich
um etwa vier mal vier Zentimeter große Plaketten,
ähnlich Siegeln, oder um figürliche Darstellungen.
Sie wurden in den Wallfahrtsorten von den Pilgern
erworben und an gut sichtbarer Stelle angeheftet,

Kölner Pilgerzeichen,
1301 / 1400.

Votivtafeln: Dank an Maria und Judas Thaddäus.
Marienkapelle „Klausenhäuschen" bei Witterschlick.

vorwiegend am Hut oder an der Kleidung. Die kleinen Abzeichen bildeten entweder den Heiligen oder dessen Attribute, das Heiligtum selbst oder dort verehrte Reliquien ab. Der Verkauf von Pilgerzeichen erreichte seinen Höhepunkt im 14./15. Jahrhundert. Ab dem 14. Jahrhundert wurden Pilgerzeichen auch auf Kirchenglocken abgebildet.

Das bekannteste Pilgerzeichen ist die Jakobsmuschel als Abzeichen für die Pilgerreise zum heiligen → Jakobus nach Santiago de Compostela. Für das Rheinland gibt es weit gestreute Zeugnisse vor allem für die Wallfahrten zu den → Heiligen Drei Königen und zur heiligen → Ursula in Köln, zur heiligen → Anna in Düren sowie zum heiligen → Quirinus in Neuss.

Pilgerzeichen besaßen besondere Bedeutung für die Gläubigen. Für die Masse der lese- und schreibunkundigen Bevölkerung waren sie deutlicher Beweis der vollzogenen Pilgerschaft. Für den Träger beziehungsweise die Trägerin waren sie auch eine Versicherung gegen Unheil jeglicher Art. Es galt beispielsweise als schweres Verbrechen, Pilger auf ihrer Reise zu überfallen oder gar umzubringen.

Bis heute übliche Devotionalien sind vor allem Wallfahrtsmedaillen und Andachtsgrafiken, zum Beispiel Wallfahrtsfähnchen oder Gebetszettel. Die Wallfahrtsmedaillen lösen um 1500 die älteren Pilgerzeichen ab. Auf den Vorderseiten zeigen sie die Kultobjekte (Gnadenbild, Reliquie), oft ergänzt durch Motive aus der Ursprungssage und der Geschichte des Wallfahrtsortes sowie durch die Darstellung der Wallfahrtskirche.

6 HEILIGENKALENDER UND BAUERNREGELN

Im Netz des Heiligenkalenders fanden die Menschen Sicherheit und Geborgenheit. Früher waren Arbeiten in Haus und Hof mit bestimmten Heiligengedenktagen verknüpft; der Alltag war vom christlichen Glauben durchdrungen. Bis in das 20. Jahrhundert hinein kannten zumindest gläubige Katholiken die Festtermine der Heiligen; Namenstage mussten sie nicht erst in Heiligenkalendern nachschlagen. Dies lag nicht zuletzt daran, dass es sich oft um landwirtschaftlich bedeutsame Stichtage handelte, an denen das Gesinde wechselte (→ Maria), bestimmte (Feld-)Arbeiten zu erledigen (→ Gertrudis, → Bartholomäus) oder Abgaben (→ Martin) zu entrichten waren. Vielfach knüpften im ländlichen Jahr die Wetterregeln an Heiligenfeste und Heiligenlegenden an. Zunächst vor allem aus praktischen Erfahrungen oder Beobachtungen gewonnen, hatten sie die Heiligentermine als Fixpunkte. Ein viel beachteter Kalendertermin sind die Tage der → Eisheiligen.

Gedenktage der Heiligen erfüllen letztlich wichtige Funktionen der Brauchgestaltung durch das ganze Jahr. Die Festtermine der Heiligen → Martin, → Barbara oder → Nikolaus prägen die Vorweihnachtszeit. Andere Heiligentage sind mit Brauchformen wie beispielsweise Umritten und Pferdesegen (→ Georg, → Stephanus, → Silvester) – die übrigens auch an Christi Himmelfahrt stattfinden (Wachtberg, Rhein-Sieg-Kreis) – oder Segnungen (Kräutersegnung → Maria, Weinsegnung → Johannes der Evangelist) verbunden.

7 HEILIGENVEREHRUNG IM WANDEL

Die traditionelle Heiligenverehrung war eng mit der Lebenswelt der Gläubigen verbunden, etwa mit der Sorge um das Vieh (zum Beispiel → Wendelinus, → Brigida) oder auch der Sorge um die eigene Gesundheit (zum Beispiel → Blasius oder → Apollonia bei Hals- bzw. Zahnschmerzen). Bernhard SCHNEIDER führt in der Trierer Bistumsgeschichte aus:

Reflexe davon finden sich auch in Lebenserinnerungen, wenn etwa eine Mutter eines ihrer Kinder stellvertretend in einem besonderen Anliegen neun Mal in die Kirche zum Bild des hl. Judas Thaddäus schickte, wenn Wasser aus einem dem hl. Wendelin geweihten Brunnen noch bis in die 1950er Jahre bei Augenleiden benutzt wurde oder in eben diesem Anliegen eine Mutter mit ihrer kranken Tochter eine Wallfahrt zur Odilienkapelle bei Dausfeld durchführte.

Trotz solcher Befunde scheint die traditionelle Heiligenverehrung im Laufe des 20. Jahrhunderts insgesamt an Gewicht verloren zu haben. Bernhard SCHNEIDER resümiert in der Trierer Bistumsgeschichte:

Viele Heilige und ihre kultische Verehrung waren eng an die ländliche Welt und die Landwirtschaft gebunden. Je mehr sich der gesellschaftliche Wandel, die Industrialisierung und Alternativen zu religiösen Vollzügen (z. B. durch den medizinischen Fortschritt) durchsetzten, musste ihre Relevanz zurücktreten, wenn sich nicht neue Sinnfelder für sie erschlossen ... Selbst im Reliktgebiet der Westeifel war dies nach dem II. Weltkrieg der Fall, für das Saarland hat man diese Veränderungen schon seit der Hochindustrialisierung verstärkt beobachtet.

Der Autor kann diesen Befund nur mit Einschränkungen bestätigen. Parallel zum erheblichen Rückgang populärer Frömmigkeitsformen zeigt sich auch eine sehr lebendige, von neuen Sinngebungen und neuen Ausdrucksformen geprägte Heiligenverehrung – sinnfällig beispielsweise in sozial-karitativ bestimmten Brauchübungen oder in modernen Schutzpatronaten.

Das vorliegende Buch stellt – kalendarisch nach den Gedenktagen geordnet – ausgewählte Heilige sowie den seligen → Gezelinus von Schlebusch vor, die aus dem Rheinland stammen oder im Rheinland eine besonders hohe Wertschätzung erfahren (haben).

QUELLENNACHWEIS

ANGENENDT: Heilige und Reliquien; ASSENMACHER: Heiligsprechung; BENEDIKTIONALE; BEISSEL: Verehrung der Heiligen; DIETZ: Heilige Quellen; DIETZ: Brote; DÖRING: Heiliges Wasser; DÖRING: Bestattet am anonymen Ort; DÖRING: Oh Isidor; DÖRING: Rheinische Bräuche; DÖRING: Wallfahrtsleben; HÄNEL: Maria sei ewigen Dank; HAUN: Neviges; HERBORN: Volkstümliche Heiligenverehrung; JANKRIFT; KLEINE: Gesta, Fama, Scripta; LEGNER: Kölner Heilige; PERSCH, SCHNEIDER: Beharrung und Erneuerung; PFEIFFER: Der „Gute Born"; SCHAUBER, SCHINDLER: Heilige und Patrone; SCHLAFKE; SCHREIBER: Weingeschichte; WYNANDS: Wallfahrten; WYNANDS: Wallfahrten Aachen

Viehpatron Wendelinus.
Andachtsbild 18. Jahrhundert,
kolorierter Kupferstich.

Heiligenverehrung im Wandel

Im Kreise der Apostel empfängt
Maria an Pfingsten den Heiligen
Geist. Fresko im Bonner Münster.

JANUAR

MARIA

1. Januar

MUTTER JESU
* UM 18 V. CHR. (?)
† IN EPHESUS (?)

DARSTELLUNG: DIE BILDLICHE ÜBERLIEFERUNG KENNT UNZÄHLIGE SZENISCHE ODER EINZEL-DARSTELLUNGEN VON MARIA, BESONDERS BELIEBT SIND: MARIA HILF (MARIA MIT DEM KINDE), HEILIGE FAMILIE (MARIA, JOSEF UND DAS JESUSKIND), MARIÄ VERKÜNDIGUNG (ENGEL GABRIEL KÜNDIGT MARIA DIE GEBURT JESU AN), PIETA / VESPERBILD / SCHMERZHAFTE MUTTERGOTTES (MARIA MIT DEM LEICHNAM DES VOM KREUZ ABGENOMMENEN JESUS), SCHUTZMANTELMADONNA (DIE UNTER IHREM AUSGEBREITETEN MANTEL BETENDE GLÄUBIGE BIRGT), IMMACULATA (MARIA MIT EINEM FUSS AUF DEM KOPF EINER SCHLANGE, DES BIBLISCHEN SYMBOLS FÜR SÜNDE, TOD UND TEUFEL)
PATRONIN DER GANZEN (KATHOLISCHEN) CHRISTENHEIT – ANGERUFEN IN ALLEN NÖTEN

1   VITA

Quellen über das *Leben* der Mariam aus Nazareth sind die Evangelien, insbesondere die ersten beiden Kapitel des Lukas- und des Matthäusevangeliums. Da die vier Evangelisten insgesamt jedoch recht wenig über die Mutter Jesu berichten, haben schon früh Marienlegenden und die sogenannten Marienleben, ausgehend von apokryphen, nicht ins Neue Testament aufgenommenen Schriften, die spärlichen biographischen Angaben mit romanhaften Details aus der Kindheitsgeschichte Jesu und mit damit zusammenhängenden Begebenheiten aus dem Leben seiner Mutter ausgeschmückt.

Die *theologische* Bedeutung und Stellung Marias sowie der besondere Rang ihrer Verehrung erklären sich aus ihrer Gottesmutterschaft. Marias Gottesmutterschaft wird vom Konzil von Ephesus (431) ausgesagt; die Lehre von ihrer Jungfräulichkeit basiert auf der Aussage des Lukasevangeliums (1,35), Jesus sei durch das Wirken des Heiligen Geistes gezeugt; ihre Bewahrung vor der Erbsünde, die „Unbefleckte Empfängnis", wird 1854 durch Papst Pius IX. zum Dogma erhoben. Auf dieses Dogma beziehen sich die Marienerscheinungen, auf denen die Lourdeswallfahrt beruht: Das Bauernmädchen Bernadette Soubirous hatte 1858 als Vierzehnjährige die Erscheinungen einer Dame, die von sich sagte: *Ich bin die Unbefleckte Empfängnis.* Dogmatisiert wurde – 1950 durch Papst Pius XII. – auch die Aufnahme Marias in den Himmel („Mariä Himmelfahrt").

2 MARIENFESTE, MARIENWALLFAHRTEN

Am 1. Januar ist das katholische Hochfest der Gottesmutter Maria. Der Tag wird in der evangelischen und anglikanischen Kirche als Gedenktag der Namensgebung des Herrn begangen.

Es gibt eine Vielzahl weiterer marianischer Feste. Einen guten Überblick bietet der HEILIGENKALENDER des Bistums Münster:

Hochfeste und Feste

Hochfest Mariä Erwählung (8.12.): ‚Hochfest der ohne Erbsünde empfangenen Jungfrau und Gottesmutter Maria'. Gefeiert wird der Glaube, dass Gott Maria seit Beginn ihrer Existenz von jedem Makel der Erbschuld bewahrte, auf Grund der Verdienste Christi Jesu.

Fest Mariä Heimsuchung (2.7.): Dieses Fest beruft sich auf den biblischen Bericht vom Besuch Marias bei ihrer Verwandten Elisabeth, mit dem auch die Geburtsstunde des Magnificat verbunden ist. Eingeführt in den Festkalender der Kirche wurde dieser Tag durch Pius V. (1568/70).

Hochfest Mariä Aufnahme in den Himmel (15.8.): Dieses mehr allgemein gehaltene Marienfest ist eine Feier des Heimgangs Marias. Unter Papst Sergius I. (687–701) wird es mit einer Prozession ausgezeichnet. In der ersten Oration ist zu beten, dass die Großmutter zwar gestorben ist, ‚aber nicht durch die Bande des Todes festgehalten werden konnte'.

Fest Mariä Geburt (8.9.): Vermutlich geht es auf ein Weihfest der heutigen Annakirche in Jerusalem zurück. Es ist das dritte Geburtsfest im Römischen Kalender neben dem Geburtsfest des Herrn und dem des Täufers.

Marianische Gedenktage

Gedenktag Unserer Lieben Frau von Lourdes (11.2.): Dieser Gedenktag bezieht sich auf den ersten Tag der 18 Erscheinungen, die das Mädchen Bernadette Soubirous 1858 erfuhr. Dabei gab sich Maria zu erkennen.

Der Gedenktag Unbeflecktes Herz Mariä ist erst seit 1944 für die ganze Kirche vorgeschrieben. Er ist ein nicht gebotener Gedenktag und wurde auf den Samstag nach dem Herz-Jesu-Fest gelegt.

Gedenktag Unserer Lieben Frau auf dem Berge Karmel (16.7.): Ursprünglich ein Ordensfest der Karmeliter und durch Benedikt XIII. auf die ganze Kirche ausgedehnt.

Der Gedenktag Maria Königin (22.8.) wird seit 1954 in der ganzen Kirche gefeiert und liegt auf dem ehemaligen Oktavtag von ‚Mariä Himmelfahrt'.

Der Gedenktag Mariä Namen (12.9.) ist seit dem 16. Jahrhundert bekannt und hat seinen Ursprung in Spanien.

Das Gedächtnis der Schmerzen Marias (15.9.) stammt ursprünglich aus dem Mittelalter. Benedikt XIII. feierte diesen Tag unter dem Namen ‚Fest der sieben Schmerzen der seligen Jungfrau Maria'. Ein erneuter Anlass war die Rückkehr Pius' VII. aus französischer Gefangenschaft (1814).

Gedenktag Unserer Lieben Frau vom Rosenkranz (7.10.): Als die Christen am 7. Oktober 1571 die Seeschlacht von Lepanto gewannen, schrieben sie dies dem Rosenkranzgebet zu. Nach einem weiteren Sieg über die Türken 1716 dehnte sich der Gedenktag über die ganze Kirche aus.

Gedenktag Unserer Lieben Frau von Jerusalem (21.11.): Das Weihefest der Kirche S. Maria Nova zu Jerusalem 543 legte die Wurzeln für diesen Tag. Gefeiert wird die Zeit Marias bei den ‚Tempeljungfrauen‘.

Marienwallfahrten

Zahlreiche Marienwallfahrten bezeugen die herausgehobene Stellung, die Maria in der Kirche zukommt. So finden sich auch im Rheinland Verehrungsstätten, die überregionale Bekanntheit erlangt haben wie Kevelaer (Kreis Kleve), aber auch viele Wallfahrtsorte von lokaler Bedeutung. Dazu gehören – um nur wenige Beispiele zu nennen – Aldenhoven (Kreis Düren), Buschhoven (Rhein-Sieg-Kreis), Neviges (Kreis Mettmann), Altenberg (Rheinisch-Bergischer Kreis), Marienbaum (Kreis Wesel), Bruchhausen (Kreis Neuwied), Pützfeld (Kreis Ahrweiler). In Köln wird *Maria Königin des Friedens* (*Unsere Liebe Frau vom Frieden*) im heutigen Karmelitinnenkloster verehrt. In der Kölner Kirche St. Maria in der Kupfergasse befindet sich das Gnadenbild der *Schwarzen Muttergottes*, das zur *Lieblingsstätte der Marienverehrung für die Gläubigen aus Köln und dem weiteren Umland wurde. Die dem Gnadenbild dargebrachten wertvollen Votivgaben wie Schmucksachen und Edelsteine kamen in französischer Zeit abhanden.* (DÖRING)

Maiandacht am Klausenhäuschen: Opferkerzen vor dem Marienbild. Witterschlick 2009.

3   MAIANDACHTEN

Erbauliche Gesänge und Maipredigten dienten schon seit dem späten Mittelalter der Verherrlichung der Gottesmutter. Tägliche Andachten zu ihren Ehren entstanden als barocke Frömmigkeitsform. Die seit dem 19. Jahrhundert übliche Maiandacht ging von Italien aus, wie das MARIENLEXIKON darlegt:

Hier wurden erstmals in Ferrara im Mai 1784 öffentlich den ganzen Monat hindurch Maiandachten gehalten. Bis dahin scheint die Maiandacht eher eine private Frömmigkeitsübung, wenn auch teils in öffentlichem Rahmen, gewesen zu sein. Zeugnisse sprechen z. B. um 1739 von einer besonderen Form der Marienverehrung im Mai in Grezzano bei Verona. 1747 empfahl der Erzbischof von Genua die Maiandacht als Hausandacht. In Rom war die Maiandacht bis 1813 in wenigstens 20 Kirchen üblich. Von Italien gelangte die Maiandacht bald nach Frankreich.

In Deutschland wurde die erste Maiandacht 1841 im Kloster der Frauen vom Guten Hirten in München gefeiert. Die aus Frankreich gekommenen Ordensfrauen hatten diese Praxis aus ihrer Heimat mitgebracht. Fast gleichzeitig wurde auch in Aachen die Maiandacht bekannt:

Kaplan Wilhelm Sartorius führte sie in St. Foillan, Oberpfarrer Nellessen in St. Nikolaus ein. Ein gebürtiger Aachener, Kaplan Theodor Minartz, brachte sie nach Köln und veranstaltete sie hier 1850 in St. Ursula. Sie verbreitete sich im ganzen Erzbistum ... Es ist das Verdienst des Kölner Pfarrers von St. Aposteln, Josef Könn, an die Stelle isolierter, vielfach subjektiv empfundener Marienpreisung eine dogmatisch begründete und christozentrisch akzentuierte Marienbetrachtung gesetzt zu haben. Sein 1934 erschienenes Büchlein ‚Die Maienkönigin im Lichte der Heiligen Schrift‘ ist ‚ein vollständig neuer Typ ... der Maiandacht, der sich an liturgische Formen der Lesungen und Responsorien anschloß. Anstelle der früheren marianischen Betrachtungstexte wurde mit einer Lesung aus dem Alten und aus dem Neuen Testament Vorbild und Erfüllung des Heiles im Blick auf die Gestalt der Mutter des Herrn einander gegenübergestellt‘. (HEGEL)

Die katholische Kirche suchte die Maiandacht ab Ende des 19. Jahrhunderts in einen deutlichen Gegensatz zu dem seit 1890 begangenen Arbeitermai (Erster Mai) zu stellen und dem Marienkult einen sozialen Zuschnitt zu geben, wie Gottfried KORFF ausführt:

In ‚Maria Hilf! Monatsschrift für die Verehrer der Mutter Gottes von der immerwährenden Hilfe‘, einer der auflagenstärksten Marienzeitschriften, häufen sich ab 1893 die Empfehlungen zur Aufstellung von Mai-Altärchen ‚im Schlafzimmer, in der Kirche und in der Werkstätte‘ und zur Abhaltung von privaten Marienandachten. 1894 heißt es dort unter dem Titel ‚Daß man den Maimonat feiern soll‘: ‚In manchen Fabriken, wo noch Frömmigkeit und Religion herrschen, wo man auch das Bild des Gekreuzigten noch hängen sieht, kann man aber auch neben dem Kruzifixe während des Maimonates ein Marienbild mit Kerzenlicht und Blumenschmuck betrachten.‘

Die Maiandacht gilt als Inbegriff des *schönen* Gottesdienstes. Zu ihren Merkmalen zählt der Maialtar als besonders geschmückter Altar in der Kirche oder als Hausaltar im Kreis der Familie. Der Brauch eines derart hervorgehobenen Maialtars kam aus den romanischen Ländern nach Deutschland. Er wurde vor allem durch die „Abhandlung

über die vollkommene Andacht zu Maria" des bedeutenden Förderers der Marienverehrung Ludwig Maria Grignion de Montfort (1673–1716) gefördert, der das Schmücken von Altären zu den wichtigsten marianischen Frömmigkeitsübungen zählte.

Im Rheinland sind gelegentlich noch *Maialtärchen* im Hause üblich. Kirchliche Maiandachten werden in den meisten katholischen Pfarreien gefeiert.

4   ROSENKRANZMONAT OKTOBER

Am 7. Oktober 1571 stehen sich in der Meerenge von Lepanto (Griechenland)
osmanische Schiffe und die Flotte der katholischen „Heiligen Liga" gegenüber. Die
Seeschlacht bringt den Sieg über die Türken, den die Christen dem während der
Schlacht gebeteten Rosenkranz zuschreiben. Papst Pius V. (1566–1572) ordnet deshalb für den ersten Jahrestag des Sieges ein Rosenkranzfest zu Ehren der Gottesmutter
Maria an. Im 18. Jahrhundert wird dieses Marienfest auf die gesamte Kirche ausgedehnt. Traditionell gilt deshalb der Oktober als Rosenkranzmonat. Die Gebetsform
des Rosenkranzes selbst ist seit dem 12./13. Jahrhundert bekannt.

5   MARIÄ HIMMELFAHRT – KRÄUTERSEGNUNG

Mit Mariä Himmelfahrt feiert die katholische Kirche das älteste, im 5. Jahrhundert entstandene Marienfest. Seit dem Mittelalter ist mit diesem Festtag die Segnung
von Kräutern verbunden. Diese wird unterschiedlich begründet. Der griechische Kirchenlehrer Johannes von Damaskus († ca. 750) teilt folgende Marienlegende mit:

*Die Mutter Gottes war im Alter von 72 Jahren gestorben. Die Jünger hatten sie begraben; nur
einer fehlte: Thomas. Sein Weg aus Indien war so weit, dass er zu ihrem Begräbnis zu spät kam. Aber
er wollte sie noch einmal sehen. Die Jünger öffneten daher das Grab; aber der Sarg barg den Leib
Mariens nicht mehr. Nur ein lieblicher Wohlgeruch von Blumen verbreitete sich, und als die Jünger
die Blumen zählten, waren es 72, so viele, wie der Herr Jünger ausgesandt hatte.* (DÖRING)

Bis in das 10. Jahrhundert lassen sich kirchliche Segensformeln für die Kräutersegnung zurückverfolgen. Die seit 1978 gültigen Gebetstexte betonen das göttliche Wirken in der Natur. Das BENEDIKTIONALE führt dazu aus:

*Zur Kräutersegnung werden seit über tausend Jahren an diesem Tag Heilkräuter zum Gottes-
dienst gebracht. Die Heilkraft der Kräuter soll durch die Fürbitte der Kirche dem ganzen Menschen zum Heil dienen. Dieses Heil ist an Maria besonders deutlich geworden. Deshalb bezieht die
Liturgie die Aussagen der Schrift über die göttliche Weisheit auf Maria und bringt Palmen, Rosen,
Zimt, Myrrhe, Weihrauch, Wein und wohlriechende Kräuter (vgl. Sir. 24) herbei, um Maria zu
ehren. Mit den Blumen bringen wir die Schönheit der Natur in den Gottesdienst, der so zu einem
sommerlichen Fest der Freude wird.*

Der Kräuterbund *(Krautwisch)* setzt sich aus verschiedenen Heilkräutern, Getreideähren und Nutzpflanzen zusammen. Bei der Anzahl der eingebundenen Kräuter achtete
man vielerorts auf symbolische heilige Zahlen – also etwa auf die Drei (Hinweis auf

die Dreifaltigkeit), die Sieben (Sakramente, Gaben des Heiligen Geistes), die Zwölf (Apostel, Stämme Israels).

Die Kräuter galten als Heilmittel in allen Nöten des menschlichen Lebens. Die einstigen vielfältigen Verwendungsarten zeigt das Beispiel Lorbach (Kreis Euskirchen) um 1930:

Früher kamen auch Getreideähren in den Kruckwösch, nach dem Segen am Maria H. Tag wurden die Körner aus Ähren entfernt u. wurden in die Saatfrucht vermengt; der gesegnete Kreis kam entweder in den Keeß [?] oder wurde auf dem Speicher unterm Dach gehangen; wenn Kuh gekalbt kamen Teile davon … und Wermut in die 1. Tränke, dergl. krankem Vieh in die Tränke; dann beim Gewitter ins Feuer! und wenn der Verstorbene aufs Schoof gelegt wurde, kamen Teile vom ges. Kraut unter den Kopf des Toten. Auch wurde wenn im Spätsommer die 1. Getreidefrucht eingefahren wurde, unter die 1. Garbe ein Kreuz von ges. Wöschkraut gelegt; soll heut noch Sitte sein! (DÖRING)

Im Kräuterbund vereinigen sich gewissermaßen übernatürliche und natürliche Inhalte zu einer gesteigerten Wirkung. Mit dem Aufgeben der älteren Segensformeln, die die Unheil abwehrende Wirkung der Kräuter betonten, verlor der Kräuterbund an Bedeutung. Zudem wurden im medizinischen Bereich die Pflanzen als Heilmittel immer mehr verdrängt und der frühere Artenreichtum der Pflanzen erheblich reduziert.

In den letzten Jahren ist eine Rückbesinnung auf die Kräfte der Heilkräuter festzustellen. Man bevorzugt Medikamente aus natürlichen Substanzen, wie sie auch in Heilkräutern vorkommen. Bücher über Heilkräuter und ihre Anwendung finden regen Absatz. Bildungseinrichtungen bieten Kurse über das Heilen mit Kräutern an. Im Zeichen dieser neuen Wertschätzung von Heilkräutern erscheint es sinnvoll, den Brauch der Kräutersegnung an Mariä Himmelfahrt wieder zu pflegen. Um die Neubelebung bemühen sich seit den 1980er Jahren Heimatvereinigungen sowie kirchliche Kreise.

6   HEILIGES WASSER

Brunnen und Quellen spielen in der marianischen Frömmigkeit eine bedeutende Rolle. Bei der Bergkapelle „Zu den sieben Schmerzen Mariens" von Illingen (Kreis Neunkirchen) sprudelte der *Liebfrauenbrunnen*, dessen Wasser bei Augenleiden, Erkältungs- und Hautkrankheiten genutzt, aber auch dem kranken Vieh zu trinken gegeben wurde. Auch haben die Leute Kinder zum Brunnen gebracht, die an *Kopfgrind* erkrankt waren: *Man wusch den Kindern die Köpfe und holte Wasser mit nach Haus. Die Käppchen hängte man dann an den Bäumen auf.* Der Liebfrauenbrunnen wurde bis in die ersten Jahrzehnte unseres Jahrhunderts von Heilsuchenden aufgesucht. Heute wird das spärliche Rinnsal als Viehtränke genutzt.

Nahe der Ortschaft Birgelen (Kreis Heinsberg) liegt im Wald eine Marienkapelle, die über einer Quelle erbaut ist, das *Birgeler Pützchen*. Das Mariengnadenbild – eine Schmerzhafte Muttergottes – wird besonders bei Augenkrankheiten und Kopfausschlag von Kindern angerufen. Mit Hilfe einer Pumpe schöpfen die Wallfahrer das als

Lourdesgrotte im Wald bei Esch.

heilkräftig angesehene Wasser des Brunnens, waschen sich damit die Augen und nehmen es mit nach Hause.

Der marianischen Wallfahrtsstätte Maria Reizenborn (Rhein-Hunsrück-Kreis) hat der Hunsrücker Dichter Rottmann eines seiner Mundartgedichte gewidmet: *Die Wallfahrt nach dem Räzenborn*. Nach Rottmann wurde dem Quellwasser wunderbare Heilkraft zugesprochen. Von Spabrücken überliefert LOHMEYER:

Auf der Wallfahrt nach Spabrücken macht eine Frau mit ihrem kranken Kind Rast. *Da erschien ihr die heilige Maria, deutete auf den klaren, rieselnden Quell und sagte: ‚Nimm von diesem Wasser, das ist Arznei für dein Kind!' Da erwacht die arme Frau und hört neben sich den Born lustig rauschen … Da erscholl weit und breit der Ruf von dem Wunderborn, jeder wollte seine Kraft erproben, und bald erhob sich ein Kirchlein daselbst und eine Einsiedelei, und mancher, der sonst nach Spabrücken gegangen war, suchte Heil und Genesung an dem Born.*

Bis heute kommen Wallfahrer zum Heiligenborn bei Schweich (Kreis Trier-Saarburg), um sich mit dem Wasser des Heilbrunnens die Augen zu waschen. Die Heilquelle wurde zu Beginn des 17. Jahrhunderts weithin bekannt, als nach ersten Wunderheilungen ein großer Zulauf einsetzte. Über den Ursprung des Heilbrunnens berichtet der Stiftsgeistliche Johannes Mechtel (1562–1653):

Maria

Es war ein Mann aus dem Dorf zu Schweig, der hatte rudige Hent, kame ohngefehr über den Born zu drinken, das was zu Herbstzeit Anno 1602 … so strecket der Mann seine rudige Hänt aus und wolte scharren, damit er Platz hette zu drinken, er dranke sich satt und ginge seine Strassen; da aber die Handt von sich selbst drocken worden, hatte er Linderung des Schmertzens befunden, darumb offter zu dem Born gegangen, getrunken, beyde Handt gewaschen und entlig gesunt worden. (GEMMEL)

Bald nach Bekanntwerden der Wunderquelle wurde eine Kapelle errichtet; der Zustrom Heilung suchender Kranker war groß. Bis heute kommen das ganze Jahr über Gläubige, um sich mit Wasser die Augen zu benetzen und zu waschen.

Über die Muttergotteskapelle bei Basselscheid (Rhein-Hunsrück-Kreis) schreibt Ende der 1960er Jahre Maria Anna HAHN:

Zur Pfarrvikarie [Emmelshausen] gehört noch ein Mutter-Gottes-Kapellchen mitten im Wald gelegen zwischen der Hunsrückhöhenstraße und dem Ort Basselscheid … Immer und immer wieder pilgerten … Leute zu dieser einsamen Waldstelle, um daselbst die Mutter Gottes um ihre besondere Fürbitte anzurufen. Sie nahmen sich dann ein Krüglein Augenwasser mit … Seit ungefähr 25 Jahren ist das Brünnlein ausgetrocknet. Doch noch immer pilgern, besonders am Sonntag, die Leute zum Marienkapellchen, das 1860 von Basselscheider Bürgern erbaut worden ist.

Heute gilt die Mineralquelle, die etwa 60 Meter südlich der Kapelle in einer modernen Brunnenfassung sprudelt, als *Heilbrünnchen*. Lokal überlieferte Legenden schreiben den Ursprung des Quellenkultes einmal dem heiligen Goar, ein andermal dem heiligen → Wendelinus zu. Zu einer marianischen Gnadenstätte wurde Basselscheid erst durch das Wirken von Herz-Jesu-Patres nach dem Ersten Weltkrieg.

7 MARIÄ LICHTMESS – KERZENSEGNUNG, GESINDEWECHSELTERMIN, LOSTAG

Die katholische Kirche feiert vierzig Tage nach der Geburt Christi am 2. Februar das Fest „Mariä Reinigung", volkstümlich „Mariä Lichtmess" genannt. Seit der Liturgiereform des Zweiten Vatikanischen Konzils (1962–1965) wird dieser Tag nicht mehr als Marien-, sondern als *Herrenfest* gefeiert; die offizielle Bezeichnung lautet „Darstellung des Herrn".

Das Fest Mariä Lichtmess gründet in den alttestamentlichen Reinigungsvorschriften: Nach der Geburt eines Knaben galt die Frau 40 Tage als unrein und musste nach Ablauf dieser Zeit ein Opfer darbringen. Dementsprechend begab sich auch Maria zu ihrer Reinigung in den Tempel. Ihr erstgeborener Sohn Jesus wurde im Angesicht des greisen Priesters Simeon und der Seherin Hannah vor Gott dargestellt (Lukasevangelium 2,22ff.).

Seit Anfang des 5. Jahrhunderts wurde in Jerusalem das Fest am 40. Tag nach der Geburt Jesu gefeiert, in Rom führte man es im Jahr 650 ein. Die mit dem Fest im Laufe der Zeit verbundene Kerzensegnung und die Lichterprozession führten zur volkstümlichen Bezeichnung Mariä Lichtmess. Die Segnung der Lichtmesskerze ist im

Januar

16. Jahrhundert durch den Kölner Ratsherrn und Chronisten Hermann Weinsberg bezeugt. Er berichtet 1566, wie er in seiner Pfarrkirche St. Jakob die an Lichtmess gesegnete Kerze empfing. In katholischen Kirchen findet auch heute noch eine Kerzensegnung statt, gelegentlich verbunden mit einer Lichterprozession.

Über den Gebrauch der Kerzen im religiös-magisch durchwirkten Alltag ist in der Trierer Bistumsgeschichte zu lesen:

Den gesegneten Kerzen bzw. ihrem Wachs sprach man in der katholischen Landbevölkerung allerhand nutzbringende und Unheil abwendende Bedeutung zu, weshalb noch Mitte des 19. Jahrhunderts z. B. von dem Eifelort Fleringen der Brauch bezeugt ist, an diesem Tag aus Wachs gefertigte kleine Kreuze an die Bettladen und inwendig an die Stall- bzw. Stubentür anzukleben. (Persch, Schneider)

Das Rheinische Wörterbuch teilt für die 1920er Jahre mit:

Man lässt auch von der gesegneten brennenden Kerze einige Wachstropfen auf ein Stück Brot fallen und gibt es dem Vieh, damit es vor Unglück bewahrt bleibe (Cochem); nach dem Hochamte, abends nach gemeinschaftlichem Rosenkranzgebete (Grefrath) träufelt der Hausvater jedem seiner Hausbewohner, und zwar den männlichen in die Unterjacke oder Weste, den weiblichen in den Unterrock, drei Tropfen Wachs in Form eines Dreiecks, wobei er spricht: Im Namen des Vaters usf. (Leuth).

Der Lichtmesstag war ein wichtiges Datum im bäuerlichen Arbeitsjahr. In vielen Haushalten fand ein Gesindewechsel statt. Der Termin dieses Lostages ist schon im 16. und 17. Jahrhundert auf Eifelburgen bezeugt. Kurkölnische Verordnungen des 18. Jahrhunderts schreiben den 2. Februar als verbindlichen Gesindewechseltag vor.

Für den Lichtmesstag überliefert das Rheinische Wörterbuch diese Bauernregeln:

L. erlan (langst, vorbei), hät der Wöngkter (Winter) nüs ze san (sagen).
(Hellenthal, Kreis Euskirchen)

Wann L. de Sonn schingk (scheint), krüff der Bier (Bär) nouch vierzig Dag en et Louch.
(Mayen; Bitburg)

Wenn L. de Sonn schingk (op et Messboch), moss de Schiffer (Schäfer, Hirt) de Uerze (Futterreste) opbenge (aufbinden). (Neuss; Heinsberg)

8 Maria Empfängnis – *Sucker-Plass-Liev-Frau* (Zuckerplätzchentag)

Im Gelderner Land hieß der Tag im Volksmund: *Sucker-Plaß-Liev-Frau.* Mit lauter Stimme kündigte der Bäckermeister an, dass die süßen, runden Zuckerplätze gebacken seien:

Kommt hier oppaan!	*Kommt hierher!*
Kommt hier oppaan!	*Kommt hierher!*
Hier es Bäcker Lenz draan.	*Hier ist Bäcker Lenz.*
Sey sin moy en rond	*Sie sind schön und rund*
En smelten aß Senker in de Mond.	*Und schmilzen wie Zucker im Mund.* (Siemes)

In den Wirtschaften und Konditoreien wurde um diese Zuckerplätzchen *gedobbelt* (gewürfelt). Der Einsatz betrug 10 Pfennig:

> *Um alle Tische haben sich Teilnehmer am Spiel gruppiert. Jeder Tisch spielt für sich. ,Eene Mann, twee Mann, drij Mann' usw. wird von der Bedienung beim Empfang des Groschens gerufen. Soviel Groschen eingenommen sind, so viele Zuckerplätze werden aufgesetzt, und das Würfeln beginnt der Reihe nach. Wer die höchste Zahl wirft, hat ,den Stapel Sjuckerplääs gewönne'.* (SIEMES)

9 MARIENKÄFER UND MARIENSCHWALBE

Marienkäfer zu töten war tabu. Schutz genossen sie, weil vermeintlich die Gottesmutter Maria jedem Frevler neun Tage zürnte. Andererseits hinderte dies nicht daran, den Glücksbringer zu zerquetschen, um ihn gegen Zahnweh, Keuchhusten oder als Aphrodisiakum zu verspeisen.

Schwalben sind Frühlingsverkünder, weil sie um die Zeit von Mariä Verkündigung zurückkehren, und Herbstboten, weil sie um Mariä Geburt wieder nach Afrika fliegen: *Mariä Geburt fliegen alle Schwalben furt*. In der Tat sammeln sich in der ersten Septemberhälfte die Schwalben und ziehen in großen Schwärmen gen Süden. Die Schwalbe wurde deshalb zum Symboltier Mariens, sie gilt als *Muttergottesvogel*.

QUELLENNACHWEIS

BENEDIKTIONALE; BUCH WEINSBERG; DÖRING: Wallfahrt; DÖRING: 72 Kräuter; DÖRING: Kräuterweihe; GEMMEL: Chronik von Schweich; HAHN: Wallfahrtsstätten; HEGEL: Erzbistum Köln [Bistumsgeschichte]; HEILIGENKALENDER; KORFF: Maria in der technischen Welt; LOHMEYER: Sagen; SIEMES: Durch das Jahr; MARIENLEXIKON; PERSCH, SCHNEIDER: Auf dem Weg in die Moderne; RHEINISCHES WÖRTERBUCH

Statue „Maria Königin im Strahlenkranz". Pfarrkirche St. Brigida, Blumenthal.

HEILIGE DREI KÖNIGE

6. Januar

DARSTELLUNG: KÖNIGE MIT GESCHENKEN
ATTRIBUTE: GOLD, WEIHRAUCH, MYRRHE, KRONE UND STERN
PATRONE VON KÖLN; DER PILGER UND REISENDEN, DES GASTGEWERBES — ANGERUFEN
GEGEN EPILEPSIE; GEWITTER UND HAGEL; ZUM SCHUTZ GEGEN FEINDE, WAFFEN
UND KUGELN, ZUM SCHUTZ DES HAUSES VOR BRAND, UNWETTER UND DIEBEN

1   LEGENDE

Die Geschichte der Heiligen Drei Könige Caspar, Melchior und Balthasar beginnt mit dem Matthäusevangelium (2,1–12): Danach kamen die drei *Weisen* aus dem Morgenland, um das neugeborene Kind zu Bethlehem anzubeten. Als *Könige* werden die drei – die Magier, Astrologen oder Sterndeuter gewesen sein mögen – erstmals im 3. Jahrhundert bezeichnet. Die Dreizahl erschließt der Kirchenlehrer Origenes (185–254) aus den dargebrachten Gaben Gold, Weihrauch und Myrrhe. Die geläufigen Namen Caspar, Melchior und Balthasar bilden sich im 8. und 9. Jahrhundert endgültig heraus.

Überlieferungen nach ist Caspar der älteste, Balthasar der mittlere und Melchior der jüngste König, der auch als *Mohr* und vornehmster der drei galt. Die Drei Könige versinnbildlichen die drei damals bekannten Erdteile Europa, Afrika und Asien, ferner repräsentieren sie die drei Lebensalter Jüngling, Mann und Greis. Die Weisen bringen Gold, Weihrauch und Myrrhe. Mit der Gabe von Gold wird Jesus durch das Kostbarste auf Erden geehrt und als Gottes Sohn anerkannt. Myrrhe verweist durch ihre Bitterkeit und ihre heilende Wirkung auf Leiden und Tod Christi, aber auch auf das nachfolgende neue Leben. Der Weihrauch, der als Gottesduft gilt, weist auf die Göttlichkeit des Beschenkten hin.

Die Entdeckung der Gebeine der Heiligen Drei Könige in Mailand und deren Translation nach Köln im Jahr 1164 lösten die Verehrung aus. Die Reliquien soll Helena († 330), Mutter des römischen Kaisers Konstantin I., gefunden und nach Konstantinopel gebracht haben. Von dort gelangten sie wahrscheinlich erst im 12. Jahrhundert nach Mailand. Nach dessen Eroberung durch Kaiser Friedrich Barbarossa überführte der Reichskanzler und Kölner Erzbischof Rainald von Dassel (1159–1167) die Reliquien nach Köln, wo sie am 23. Juli 1164 ankamen. In den Jahren 1180 bis 1225 wurde hier der kostbare *Dreikönigsschrein* zur Aufbewahrung der Reliquien angefertigt. Von der Domstadt verbreitete sich die Verehrung der Heiligen Drei Könige über das Abendland.

Prägend für die Dreikönigsverehrung wurde im 14. Jahrhundert die *Legende von den Heiligen Drei Königen*, die der Karmelitermönch JOHANNES VON HILDESHEIM (um 1310 bis 1375) zum Zweihundert-Jahr-Jubiläum der Übertragung der Reliquien nach Köln verfasste:

In dem ersten Indien lag das Königreich Nubien. Dort herrschte zur Zeit der Geburt des Herrn König Melchior, der dem Herrn das Gold geschenkt hat … In dem zweiten Indien lag das Königreich Godolien, dort herrschte zur Zeit der Geburt des Herrn König Balthasar, der dem Herrn den Weihrauch geschenkt hat … In dem dritten Indien lag das Reich Tharsis. Dort herrschte zur Zeit der Geburt des Herrn König Caspar, der dem Herrn die Myrrhe geschenkt hat … Die drei Könige rüsteten sich — jeder in seinem Reiche — mit aller Pracht und Kostbarkeit und großem Gefolge für die Reise und machten sich auf den Weg. Keiner wußte von dem andern, doch wurde jeder von ihnen auf seinem Wege von dem Stern geführt: er wanderte mit ihnen weiter, wenn sie ritten, er stand mit ihnen still, wenn sie anhielten.

2 PILGERZEICHEN, DREIKÖNIGSZETTEL, *ANRÜHREN*/BERÜHREN DER RELIQUIEN

Die bekanntesten Kölner Ziele mittelalterlicher Pilger waren die Reliquien der Heiligen Drei Könige sowie der heiligen → Ursula und ihrer Gefährtinnen. Köln galt als einer der großen spätmittelalterlichen Pilgerorte. Er hatte allerdings eher den Charakter einer Durchgangsstation auf dem Weg nach Rom (Apostelgräber von → Petrus und Paulus), Santiago de Compostela (Grab des → Jakobus) oder nach Aachen (*Aachener Heiligtumsfahrt*).

Der Dreikönigskult verbreitete sich rasch nach der Reliquientranslation im Jahre 1164. Pilgerzeichen, Dreikönigszettel und die Verehrung der Reliquien bezeugen die Bedeutung des Kults. Die Pilgerzeichen kauften die Pilger vor Ort, befestigten sie an der Kleidung und nahmen sie als Andenken mit nach Hause. Über 100 in Nord- und Mitteleuropa gefundene Exemplare aus dem 12. bis 15. Jahrhundert zeigen die Heiligen Drei Könige (Anbetungsszene), manchmal zusammen mit der heiligen → Ursula.

Seit dem 11. Jahrhundert sind mit dem Signet der Heiligen Drei Könige *(C†M†B)* bedruckte *Dreikönigszettel* überliefert, die Segenssprüche aufweisen. Manche Dreikönigszettel wurden als Unheil abwehrendes Amulett oder als Glück bringender Talisman benutzt. Die Heiligen sollten vor Feinden, Waffen und Kugeln beschützen sowie das Haus vor Brand, Unwetter und Dieben behüten.

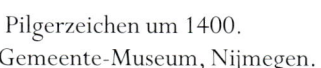

Januar

Pilgerzeichen um 1400.
Gemeente-Museum, Nijmegen.

Dreikönigszettel mit Berührungsvermerk, 19. Jahrhundert. Der Wallfahrtszettel zeigt die Anbetung der Heiligen Drei Könige über dem Kölner Stadtpanorama.

Für die *weit gereisten Heiligen* lag das Reisepatronat nahe; sowohl im realen wie auch im übertragenen Sinn: *Caspar soll mich führen, Balthasar mich leiten, Melchior mich retten, und sie alle sollen mich zum ewigen Leben hindurchführen.*

Das *anbetende Niederfallen* vor Christus machte die Heiligen zuständig gegen Fallsucht:

Heilige Drey Könige Caspar. Melchior. Balthasar. Bittet für uns jetzt und in der Stundt unsres Todts. Diß an die Häupter und Reliquien der HH. drey Königen in Cöllen angestrichenes Briefflein ist gut für alle Reisgefahren, Hauptweh, fallende Kranckheit, Zauberey, jehen Todt, durch einen vesten Glauben. (SCHÄFKE)

Erhalten sind Drucke auf Pergament, Papier und Seide, meist wohl als Einlage in Gebet- und Andachtsbüchern. Dreikönigszettel sind in beachtlichen Mengen in Köln produziert worden. Als Souvenir und Handelsgut wanderten die Zettel weite Wege:

Eine Aktennotiz in den Briefeingängen der Stadt Köln berichtet ein reizvolles Beispiel. Der aus Rosenthal bei Prag stammende Eremit Johannes Czermack hatte seinen Habit abgelegt, sich verdächtig gemacht und war in Rastatt verhaftet worden. Nachforschungen über seinen Reiseweg und sein Verhalten in Köln ergaben dabei, er habe ,heiligen drey Königen Zettulen und Rosenkränzt gekauft, vorgebend, er wolte nacher Rom ein Pilgerfahrt vornehmen' und dabei unterwegs diese Kostbarkeiten, die in Köln billig zu erwerben waren, wieder umsetzen. (SCHÄFKE)

Gegenstände, die die Reliquien der Heiligen Drei Könige *angerührt* / berührt haben, galten als viel begehrtes Gut. JOHANNES VON HILDESHEIM liefert den frühesten Bericht: *In Jerusalem kauften die Inder von Pilgern, die diesseits des Meeres waren, Münzen und goldene Fingerringe, mit denen sie die Reliquien der Heiligen Drei Könige angerührt haben. Sie küssen und verehren die heiligen Andenken und versichern, daß viele Kranke damit geheilt werden, wenn sie innig daran glauben.*

Besonders im 18. Jahrhundert finden sich ausführliche Schilderungen der Pilgerbräuche am Schrein. Im Jahre 1705 kommt der niederländische Gesandtschaftssekretär von Blainville durch Köln. Er schildert die Merkwürdigkeiten der Stadt und ebenso die Dreikönigsverehrung der Pilger. Interessiert beobachtet er den Priester mit seiner Silberzange, der das Heiligtum mit Rosenkränzen und Andachtsbildchen anrührt:

Heilige Drei Könige

Das Volk lief häufig herbey, um dem Geistlichen über ein metallenes vergültetes Gegitter Bilderchen, Gebetbücher, Rosenkränze und dergleichen Spielwerke zu überreichen, welche er mit silbernen Zangen annahm und mit jedem der Köpfe der drey Könige berührte. Ich bemerkte unter dem übrigen Haufen eine alte Frau, welche ihm ein kleines Crucifix hinreichte, damit es berührt werden möchte. Allein, der Geistliche gab ihr einen Verweis und sagte im Zorne: unser Heiland hätte mit Berührung der Köpfe dieser Könige nichts zu thun. Diese Abweisung mußte dem armen Geschöpfe sehr nahe gehen. Ich hatte Mitleiden mit ihr und sagte zu dem Geistlichen, daß es die gute Frau so böse nicht meinete, als er gedächte, weil sie sich einbildete, es würde dem Heiland nicht unangenehm seyn, seine alten Freunde zu grüßen, die vormals eine so weite Reise seinetwegen gethan hätten. Der Graf lächelte über diesen Scherz, der Geistliche aber sähe mich scheel an und hielte mich ohne Zweifel für einen Ketzer. Das Schlimmste war, daß das arme Weib bey allem ihrem Eifer weggejagt wurde und keine Berührung von den drey Königen für ihren hölzernen Jesus erhalten konnte. (SCHÄFKE)

3   DIE *HUNGARISCHEN* PILGER

Bemerkenswert sind die Fernpilger, die vom 13. bis zum 18. Jahrhundert aus Böhmen, Slowenien und Ungarn zur *Aachener Heiligtumsfahrt* kamen und dabei Station in Köln machten.

Die *hungarischen* Pilger kamen in den Monaten Mai und Juni nach Köln. Über die Entstehung dieser Pilgerfahrt berichtet die Sage, die Arnold LASSOTTA wiedergibt: *Als einsten … eine gar unglaubliche hungersnoth wegen allzu grosser dürre in Hungarn entstanden, sey eine grosse menge volcks von dannen nach Kölln gekommen, und habe die heiligen drey Könige um hülffe angeruffen, da es denn, so bald sie nur das geringste wort gesprochen, überflüssig geregnet hätte. Sint derselben zeit kömmt alle 7 Jahr eine procession von Hungarischen leuten nach Kölln, gegen ihre Wohltäter sich danckbar zu erzeigen.*

Die Pilger wurden im Hospiz Ipperwald versorgt. Ein besonders festliches Mittagessen erhielten sie nach der Verehrung der Heiligen Drei Könige am Fest Peter und Paul. In einem Bericht aus dem Jahre 1769 heißt es: *Nach der Predigt auf dem Domhof werden ihnen auch die Reliquien im Dom gezeigt, und deren eigentliche Wesenheit ihnen durch ihren Dollmetscher ausgelegt. Sobald dieses geschehen, gehen sie zu Tisch und wird ihnen von den Herrn Bürgermeisteren hiebey aufgewartet.* (LASSOTTA)

1775 wurden die *hungarischen* Wallfahrten mit Beschluss der Wiener Hofkanzlei bis auf weiteres untersagt, da *mit Rücksicht auf vielerlei unter einem zusammengeloffenen Haufen Volkes unvermeidliche Ausschweifungen, dann vermuthlicher Geldausschleppung ausser Landes weder für die heilige Religion, noch Sitten, noch für die Unterthanen selbst vorteilhaft seyn können.* Am 30. Januar 1776 verbot Kaiser Joseph II. die Ungarnwallfahrt an den Rhein endgültig. Der Kölner Kurfürst Maximilian Friedrich verfügte am 6. März 1776, den *sogenannten nach Aachen pilgernden Ungarn* den Eintritt *in unsere Stadt Köln und in unsere erzbischöflichen Gebiete* zu untersagen. (DÖRING)

Januar

Heilige Drei Könige.
Andachtsbild 18. Jahr-
hundert, Spitzenbild in
Pergament mit Miniatur
in Deckfarbenmalerei.

Heilige Drei Könige

4 DREIKÖNIGSWASSER

Für den Dreikönigstag ist auch das Segnen von *Dreikönigswasser* überliefert, das an die Taufe Jesu im Jordan erinnern sollte. Der Kirchenlehrer Johannes Chrysostomus (um 354–407) berichtet: *Die Leute bringen um Mitternacht dieses Festes Wasser in Krügen, das sie geschöpft haben, nach Hause und bewahren es das ganze Jahr auf, weil heute dieses Wasser geheiligt ist.* (DÖRING)

Das BENEDIKTIONALE sieht an Epiphanie Segnungen von Wasser, Salz, Kreide und Weihrauch vor:

Die Segnungen sollen sichtbar machen, daß die Menschwerdung Jesu in den Alltag hineinwirkt … Nach altem Brauch werden zum Epiphaniefest mancherorts die Häuser gesegnet. Der Hausvater zeichnet auf die Tür 19C†M†B79. CMB deutet man als Initialen der Namen Caspar, Melchior und Balthasar. Eine andere Deutung ist: Christus mansionem benedicat / Christus segne dieses Haus. Zur Haussegnung zieht man betend und mit brennendem Weihrauch durch die Räume. Der emporsteigende Weihrauch ist Zeichen des Gebets und der festlichen Freude.

5 STERNSINGEN

Zu Beginn des Neuen Jahres senden die katholischen Pfarrgemeinden feierlich viele tausend Sternsinger aus. Zur Erinnerung an die Weisen aus dem Morgenland ziehen die Kinder von Haus zu Haus, drei von ihnen als Heilige Drei Könige verkleidet. Sie wünschen Glück zum neuen Jahr und bringen an den Haustüren mit gesegneter Kreide die Segenszeichen *C†M†B* mit der Jahreszahl an. Für ihr Singen erhalten sie Gaben. Diese Spenden werden heute Projekten in der Dritten Welt zugeführt, während sie früher den Kindern selbst zukamen.

Die ältesten Zeugnisse für das Sternsingen aus dem 16. Jahrhundert stammen vorwiegend aus dem Umkreis von süddeutschen Bischofssitzen und Stiften. Nach 1600 ist das Sternsingen für das Rheinland belegt. Frühe Zeugnisse weisen meist arme Schüler und Studenten als Sternsinger aus, die oft wochenlang von Stadt zu Stadt, von Kloster zu Kloster zogen und große Wegstrecken zurücklegten. Den Hintergrund bildete die schlechte wirtschaftliche Lage der städtischen Schulen, die Schulmeister und Schüler zu Nebeneinnahmen zwang. Im 17. und 18. Jahrhundert ging das Sternsingen mehr und mehr auf andere Sozialgruppen über: auf Handwerksburschen, Tagelöhner, Soldaten und weniger gut gestellte Jugendliche oder Erwachsene. Meist zogen jedoch Kinder aus armen Familien mit ihrem Stern von Haus zu Haus und von Dorf zu Dorf. Die eingesammelten Gaben wie Brot, Mehl, Fleisch und Wurst brachten sie ihren bedürftigen Verwandten zum gemeinsamen Verzehr mit nach Hause. Deshalb geriet das Sternsingen in den Geruch der Bettelei. Im Jahre 1736 klagte der Rat der Stadt Köln, Studenten und Vagabunden liefen mit dem Stern herum und bettelten.

Heute ist das Sternsingen ein zentral organisierter kirchlicher Solidarbrauch. 1958 stellte das Kindermissionswerk in Deutschland das Sternsingen in den Dienst der Mission und der Dritten Welt. Aus den bescheidenen Anfängen ist die *Aktion Dreikönigssingen,* die weltweit größte Hilfsaktion von Kindern für Kinder, gewachsen. Entscheidender Zweck des erneuerten Sternsingens ist es, durch materielle Hilfe die Not von Kindern in den armen Ländern der Welt zu lindern.

QUELLENNACHWEIS

BENEDIKTIONALE; DÖRING: Wallfahrt; DÖRING: Wallfahrtsleben; JOHANNES VON HILDESHEIM: Legende von den Heiligen Drei Königen; LASSOTTA: Pilger in Köln; SCHÄFKE: Wallfahrt zu den Heiligen Drei Königen

Aktion Dreikönigssingen: Umgang einer Sternsingergruppe in Simmerath, 2001.

Heilige Drei Könige

ANTONIUS (DER GROSSE)

17. Januar

EINSIEDLER, MÖNCHSVATER
* UM 250 IN KOME (ÄGYPTEN)
† UM 355 IN ÄGYPTEN
DARSTELLUNG: ALS EINSIEDLER, ALS GREIS, ALS MÖNCH
ATTRIBUTE: SCHWEIN, BETTLERGLOCKE, KRÜCKE, EINSIEDLERSTAB
PATRON DER SCHNEIDER; DER HAUSTIERE, VOR ALLEM DER SCHWEINE; DER SCHWEINE-
HIRTEN — ANGERUFEN GEGEN FEUERSNOT, LEPRA, PEST, SYPHILIS, VIEHSEUCHEN,
BEI ALLTAGSSORGEN

1   VITA

Antonius wurde als Sohn reicher christlicher Eltern geboren. Mit zwanzig Jahren übernahm er nach dem Tod der Eltern die Verwaltung der Familiengüter und zog
seine jüngere Schwester groß. Ein Satz Jesu im Matthäusevangelium veränderte sein
Leben: *Wenn du vollkommen sein willst, dann verkaufe alles, was du hast, und gibt es den Armen*
(Matthäusevangelium 19,21). Er verkaufte seinen gesamten Besitz und wurde Einsiedler in radikaler Armut und zunehmender Abgeschiedenheit. Antonius gilt als Begrün-
der des frühen Mönchtums. Er soll 105 Jahre alt geworden sein. Reliquien werden
u. a. im Stammkloster des Ordens der Regularkanoniker vom heiligen Antonius in
Saint-Antoine zwischen Grenoble und Valence verehrt. Antonius zählt im Rheinland
zu den Heiligen Vier Marschällen (→ Heilige Helfer).

2   ANTONIUSWASSER, –BROT, –SCHWEIN

Im Rheinland waren und sind gelegentlich noch Wassersegnungen auf den Namen des heiligen Antonius üblich. In Ellscheid (Kreis Daun) wurde bis in die 1950er
Jahre Antoniuswasser gesegnet und genutzt: *Die Bittgänger nahmen es in Krügen und Flaschen mit nach Hause zum möglichen Gebrauch bei Schweinepest und Rotlauf … In jedem Fall
fügte man es dem Futter oder Getränk des erkrankten Tieres bei.* (DÖRING)

Als alte Verehrungsstätte des heiligen Antonius galt die Kapelle zu Eyll (Kreis
Wesel):

*Von der Umgegend, z. B. Nieukerk, Stenden, zogen in der Pfingstwoche ehedem große Prozes-
sionsscharen dorthin, um den Heiligen zu verehren. Während der Pilgermesse wurden Wasser und
Brot gesegnet, die nachher von den Pilgern fürs Vieh mitgenommen wurden.* (DÖRING)

Gesegnetes Antoniusbrot und Antoniuswasser. Antoniusfest in Strassfeld, 2009.

Über die Antoniusverehrung in Strassfeld (Kreis Euskirchen) heißt es in einem Bericht aus dem Jahre 1988:

Am Antoniustag, dem Fest des großen Mönchsvaters, strömen die Gläubigen von nah und fern
herbei. Sie küssen oder berühren das Reliquiar, mit dem hier Gebeine des Heiligen seit Jahrhunder-
ten zur Verehrung dargereicht werden. Gesegnete Antoniusbrote (runde Roggenbrötchen) und ge-
weihtes Antoniuswasser werden ausgeteilt und nach Hause mitgenommen, um auf Mensch und
Tier die mächtige Fürbitte des heiligen Einsiedlers herabzurufen. (SCHLAFKE)

Nach Amern-St. Anton (Kreis Viersen) zog noch zu Beginn des 20. Jahrhunderts eine Prozession aus Loosen. Die Wallfahrer brachten als Opfergabe einen Schweinskopf
mit, den der dortige Pfarrer für sich behalten durfte oder aber an die Armen weiter-
gab. Die Bauern ließen auch Brot in der Kirche segnen, das die Familien dann zu Hause
verzehrten. Das gesegnete Antoniuswasser wurde als Heilmittel für kranke Haustiere
gebraucht. Auch mischten die Bauern Korn, das am Altar in einer Schüssel bereit war,
unter das Futter, um das Vieh vor Krankheiten zu schützen.

In Klein-Jerusalem bei Neersen (Kreis Viersen) werden laut Helena SIEMES am Antoniustag eigens für diesen Anlass kleine Brötchen gebacken: *Sie werden vom Pfarrer wäh-*
rend der Messe gesegnet und anschließend an die Gläubigen verteilt, die sie mit nach Hause neh-

men und zum Frühstück auf den Brotteller legen. *Ursprünglich gaben die Bauern eines dieser Brötchen unter das Viehfutter, da das geweihte Brot auch die Tiere auf die Fürbitte des Heiligen vor Krankheiten beschützen sollte.*

In Kempen (Kreis Viersen) war Antonius der Schutzpatron der Schneiderzunft:

Dort unterhielt die Antoniusbruderschaft der Schneider jedes Jahr ein für die Armen bestimmtes Schwein, das in der von Toren und Mauern umschlossenen Stadt frei umherlief. Es lebte von dem auf Straßen und Plätzen liegenden oder ihm zugeworfenen Futter. Wenn die Bauern von den Feldern, die außerhalb der Stadtmauern lagen, zurückkehrten, warfen auch sie dem ‚Tsint-Tüenes-Värke‘ von ihrer jeweiligen Ernte etwas zu. Wenn es fett gemästet war, vermutlich traf dies immer am 17. Januar zu, wurde es geschlachtet und sein Fleisch an die Armen der Stadt verteilt. (SIEMES)

Antonius wurde auch *Säutünnes, Schweinetines* genannt. Bis in die 1920er Jahre wurden am *Tünnestag* in der Antoniuskapelle zu Waldbröl (Oberbergischer Kreis) Würste, Schinken, Speck, Rippen geopfert.

In Breberen (Kreis Heinsberg) hielt die Gemeinde ein *Antoniusschwein*, das auf Antoniustag geschlachtet und dessen Fleisch in der Kirche gesegnet und anschließend an die Armen verteilt wurde. Lascheid bei Bleialf (Kreis Bitburg-Prüm) kannte bis 1940 das Antoniusfest mit Wallfahrt und Opfern von Schweinsköpfen.

Heute wird der heilige Antonius in erster Linie bei Alltagssorgen um Hilfe angerufen. Auf der Informationstafel, die an der Kapelle *Decke Tönnes* im Stadtgebiet von Bad Münstereifel (Kreis Euskirchen) steht, ist zu lesen: *Wenn hier die Kerzen fast nie erlöschen, so scheint Antonius der Einsiedler von Ägypten heute der Patron der Autofahrer geworden zu sein, die ihm ihre kleinen und großen Sorgen anvertrauen.* (HERKENDELL)

3   ANTONIUSFEUER

Ignis sacer, das *Heilige Feuer*, nannten die Chronisten des 9. bis 11. Jahrhunderts eine Erkrankung, die bis in die frühe Neuzeit hinein in Hungerzeiten auftrat und insbesondere die Armen und die ländliche Bevölkerung traf. Kay Peter JANKRIFT führt aus:

Ausgelöst wird die Krankheit, die auch unter dem Namen ‚Antoniusfeuer‘ bekannt ist, durch eine Vergiftung, hervorgerufen durch den Verzehr von Mutterkorn, der Dauerform des Schlauchpilzes Claviceps purpurea Tulasne, der den Roggen befällt … Hunger und Erkrankungsrisiko standen in untrennbarem Zusammenhang. Erschwerend kam hinzu, dass Witterungsverhältnisse, die sich ungünstig auf das Getreidewachstum und damit auf den Ernteertrag auswirkten, ein vermehrtes Auftreten des Mutterkornpilzes förderten. Dies erklärt, warum gerade in Notzeiten große Mengen des giftigen Mutterkorns in das Mehl gelangten … Fatalerweise wirkt das alkaloidische Gift des Pilzes unmittelbar nach der Ernte am stärksten. Im frischen Mehl, auf das die Menschen insbesondere in Hungerzeiten sehnsüchtig warteten, lauerte mitunter ein qualvoller Tod.

Die Antoniter – eine Laienbruderschaft – kümmerten sich mit Eifer und erkennbarem Erfolg um die Krankenpflege:

Die Antoniter waren die erste spezialisierte Krankenpflegegemeinschaft des Mittelalters … Ihre Behandlung von Opfern des Antoniusfeuers basierte auf einer für die Zeit typischen Mischung aus Spiritualität und Heilkunde. Heilung konnten die Kranken nach ihrem Verständnis nur durch den Beistand Gottes und der Heiligen erreichen. Bei ihrer Aufnahme in ein Antoniterspital empfingen die Kranken zunächst gutes Brot, das frei war vom Gift des Mutterkornpilzes. Daneben wurde der so genannte Antoniuswein gereicht. Dieser war mit einer Reliquie des Heiligen in Berührung gebracht und mit einer Reihe von Kräutern versetzt worden, die den Vergiftungserscheinungen entgegenwirkten. (JANKRIFT)

Spätestens im ausgehenden Mittelalter standen in den Antoniterspitälern Wundärzte zur Verfügung, die im Bedarfsfall Amputationen brandiger Gliedmaßen ausführten. Die Antoniter leisteten mehr als eine ambulante Erstversorgung. Wer die Vergiftung verkrüppelt überlebte, fand bis zu seinem Lebensende Versorgung und therapeutische Betreuung in den Spitälern der Antoniter. 1435 stiftete Herzog Adolf von Kleve den „Orden vom guten Marschall Sankt Antoni", der am Niederrhein segensreich im Namen des Heiligen wirkte.

4   BAUERNREGELN

Aus dem RHEINISCHEN WÖRTERBUCH:
Zent Tönnes brengt Is of brecht Is. (Aachen)
Zent Tüənes es ene Ismääker, ene Isbreker oder he lett et, wi et es. (Geilenkirchen, Kreis Heinsberg)

QUELLENNACHWEIS

DÖRING: Heiliges Wasser; HERKENDELL: Bad Münstereifel; JANKRIFT: Medizin im Mittelalter; RHEINISCHES WÖRTERBUCH; SCHLAFKE: Wallfahrt Köln; SIEMES: Durch das Jahr

Antoniusreliquiar und Opferkerze. Antoniusfest in Strassfeld, 2009.

Antonius (der Große)

SEBASTIAN (SEBASTIANUS)

20. Januar

MÄRTYRER
* IN MAILAND
† 288 IN ROM (?)
DARSTELLUNG: ALS JUNGER MANN, ALS SOLDAT; AN EINEN BAUM GEBUNDEN UND DURCH-
BOHRT
ATTRIBUTE: PFEILE, PALME, SCHILD, SCHWERT, LANZE
PATRON DER STERBENDEN, SCHÜTZENGILDEN, SOLDATEN – ANGERUFEN GEGEN PEST
UND SEUCHEN

1   VITA

Nach dem Zeugnis des Kirchenlehrers Ambrosius stammte Sebastianus aus Mailand. Er war, der Legende nach, Offizier der kaiserlichen Garde und wurde wegen seines Bekenntnisses zum Christentum – als Helfer verfolgter Christen – durch Pfeil-
schüsse hingerichtet. Von den Pfeilen auf wundersame Weise jedoch nicht getötet, sei
er mit Keulen erschlagen worden. Sebastian starb der Überlieferung zufolge
am 20. Januar 288. Seinen Leichnam soll eine junge Christin geborgen und
an der Via Appia in der Nähe der Apostelkirche (Peter und Paul) bestattet haben. Heute steht über seinem Grab die Kirche S. Sebastiano, eine der sieben frühchristlichen Pilgerkirchen Roms.

2   SEBASTIANUSBRUDERSCHAFTEN

Vor allem in Italien, Deutschland und Frankreich entstanden
seit dem späten Mittelalter Sebastianusbruderschaften zur Pflege und
Bestattung von Pestkranken, zur Aufrechterhaltung der öffentlichen
Ordnung und zur Durchführung von Pestprozessionen.

Sebastian wurde Patron vieler rheinischer Schützenvereinigun-
gen, die seinen Gedenktag mit kirchlichen und weltlichen Feiern
wie Festmessen, Umzug und Mitgliederversammlung begehen. Die ältesten Sebastianus-Schützenbruderschaften sind im
14. Jahrhundert belegt. Sebastians Funktion als Offizier brachte es
mit sich, dass die Schützen ihn zum Patron wählten.

Sein Tag wird – wie das RHEINISCHE WÖRTERBUCH für die 1920er Jahre
mitteilt – *von den Sebastianesbrödern mit feierlichem Kirchgang gefeiert; sie keh-*

Barocke Statue des heiligen Sebastian.
Pfarrkirche St. Bernhard, Hollerath.

Einzug der St. Sebastianus Schützenbruderschaft in die Wallfahrtskirche. Godehardusfest in Vorst, 2009.

ren z. B. nach dem Hochamte in ihrer Herberge ein und bringen bei ihrer Heimkehr ihren Kindern ein Dütchen Fingen und einen Brezel ,Wengel‘, die der Wirt zu diesem Zwecke zum Verkaufe bereitzustellen hat, mit. Früher waren anstatt der Brezel Blätzchen üblich. Beide sind ein nur für diesen Tag bereitetes Backwerk, hart und oben mit einer Zuckerauflösung bestrichen.

3   SEBASTIANUSPFEILE, –MINNE, –BROT

Sebastian wird seit dem 7. Jahrhundert als Pestpatron angerufen. In Echternach und andernorts zeigte man *Sebastianuspfeile*, die angeblich vom Martyrium des Heiligen stammten. Als Schutzmittel gegen die Ansteckung mit Pest trug man Nachbildungen als Amulett am Körper oder brachte sie am Rosenkranz an. Auch trank man am Sebastianustag die *Sebastianusminne* (→ Heilige Helfer) und verschenkte gesegnete *Sebastianusbrote*.

4   BAUERNREGELN

Das RHEINISCHE WÖRTERBUCH teilt mit:
Fabian en Sebastian, de Sap mott en de Bome gahn. (Kleve)
Fabian en Sebastian fingt (fängt) de Bom ze saften an. (Westeifel)
S. brengt de Böm de Sap. (Heinsberg)

QUELLENNACHWEIS

RHEINISCHES WÖRTERBUCH

LÜFTHILDIS (LÜFTILDIS) VON LÜFTELBERG

23. Januar

JUNGFRAU
9. JAHRHUNDERT (?) IN LÜFTELBERG
DARSTELLUNG: ALS JUNGE FRAU
ATTRIBUTE: SPINDEL, GINSTERZWEIG, KIRCHENMODELL
PATRONIN VON LÜFTELBERG — ANGERUFEN BEI AUGEN- UND OHRENKRANKHEITEN

1   VITA

Lüfthildis ist eine Lokalheilige, die in Lüftelberg (Rhein-Sieg-Kreis) verehrt wird. Historische Quellen fehlen. Wahrscheinlich lebte sie im 9. Jahrhundert als Zeitgenosssin Karls des Großen. Die frühesten Legenden um die Volksheilige finden sich bei Caesarius von Heisterbach, „Dialogus miraculorum" (1219–1223). Wichtige Grundzüge der Überlieferungen in Legenden, Fabeln und anderen Erzählungen sind Hilfsbereitschaft, Gottesfurcht, Bescheidenheit.

Jörg Bartscher-Kleudgen, Autor und Bänkelsänger, fasst die legendenhaften Erzählungen von der Volksheiligen Lüfthildis zusammen:

Fromm erzogen, kümmerte sie sich schon in früher Jugend um Kranke und Arme. Nach dem Tod der Mutter heiratete der Vater eine Frau, die dem Kind feindlich gesinnt war. Sie trug ihrer Stieftochter allerlei niedrige Dienste auf, misshandelte sie, beschuldigte sie beim Vater der Unachtsamkeit und Nachlässigkeit und klagte sie schließlich an, durch ihre große Wohltätigkeit die Familiengüter zu verschwenden. Als das Mädchen wieder einmal mit einer Schürze voller Brot zu den Armen ging, passte der Burgherr sie ab, schaute nach und fand die Brote in Rosen bzw. Kohlen verwandelt. Die Stiefmutter, die sich über dieses Wunder sehr ärgerte, befahl dem Bäcker, bei welchem Lüfthildis das Brot zu holen pflegte, dem Mädchen am nächsten Tag glühende Kohlen in die Schürze zu schütten. Da geschah es — doch die Kohlen verwandelten sich sofort in Brote und Lüfthildis blieb unversehrt. (FISCHER)

Die Heilige trägt eine silberne Spindel in der Hand. Mit dieser Spindel soll sie einen Grenzstreit geschlichtet haben:

Eine andere Legende berichtet von einem heftigen Streit zwischen dem Vater der Heiligen und dessen Nachbar, weil die Grenze zwischen ihren Besitzungen nicht mehr klar zu erkennen war. Lüfthildis versöhnte die beiden, indem sie am strittigen Ort mit ihrer Spindel eine Grenze zog, die sich im Weiterschreiten hinter ihr zu einem noch heute vorhandenen tiefen Graben öffnete. (FISCHER)

Statue der heiligen
Lüfthildis. Wege-
kapelle in Lüftelberg.

Lüfthildis

2 WUNDERBERICHTE

Caesarius von Heisterbach bezeugt die frühe Verehrung der Heiligen, die sich in mannigfachen Wunderberichten niedergeschlagen hat, hier wiedergegeben nach Pfarrer Wilhelm Roloff, der 1845 ein Pilgerheftchen unter dem Titel „Herrliche Grabstätte der heiligen Jungfrau Lüftildis, oder: Lebensbeschreibung dieser wunderthätigen Schutzpatronin" herausgab:

Ich erinnere mich jetzt der ehrwürdigen Frau Gertrud, Äbtissin zu Hoven, wo zur Zeit ein adeliges Jungfrauen-Kloster des Cistercienser Ordens war, welche, wie sie mir selbst erzählt hat, wunderbar durch die Erscheinung einer heiligen Jungfrau genesen ist. Da sie schier ein halbes Jahr hindurch mit heftigen Augenschmerzen geplagt worden war, hat sie die heil. Jungfrau Lüftildis zu verehren und anzurufen sich bestrebt. Da sie nun fast blind war, hat sie an einem Morgen noch im Bette liegend und vom Schlafe ganz munter die heil. Jungfrau in weißer Kleidung gesehen vor demselben stehend, und empfunden, wie selbige mit dem Kleide ihre Augen berührte, worauf alsbald erfolgte, daß ihre Augen ganz klar sehend geworden sind, und in dem nämlichen Augenblicke, wo diese Erscheinung verschwand, verließen sie alle Schmerzen. (FISCHER)

Wie das verlorene Gehör auf die Fürbitte wiedererlangt worden ist, zeigt folgendes in der Lebensbeschreibung geschilderte Wunder:

Eine neunzehnjährige Weibsperson zu Mainz hatte durch einen heftigen Katarrh nebst großer Beschädigung des Sehens ihr Gehör verloren; nach lange vergeblich angewandter ärztlicher Hilfe und Gebrauche von natürlichen Arznei-Mitteln kommt sie auf den Gedanken, zu dem Grabe der heiligen Lüftildis zu wallfahrten, indem sie von den vielfachen Wunderwerken der heiligen Jungfrau durch die unerforschliche Fürsehung Gottes Nachricht erhalten hatte. Mit Glauben und Vertrauen machte sie sich auf den Weg dahin, und nachdem sie etliche Tage sich da aufgehalten in eifrigster Andacht und lebendiger Hoffnung, erhört zu werden, erhielt sie bei dem Grabe die Wiederherstellung der Augen, vollkommnes Gehör, und die Bedrängniß des Gemüthes verließ sie zugleich mit den Schmerzen. (FISCHER)

3 SPINDELSEGEN UND BROTSEGNUNG IN LÜFTELBERG

Bis um 1900 bestand in Lüftelberg der Ginsterbrauch: Kinder boten für ein paar Pfennige den Wallfahrern Ginstersträuße an. *Diese wurden in der Kirche gesegnet und zu Hause aufbewahrt. In Krankheitsfällen, vor allem bei Ohrenkrankheiten, legte man sie den Kranken aufs beziehungsweise ans Ohr.* (FRANK) Diese Verwendung lässt sich nicht aus der Legende erklären, sondern ist als Parallele zum Heilbrauch der Spindel anzusehen.

Der Spindelsegen wird während der jährlichen Lüfthildisoktav erteilt. Aus den 1950er Jahren wird berichtet: *Dem zuständigen Geistlichen fiel die Aufgabe zu, in den Oktaven des Januar- und Junifestes den zahlreichen Gläubigen den Segen mit der silbernen Spindel zu geben. Er stand dabei nach der heiligen Messe auf dem Stein vor dem Grab und berührte die Ohren der herantretenden Gläubigen mit der Spindel und sprach dabei: ‚Per intercessionem sanctae Lüft-*

hildis virginis liberet te Dominus a malo aurium et oculorum, Amen.' – ‚Auf die Fürsprache der hl. Jungfrau Lüfthildis befreie dich der Herr von Leiden der Ohren und Augen'. (SCHLAFKE)

In Lüftelberg gibt es auch eine Brotsegnung. Zu Anfang des 17. Jahrhunderts befand sich ein großer Kasten vor dem Bild der Heiligen in der Lüftelberger Kirche, in den die Pilger Korn für die Armen opferten. Aus dieser Spende hat sich in späterer Zeit die Verteilung gesegneter *Lüfthildisbrötchen* entwickelt. Das sind kleine Plätzchen aus Roggenmehl, auf deren Vorderseite die Figur der Heiligen und auf deren Rückseite ein einfaches Kreuz gestempelt war; heute sind es meist einfache Milchbrötchen. Man aß von den *Lüfthildisbrötchen* bei inneren Erkrankungen.

Auch in Staffel (Kreis Ahrweiler), einer anderen Verehrungsstätte der Heiligen, ist es noch bis in unsere Tage üblich, kleine, runde Roggenplätzchen zu segnen. Ulrich TOLKSDORF teilt in den 1960er Jahren mit:

Zum Schluss des Gottesdienstes ziehen die Gläubigen mit den Brötchen dreimal um den Altar. Die Lüfthildisbrütche werden gegessen, und auch das Vieh bekommt davon. Sie gelten als Heilmittel für Mensch (Kopf- und besonders Ohrenschmerzen) und Tier (alle Tierkrankheiten). Einige der Brötchen werden aufbewahrt und bei Gewitter ins Herdfeuer geworfen.

QUELLENNACHWEIS

FISCHER: Volkserzählungen; FRANK: Volksheilige; SCHLAFKE: Wallfahrt Köln; TOLKSDORF: Volksleben

Mit Milchbrötchen gefüllter Korb
für die Lüfthildis-Brotsegnung.
Pfarrkirche St. Petrus, Lüftelberg.

IRMUND (IRMUNDUS) VON MÜNDT

28. Januar

HIRTE, EINSIEDLER
† IN DER 2. HÄLFTE DES 4. JAHRHUNDERTS
DARSTELLUNG: IM EINSIEDLERGEWAND MIT HIRTENSTAB
PATRON DES VIEHS – ANGERUFEN FÜR DIE GESUNDHEIT DES VIEHS UND DIE FRUCHTBARKEIT
DER ERDE

1 VITA

Die erste bekannte schriftliche Nachricht über Irmundus stammt aus dem Jahre 1639. Danach lebte er als Einsiedler in Mündt bei Jülich (Kreis Düren). Irmundus wird als *heiliger Hirt* bezeichnet, der *unter zahlreichem Zulauf des Volkes* in dem *nicht weit von Jülich zwischen den Flüssen Rur und Erft gelegenen Weiler Mund* verehrt wird. Die Überlieferung sieht ihn als Zeitgenossen des heiligen Severinus, der im frühen 5. Jahrhundert noch vor der fränkischen Landnahme das Christentum verbreitete.

Im „Entwurf einer Topographie der Stadt und des Kreises Jülich" aus dem Jahre 1839 wird die Vita des Heiligen erweitert. Irmundus stamme aus Frankreich, sei königlichen Geblüts und als frommer Pilger ins Jülicher Land gekommen: *um durch heiliges Beispiel und Lehre die damals noch heidnischen Bewohner von Mündt zum Lichte des Christentums zu führen.* (KÖNEN)

2 IRMUNDUSBRUNNEN

Angaben über den Heiligen gehen zurück auf die von dem Jesuiten Theodor Rhay und zweien seiner Mitbrüder gemachten Beobachtungen und Erkundigungen aus dem 17. Jahrhundert. Sie sahen Anfang Oktober 1639 Bauern, die aus ihren Wohnorten nach Mündt gereist waren, aus dem *Irmundusweiher* mit ihren Flaschen Wasser schöpfen, *da es Menschen und Vieh, wenn sie es trinken, die Gesundheit bewahre oder verschaffe.* (WYNANDS) Pater Rhay notierte: *Das Zeugnis der schlichten Leute über ihren schlichten und unschuldigen Hirten gefiel mir. Das Wasser des Teichs, das zwölf oder 13 Monate zur Heilung des Viehs aufbewahrt wurde, fand er in verschiedenen Dörfern in klarem und reinem Zustand.* (WYNANDS)

Auf Veranlassung der drei Jesuiten stellten auch der Mündter Pfarrer, der Vikar und zwei Schöffen Nachforschungen über den Heiligen an, indem sie *die vornehmsten älteren*

Männer dieser Gemeinde von dem ihnen überlieferten Wissen berichten ließen: Er habe einen makellosen Lebenswandel geführt, in einer Einöde gelebt und dort die Herde der Gemeinde gehütet. In einem trockenen Sommer habe er *im festen Vertrauen auf Gott mit dem Hirtenstab in die Erde gestoßen und eine sehr reichliche Quelle hervorgebracht*, die seitdem *Irmund Brunnen* und beim einfachen Volk *Sanct Irmuntz Peutz* heiße. Die Quelle sei noch immer ergiebig und ihr Wasser heilsam für Mensch und Vieh. Als Zeichen des Dankes für empfangene Hilfe werde das Standbild des Heiligen von seinem Altar genommen, *wo es zur öffentlichen Verehrung von Seiten der allerwärts herbeiströmenden Menschen aufgestellt ist*, und in feierlicher Prozession durch die Gemeinde getragen. (WYNANDS)

Für das Jahr 1748 ist bezeugt, dass der Pastor in der Irmunduskapelle *die ganze fasten hindurch alle freytag, als zu welcher Zeit der ordinärer Zulauf der Christgläubigen ist, wie auch ofterzahlen das Jahr hindurch und sonderlich den 1ten Sonntag 7ber* [September] *lese … Korn und Wasser vor die Christgläubigen benedicire.* (KÖNEN) Bis in die 1930er Jahre schöpften Gläubige Wasser und nahmen gesegnete Fruchtkörner mit, um sie unter das Viehfutter zu mischen.

Rund sechzig Jahre später kommen wieder jährlich Gläubige zu Fuß zur Mündter Kapelle, um den heiligen Irmundus zu verehren und für die Fruchtbarkeit der Erde anzurufen. Seit 2006 lädt die Katholische Frauengemeinschaft von St. Martinus in Kirchherten (Rhein-Erft-Kreis) in der österlichen Bußzeit zur Fußwallfahrt zur Irmunduskapelle ein:

Über die Breite Straße gehen wir zum Hahnerkreuz oder Irmundus-Kreuz ‚in der ahl Möng'. Von dort zur St. Irmunduskapelle auf dem Hahnerhof … Unsere Vorfahren gingen in der Fastenzeit – vor allem an den Fastenfreitagen – zu Fuß zur Quelle und Kapelle, verrichteten fromme Gebete, schöpften Wasser aus der Quelle. Dies taten sie im Vertrauen auf die Fürsprache des hl. Irmundus, denn sie schrieben dem Wasser eine Heilkraft bei Menschen- und Viehkrankheiten zu. (WALLFAHRT KIRCHHERTEN)

Wenn sich auch gegen Ende des 20. Jahrhunderts Pläne zerschlugen, vier Kilometer vom Weiher entfernt ein Heil- und Wellenbad mit dem Namen *St. Irmundus-Quelle* zu errichten und *St. Irmundus-Heilwasser* zu vertreiben, so sorgt sich doch weiterhin ein Förderkreis um das Andenken dieses kaum bekannten Heiligen.

QUELLENNACHWEIS

KÖNEN: Irmunduskapelle; WYNANDS: Irmundus; WALLFAHRT KIRCHHERTEN [http://gemeinden.erz-bistum-koeln.de/export/sites/gemeinden/st_matthias_erftkreis/galerien/download/weihnachten _2005.pdf]

Irmund von Mündt

Statue der heiligen Brigida
mit den Attributen Äbtis-
sinnenstab und Schaf.
Pfarrkirche St. Brigida,
Blumenthal.

FEBRUAR

Brigida (Brigitta) von Kildare

1. Februar

ÄBTISSIN
* UM 453 IN IRLAND
† 525 IN KILDARE (IRLAND)
DARSTELLUNG: ALS ÄBTISSIN; MIT FEUERFLAMMEN ÜBER DEM KOPF
ATTRIBUTE: KUH, TIERE, PALMZWEIG, ÄBTISSINNENSTAB, BUCH (ORDENSREGEL)
PATRONIN VON IRLAND; DES GEFLÜGELS, DER KÜHE UND DES VIEHS; DER KINDER
UND WÖCHNERINNEN – ANGERUFEN GEGEN SEUCHEN, VIEHKRANKHEITEN, UNGLÜCK
UND VERFOLGUNG

1 VITA

Der Legende zufolge stammte Brigidas Vater aus adligem Geschlecht, während ihre Mutter eine Leibeigene war. Der heilige Patrick habe sie getauft. Sie weigerte sich zu heiraten, verließ im Alter von 14 Jahren das Elternhaus und wurde Nonne. Historisch gesichert ist, dass sie unweit ihres Elternhauses das Nonnenkloster Kildare gründete, aus dem später das Doppelkloster Kildare (*Kirche der Eiche*) wurde, eines der berühmtesten in Irland. Ihre Reliquien wurden im Laufe der Jahrhunderte in Europa verbreitet, unter anderem in Brügge (Belgien).

2 BRIGIDABROT, –WASSER

Über die Brigidaverehrung in Borr erfahren wir von Klaus BEITL in seiner Bestandsaufnahme rheinischer Wallfahrten von 1959:

Am 1. Februar wird in der Kirche zu Borr Brot gesegnet. Die Dorfbewohner bringen das Brot, meist Schwarzbrot, selbst mit. Die auswärtigen Besucher bekommen das Brot geschenkt, es besteht dafür eine Stiftung im Dorf. Das Brot wird nach der Weihe in Schnitten zerteilt, noch am Tag der hl. Brigida selbst wird allen Tieren davon zu fressen gegeben. Der Rest wird getrocknet und aufbewahrt, damit man dem Vieh davon geben kann, wenn im Stall Krankheit herrscht.

Der Pfarrverweser Manfred Wahl berichtet über die aktuelle Brigidaverehrung in Borr am 7. März 1988:

Heute ist es so, daß wir Mitte Januar an die Pfarrämter von Friesheim, Niederberg, Erp (alle Erftstadt), Weilerswist, Lommersum und Wichterich ein selbstgefertigtes Plakat schicken mit der Bitte, dies im Schaukasten auszuhängen. Immer noch kommen dann aus dem genannten Einzugs-

gebiet am 1. Februar einige Leute zusammen, um mit den Borrer Pfarrangehörigen diesen Ge-denktag zu begehen ... Nach der Predigt segne ich dann auf die Fürbitte der hl. Brigida das Brot, das die Borrer spenden. Es handelt sich ausschließlich um Schwarzbrot — wohl wegen der längeren Haltbarkeit. Nach der hl. Messe kommen die anwesenden Gläubigen zur Reliquienverehrung, da-bei erhalten sie das gesegnete Brot, das sie zu Hause an die Stalltiere verfüttern. (SCHLAFKE)

Auch in Venwegen (Kreis Aachen) ist der Kult der heiligen Brigida noch lebendig. An ihrem Festtag und dem darauf folgenden Sonntag lässt man Wasser und Brot seg-nen, um sie im Krankheitsfalle zu verabreichen. Die Wallfahrt zur heiligen Brigida nach Kronenburgerhütte (Kreis Euskirchen) reicht in das Jahr 1736 zurück. Während des Festhochamtes am Wallfahrtsfest segnet der Priester Brot und Salz. Die Gläubigen rufen die Heilige gegen Viehkrankheiten und in allgemeinen Anliegen an.

In Weisweiler (Kreis Aachen) kommen am Fest der Heiligen die Landwirte aus der Umgebung in der Kirche zusammen, um mit den anderen Gläubigen um ein ertrag-reiches Erntejahr zu bitten. Beim Gottesdienst segnet der Priester frisch gebackene *Brigidabrötchen* und *Brigidawasser*.

Als im 19. Jahrhundert überall am Niederrhein eine Viehseuche grassierte, begann die Verehrung der Heiligen in Baal (Kreis Heinsberg). Hier fand um 1900 erstmals eine Festoktav mit Segnung von Brigidawasser statt. Auch hier wurden der Heiligen die Gesundheit und das Gedeihen des Viehs anempfohlen. Aus der Umgebung kamen Wallfahrtsgruppen zur Verehrung, heute sind es nur noch Einzelpilger, die die Brigida-kirche von auswärts aufsuchen.

3   DIE FÜRSTENBERG-PROZESSION ZUR HEILIGEN BRIGIDA

Seit 1847 zieht jedes Jahr eine Prozession von Kempen (Kreis Viersen) nach Xanten (Kreis Wesel) zur Kapelle auf dem Fürstenberg, in der die heilige Brigida ver-ehrt wird. Von Helena SIEMES erfahren wir über den Ursprung dieses Brauchs:

In den dreißiger Jahren des 19. Jahrhunderts wurde der gesamte Niederrhein von der ‚Lungen-seuche‘ heimgesucht, der besonders das Rindvieh zum Opfer fiel. Die Viehseuche dauerte fast 15 Jahre an ... Ein Zeitgenosse klagte: ‚Nachdem alle natürlichen Mittel zur Abwehr erschöpft waren, suchte man Hilfe im Gebet. In den meisten Pfarrkirchen des Kempener Landes wurde eine wöchentliche Messe zur heiligen Brigida gestiftet. Da alle damals bekannten Heilmittel und Metho-den nichts mehr auszurichten vermochten, beschloß man 1847, eine Bittprozession zur hl. Brigida nach Xanten zu machen. Im Juni 1847 zog zum ersten Mal eine Prozession der Pfarre Kempen nach Xanten zur Kapelle der heiligen Brigida auf den Fürstenberg ... Im Herbste desselben Jahres erlosch die Seuche.‘ Das in der Bittmesse mitgebrachte Brot wurde gesegnet und zu Hause unter das Viehfutter gegeben. Das Ende der Seuche schrieb man der Fürsprache der hl. Brigida und der Wirkung der Bittprozession zu.

Helena SIEMES schildert auch den Prozessionsablauf:

Mit dem Gebet ‚Heilige Brigida, zu Dir eilen wir, Deine Hilfe begehren wir!‘ zog die Prozes-sion in Richtung Aldekerk ... In einem Zweispänner wurden die acht Pfund schweren Brote trans-

Segnung der von den Gläubigen mitgebrachten
Brote am Fest der heiligen Brigida. Brigidakirche,
Noorbek (Niederländisch Limburg).

portiert, die in der Pilgermesse gesegnet wurden. Dazu kam die große Pilgerkerze, welche die heute noch existierende Kempener Kerzenfirma Engels gefertigt hatte; sie war in einer besonderen Kiste verpackt … Jeder Pilger erhielt ein Bild der hl. Brigida mit dem Gebetstext und ein Stück gesegneten Brotes. Das Bild wurde im Stall aufgehängt, und jedes einzelne Tier erhielt ein Stückchen Brot.

Im Jahre 1990 nahmen 62 Wallfahrer teil, in einem Wagen wurden 50 Pfund Schwarzbrot mitgenommen, über die der Segen gesprochen werden sollte.

QUELLENNACHWEIS

BEITL: Wallfahrtsorte; SCHLAFKE: Wallfahrt; SIEMES: Durch das Jahr

Brigida von Kildare

BLASIUS

3. Februar

BISCHOF VON SEBASTE, MÄRTYRER, NOTHELFER
* 2. HÄLFTE 3. JAHRHUNDERT IN SEBASTE (TÜRKEI)
† UM 316 IN SEBASTE
DARSTELLUNG: ALS BISCHOF
ATTRIBUTE: HECHELKAMM, SCHWEIN, GEKREUZTE KERZEN
PATRON DER ÄRZTE, WOLLWEBER; DER HAUSTIERE – ANGERUFEN GEGEN HALSLEIDEN,
HUSTEN, BLASENKRANKHEITEN

1   VITA

Blasius war Bischof seiner Heimatstadt Sebaste, damals Hauptstadt der römischen Provinz Armenia. Unter Kaiser Licinius erlitt er das Martyrium.

Nach der Legende versteckte sich Blasius in einer Höhle, um der Christenverfolgung zu entgehen, und leitete aus der Einsiedelei heraus sein Bistum. Von Jägern des Stadtpräfekten entdeckt, soll Blasius auf dem Weg ins Gefängnis einen Jungen, der eine Fischgräte verschluckt hatte, durch sein Gebet vor dem Erstickungstod gerettet haben. Vor der Hinrichtung habe er darum gebetet, dass alle, die ein Übel an der Kehle oder sonst ein Siechtum hätten, Erhörung fänden, wenn sie in seinem Namen um Gesundung bäten. Mit sieben Frauen und zweien ihrer Söhne wurde er ausgepeitscht, mit eisernen Kämmen geschunden, in einen Teich geworfen und schließlich enthauptet.

2   BLASIUSSEGEN

Der heilige Blasius wird besonders gegen Halskrankheiten angerufen. Am Gedenktag des Heiligen, an Mariä Lichtmess oder am darauf folgenden Sonntag spenden die katholischen Priester den Blasiussegen. Sie halten zwei gesegnete brennende Kerzen in Form des Andreaskreuzes vor Gesicht und Hals der einzeln herzutretenden Gläubigen und sprechen die Segensformel: *Auf die Fürsprache des heiligen Blasius bewahre dich der Herr vor Halskrankheit und allem Bösen. Es segne dich Gott, der Vater und der Sohn und der Heilige Geist.* (BENEDIKTIONALE)

Der Blasiussegen, im 16. Jahrhundert entstanden, ist bis heute weit verbreitet. Im Benediktionale ist der Segen in die Messe bzw. in einen Wortgottesdienst eingebunden, *damit gegen magisches Mißverständnis der Lobpreis auf die Fürsorge Gottes und das gläubige Vertrauen auf die konkret-persönliche Heilszusage gefördert werden.*

Erteilen des Blasius-
segens. St. Laurentius-
Kirche, Lessenich,
2009.

3   BLASIUSJAGEN

Der Kölner Chronist Hermann WEINSBERG schildert im 16. Jahrhundert den Blasiustag: Die Schulen wählten einen Schulkönig, der zusammen mit einer großen Zahl Kinder an einem Umzug durch die Stadt teilnahm: *A. 1570 den 3. febr. ist herman van Weinsberch in s. Jacobs schulen uff dem Weitmart koninck gewest, und ist der kinder, jongen und metger, vil uber hondert gewest, als sei uff s. Blasii tag umbgingen.* Man *jagte* den Blasius; Weinsberg schreibt 1574: *uff s. Blasiitag sint min sustern, broder, Peter Alsteden, sin motter und frau mit miner motter frolich gewest, die seit untfangen, und ist der Blesius also gejaget.*

In Bad Münstereifel (Kreis Euskirchen) gab es das Radlaufen der Wollweber am Blasiustag. Neben dem sozialen Engagement der Wollweberzunft und ihren religiösen Aufgaben pflegten ihre Lehrlinge und Gesellen besonders am Blasiustag ein großes Fest zu veranstalten. Joseph OHLERT gibt einen Bericht aus dem Jahre 1854 wieder:

Es wurden nämlich am St. Blasiustag, wo die Erneuerung statthatte, die Lehrlinge zu Gesellen, die Gesellen zu Meistern geschlagen. Hierauf zog der ganze Zunftverband begleitet von der schaulustigen Menge junger und alter Kinder nach dem Radberge, von dessen Gipfel ein Rad, das Symbol der Weberzunft, hinuntergerollt wurde. Mit den Trümmern des Rades zog man nach dem Rathause, wo die Zunftmeister, während das Volk sich zerstreute, ihre Sitzung hielten. Hier wurden mit den Scheiten des Rades Wurst und Braten zurechtgemacht zur festlichen Rekreation der Männer.

Die Gesellen gingen morgens Gaben heischend durch die Stadt und sangen vor den Häusern der Meister Lieder.

Die Spenden kamen in eine von einem Lehrling getragene Kiepe und wurden abends gemeinsam verzehrt. Ein Altgeselle hielt, mit der Pritsche (Britz) viel Lärm aber wenig Schmerzen erzeugend, Ordnung im Zuge. Mit der Pritsche wurden die Lehrjungen zu Gesellen und die Gesellen zu Meistern geschlagen. Am Haus des Obermeisters sang man das Britzenlied, dabei schlug der Gesel-

le mit der Pritsche den Takt auf dem Rücken eines vor ihm auf einem Stuhl knienden Lehrlings. (OHLERT)

Früher war am Niederrhein – so das RHEINISCHE WÖRTERBUCH – der Blasiustag durch *Lustbarkeit* ausgezeichnet, zum Beispiel in Dormagen (Rhein-Kreis Neuss): Hier gingen die Kinder Gaben heischen und sangen dabei: *Ech hätt gern jet en den Spess, wenn et üch gefällig es; Zint Blässies es üver de Gädder gesprongen un hät sich de Schinne gesträuf; ech hätt gern jet für ze heile!* (bis ca. 1900).

QUELLENNACHWEIS

BENEDIKTIONALE; BUCH WEINSBERG; OHLERT: Wollweberzunft; RHEINISCHES WÖRTERBUCH

Heiliger Blasius. Andachtsbild 18. Jahrhundert, kolorierter Kupferstich.

AGATHA

5. Februar

JUNGFRAU, MÄRTYRERIN, NOTHELFERIN
3. JAHRHUNDERT AUF SIZILIEN
DARSTELLUNG: ALS JUNGE FRAU MIT ABGESCHNITTENEN BRÜSTEN
ATTRIBUTE: FACKEL ODER KERZE
PATRONIN DER AMMEN – ANGERUFEN GEGEN KRANKHEITEN DER BRÜSTE;
BEI BRANDGEFAHR, HUNGERSNOT, UNWETTER, VIEHSEUCHEN, ERDBEBEN

Heilige Agatha, dargestellt mit Zange und abgeschnittener Brust. Altarbild von Derick Baegert, um 1490. Predella des ehemaligen Sebastianusaltars. St. Nicolaikirche, Kalkar.

1   VITA

Die heilige Agatha stammte laut den ältesten Quellen aus Catania auf Sizilien. Wahrscheinlich unter Kaiser Decius (249–251) erlitt sie wegen ihres christlichen Bekenntnisses das Martyrium, wobei man sie an den Händen aufhängte, ihr die Brüste abschnitt, sie mit einer Fackel brannte und schließlich auf glühende Kohlen legte, bis sie den Qualen erlag. Am Jahrestag ihres Todes brach der Legende zufolge der Vulkan Ätna aus, man trug der sich ergießenden Lava den Schleier Agathas entgegen, brachte damit die Lava zum Stillstand und rettete so die Stadt. Die Reliquien der Heiligen befinden sich in einem Schrein im Duomo S. Agata (Catania).

2   PATRONIN GEGEN FEUERGEFAHR

Aufgrund der Legenden wurde die Heilige als Schützerin gegen Brand- und Feuergefahr angerufen: *In Kevelaer liess man auf S. Agathatag eine Messe lesen, jede Strasse für sich, die sog. Brandmesse.* In Aachen lautete eine Redensart: *De hellege Ajeta helpt en Für on Nut.* Ein altes Gebet aus Fusshollen (Rhein-Sieg-Kreis) ruft die Heilige an: *St. Agatha, du Helferin durch Gottes Hand, beschütze uns vor Feuer und Brand, Schütze treu das Vaterland, erhalte uns in Gnadenhand.* (RHEINISCHES WÖRTERBUCH)

Seit dem späten Mittelalter wird die heilige Agatha in Wipperfürth verehrt. Nach dem Stadtbrand von 1465 gelobte die Bürgerschaft eine Wallfahrt nach Catania zum

Grab der Heiligen. Da man dieses Versprechen nicht einhalten konnte, wurde 1474 zu Ehren der Heiligen eine Kapelle auf dem Agathaberg erbaut. Am Namensfest der heiligen Agatha bzw. am Sonntag danach wird mit dem Reliquiar der Agathasegen erteilt: *Durch Fürsprache der hl. Agatha segne dich der Vater, der Sohn und der Hl. Geist. Amen.*

3 AGATHABROT, -ZETTEL

An ihrem Festtag wurden früher auch die Agathabrote gesegnet, die als Heilmittel gegen Feuersbrünste, Unwetter und Krankheiten von Mensch und Tier galten. In Ürdingen (Krefeld) beispielsweise war es üblich, am Agathatag Mehl oder Brot zu segnen, das an Mensch und Vieh verteilt wurde. Es sollte vor Siechtum und Feuer bewahren. In den Eifeler Ermländersiedlungen (Kreis Ahrweiler) wurde noch in den 1960er Jahren Brot gesegnet: *Das geweihte Brot wird aufbewahrt (nur selten wird davon ein Stückchen gegessen) und bei einem Gewitter ins Herdfeuer gelegt. Ebenso wird es bei einem Brand in die Flammen geworfen, und in jene Richtung, in die man sich dann entfernt, sollte das Feuer abziehen.* (TOLKSDORF)

Früher kannte man auch sogenannte *Agatha-Zettel* mit Fürbittgebeten. Aus Fischeln (Krefeld) ist ein Zettel überliefert mit dem Text in fehlerhaftem Latein: *Mentem† Sanctam† Sponsa† meam† honorem DEO Patria liberationem ignis Sancta protege nos S. Agatha.* In freier Übersetzung lautet der Gebetsspruch: *Heilige Seele, die du freiwillig Gott und dem Vaterland die Ehre gegeben hast, beschütze uns, heilige Agatha, vor Feuerschaden.* Der Text erinnert an die Grabinschrift zu Catania, deren Anfangsbuchstaben häufig auf Gebetszetteln zu lesen waren: *Mens Sancta Spontanea Honor Dei et Patriae Liberatio.*

QUELLENNACHWEIS

RHEINISCHES WÖRTERBUCH; TOLKSDORF: Volksleben

Agatha-Zettel mit lateinischem Segensspruch und Darstellung der Heiligen, 19. Jahrhundert.

Adelheid (Adelheidis) von Vilich

5. Februar

(Jahrmarkt und Wallfahrt im September)
Äbtissin von Vilich und St. Maria im Kapitol in Köln
* um 960 auf Burg Geldern
† um 1015 in Köln
Darstellung: als Äbtissin
Attribute: Kirchenmodell, Brote, Äbtissinnenstab, Buch (Ordensregel)
Patronin der Stadt Bonn – angerufen gegen Augenkrankheiten

1   Vita

Adelheid wurde im Stift St. Ursula in Köln erzogen. Zunächst erste Äbtissin des von ihren Eltern gegründeten Klosters in Vilich (Bonn), übernahm sie nach dem Tod ihrer Schwester Bertrada auch die Leitung des Klosters St. Maria im Kapitol in Köln.

Adelheid war eine Wohltäterin der Armen und Notleidenden. Überliefert ist, dass sie zur Zeit einer furchtbaren Dürre das Dorf Vilich bei Bonn besuchte und ihre Gaben an die hungernden Menschen austeilte. Adelheid wurde in Vilich bestattet, wo auch ihre Reliquien ruhen.

2   Adelheidiswunder

Die beginnende Adelheidisverehrung wird greifbar in den Mirakelberichten der „Vita Adelheidis" (1056), niedergeschrieben von der aus vornehmer rheinischer Familie stammenden Nonne Bertha, um *die Erinnerung an Adelheids Leben und Wundertaten zum Nutzen der Gläubigen vor dem Vergessen* [zu] *bewahren.* Durch erste Wunder unmittelbar nach dem Tod der heiligen Adelheidis angelockt, begann ein reger Zustrom von Pilgern zu ihrem Grab: *Seit sich daraufhin überall die Kunde von den Wundern immer mehr verbreitete und ein jeder von einer Krankheit oder irgendeiner Beschwerde geplagt war, dorthin wie zu einer sicheren Zuflucht eilte, um geheilt zu werden, hörte der Strom der Besucher an ihrem Grab nicht auf.* (Vita Adelheidis)

Neben Berichten über wunderbare Heilungen eines Blinden, eines Lahmen, eines vom Teufel besessenen Mannes, einer Frau *mit einem von Würmern zerfressenen Geschwür* und anderen Kranken findet sich ein interessantes Zeugnis für eine Sühnewallfahrt: Ein Adeliger, dem der Papst eine schwere Buße auferlegt hatte, pilgerte in Ketten von Heiligtum zu Heiligtum. Bei der Pilgerreise in Ketten handelte es sich um eine besonders schwere, im Sinne einer kanonischen Kirchenbuße verhängte Form der Sühnewallfahrt, wie sie für das Mittelalter häufig bezeugt ist. Diese kanonische Buße war praktisch eine öffentliche, einmalige Kirchenbuße und auf Kapitalsünden beschränkt (Tötung, Abfall vom Glauben, schwerwiegende Vergehen gegen die Ehe). Nach einer auferlegten Zeit des Büßerstandes wurde man (durch den Akt der Rekonziliation) wieder in die Gemeinschaft aufgenommen.

Der adelige Büßer der VITA ADELHEIDIS fand nun nicht an einem der großen mittelalterlichen Pilgerorte, sondern am Grabe Adelheids in Vilich die Rekonziliation: *Nachdem er schon die Kirchen vieler Heiliger aufgesucht hatte, wurde er endlich hier auf Grund ihrer Verdienste von den Fesseln befreit, so dass das Getöse der zerbrechenden und weit auseinander springenden Fesseln allen, die sich zu der Zeit im Kloster befanden, in den Ohren klang.*

In Andachtsbüchern des 17. und 18. Jahrhunderts sind zahlreiche Berichte über Heilungswunder durch das Adelheidiswasser bei Lähmungen, Aussatz, Wassersucht, Blindheit, Geistesgestörtheit überliefert. Von wunderbaren Heilungen erzählt auch das im Jahre 1696 herausgegebene Pilgerbüchlein „Heylsamer Brunn":

Gertrud Behren von Blankenheim welche das Ansehen hatte einer Aussätzigen darneben so starck gerochen daß niemand bey ihr bleiben mögen hat das heilige Grab besucht sich in der Rinnen des Brunnen-Wassers unterschiedliche mahl gebadet innerhalb sieben Tagen ihre vollkommene Gesundheit wiederumb erworben und frisch nach Hauß gangen. (SCHLAFKE)

3   ADELHEIDISWASSER UND –WALLFAHRT

Anfang September findet in Bonn die jährliche Wallfahrt zur heiligen Adelheidis und zum *Adelheidis-Pützchen* (= Brunnen) statt. Über dessen Ursprung berichtet die Legende: In einer Zeit großer Trockenheit habe die Heilige Gottes Hilfe angerufen und dann ihren Stab in die Erde gestoßen. Alsbald sei ein heller, klarer Strahl hervorgebrochen. Laut Urkunde von 1367 erhielt der Ort bald den Namen „Adelheidisborn zum Pützchen".

Die gegenwärtige Adelheidisoktav beginnt mit der Brunnensegnung am letzten Sonntag im August und endet am ersten Sonntag im September als Hauptwallfahrtstag. Zum Abschluss ziehen die Pilger in einer Lichterprozession mit den Reliquien der heiligen Adelheidis um den Adelheidisplatz, dessen Zentrum das seit eintausend Jahren sprudelnde Pützchen ist. Um die Verbindung zwischen Wallfahrt und Jahrmarkt *(Pützchens Markt)* aufrechtzuerhalten, feiert man eine Woche später im Festzelt die heilige Messe mit den Schaustellern.

Der Zeitzeuge Leopold BLEIBTREU berichtet über das Geschehen am Pützchen während der Adelheidiswallfahrt im Jahre 1835:

Aber noch die ganze Woche hindurch sieht man den Weg zum Gnadenort, besonders von der Straße von Bonn, durch Besuchende belebt, welche Besuche aber nur frommen andächtigen Zwecks sind, der Kirche, dem St. Adelheidis-Brunnen und der Kapelle gelten und, wie dieses freilich selbst-

Abfüllen von Adelheidiswasser
am Pützchen, 1964.

redend, vorzugsweise aus dem schönen Geschlecht bestehen. Manche Flasche St. Adelheids-Wasser wird an diesen Tagen am Brunnen kredenzt, manche auch nach vorheriger Weihung mit nach Hause genommen, um in vorkommenden Fällen das kranke Auge zu laben. Ueberhaupt aber ist das Wasser, zumal bei trockener Jahreszeit für den häufigen Gebrauch der vielen Kochwirtschaften und für Menschen und Vieh, schwer in gehöriger Menge zusammen zu bringen, und eine Umlagerung des Brunnens die notwendige Folge.

Über die Geschichte des Brunnens und den Gebrauch des heiligen Wassers schreibt BLEIBTREU an anderer Stelle:

Bis zu den letzten Jahrzehnten des 18. Jahrhunderts floß das Wasser des St. Adelheids-Brunnens in einen unter demselben angebrachten überbauten Behälter, welcher das Badhäuschen hieß, auch als Bad für verschiedenartige körperliche Gebrechen gebraucht wurde; Abbildungen, welche an Zimmertüren im Kloster vor zwanzig Jahren noch angeheftet waren, machten wundertätige Wirkungen dieses Bades anschaulich ... Ein an einer Kette befestigter eiserner Löffel dient den Vorüberziehenden zum Trinken und zum Waschen der Augen.

4   ADELHEIDISBROT

Auf eine alte Tradition weist wohl die Brotspende jährlich am Todestag der heiligen Adelheid und an einem Pfingsttage in Vilich hin. So wurden im Jahre 1616 auf Pfingsten *Körbe von Brot* ausgegeben. Aus dem Jahre 1658 wird berichtet, dass am

Dreiteiliges Altarbild mit der heiligen Adelheid und den früheren Kirchenpatronen Kornelius und Cyprian, eine Arbeit des Kirchenmalers Robert Hieronymi, 1921. Stiftskirche St. Peter, Vilich.

5. Februar eine gewaltige Menge Brot gesegnet und an Arme sowie an alle Pilger verteilt wurde. In Vilich heißt der Adelheidistag der *Dollentag*, an dem die *Dollenbrütchen* verteilt werden. Das Wort *Dollen* soll von dem Namen *Adelheid* abgeleitet sein. (DIETZ)

5 *PÜTZCHENS MARKT*

Die Anfänge des Jahrmarktes datieren in das 17. Jahrhundert. Zum Wallfahrtsfest an Mariä Geburt strömte neben Einzelpilgern und Prozessionen auch eine große Volksmenge zusammen, die auf dem Markt versorgt wurde.

Pützchens Markt gehört zu den größten rheinischen Volksfesten. Der *Plutenmarkt*, auf dem Waren aller Art gekauft werden können, ist schon lange nicht mehr die Hauptattraktion. Ende des 19. Jahrhunderts war der Plutenmarkt ein großer Trödelmarkt: *Zerfetzte Kleider und Wäschestücke, bettelhafte Kinder, arme Würmer für ein böses Handwerk ausersehen lungern am Boden herum, ein bissiger Köter hält die wacht* – so ist im 1893 erschienenen „Rheinischen Wanderbuch" von Karl KOLLBACH zu lesen. Heute dient der Besuch des Jahrmarktes überwiegend dem Freizeitvergnügen mit den Attraktionen, die die Fahrgeschäfte bieten.

QUELLENNACHWEIS

BLEIBTREU: Adelheidis-Brunnen; DIETZ: Brot; KOLLBACH: Rheinisches Wanderbuch; RHEINISCHES WÖRTERBUCH; SCHLAFKE: Leben und Verehrung; VITA ADELHEIDIS

Apollonia

9. Februar

Märtyrerin
* in Alexandria (Ägypten)
† um 249 daselbst
Darstellung: sich ins Feuer stürzend
Attribute: Zange und Zahn
Patronin der Zahnärzte – angerufen bei Zahnleiden

1   Vita

Der Legende zufolge war die heilige Apollonia eine Diakonissin in Alexandrien. Bei einer Christenverfolgung wurde sie schwer misshandelt. Man schlug ihr die Zähne aus und drohte ihr mit dem Tod auf dem Scheiterhaufen. Als ihrer Bitte um etwas mehr Bewegungsfreiheit entsprochen wurde, soll die Christin sich selbst in den brennenden Scheiterhaufen gestürzt haben. Apollonia wurde schon kurze Zeit nach ihrem Tod im Orient verehrt, später breitete sich der Kult nach Europa aus.

2   Helferin bei Zahnleiden

Noch vor dem Zweiten Weltkrieg kamen viele Gläubige zur heiligen Apollonia in die Krypta der Münsterkirche in Mönchengladbach. Wenn die kleinen Kinder zahnten, opferte man dort 32 Pfennige, nach der Anzahl der Zähne, für die heilige Apollonia. In Rickelrath (Kreis Heinsberg) riefen die Gläubigen Apollonia bei Zahn- und Kopfschmerzen an. Die Wallfahrt wurde eingestellt, als ihre Reliquien gegen Ende des Zweiten Weltkrieges gestohlen wurden. Aus Weeze (Kreis Kleve) ist überliefert, dass die Gläubigen früher Wachskerzen und Zahnvotive aus Wachs geopfert haben.

In der Pfarrei Niederheckenbach (Kreis Ahrweiler) wurde eine Zahnreliquie der heiligen Apollonia zur Verehrung ausgesetzt und zum Kusse gereicht. In der Propsteikirche St. Gangolfus in Heinsberg wurde eine Zahnreliquie der Heiligen in einem kostbaren Reliquiar aufbewahrt. Alljährlich am 9. Februar kamen viele Pilger aus der näheren und weiteren Umgebung und küssten das Reliquiar – das hieß *plönnen*. Die Schmerzgeplagten gelobten, an Ostern, Pfingsten und Weihnachten kein Fleisch zu essen, um von Zahnschmerzen frei zu bleiben. Das Wallfahrtsfest war mit einem großen Jahrmarkt verbunden.

Das Gnadenbild der Heiligen in Scheid (Kreis Daun) suchten viele Wallfahrer auf, um Apollonia gegen Zahnleiden und Zahnschmerzen anzurufen. Auch in der Pfarrei

St. Mariä Geburt in Monschau (Kreis Aachen) wurde *seit Mitte des 18. Jahrhunderts bis etwa zum Ausbruch des Zweiten Weltkrieges die hl. Apollonia gegen Zahnschmerzen angerufen. Die aus der Umgebung kommenden Wallfahrer verehrten eine große Statue der Heiligen, die um den Hals einen (Pferde-)Zahn trug. Die Kranken berührten damit ihre Zähne, um von den Schmerzen befreit zu werden.* (WYNANDS)

QUELLENNACHWEIS

WYNANDS: Wallfahrten Aachen

Heilige Apollonia mit Zange und Palmzweig. Andachtsbild 17. Jahrhundert, kolorierter Kupferstich.

Valentin (Valentinus) von Terni

14. Februar

Bischof, Märtyrer
* 3. Jahrhundert in Italien
† wahrscheinlich 268
Darstellung: als Bischof, als Priester
Attribute: Schwert, Buch
Patron: der Jugend, der Verlobten — angerufen für eine gute Heirat, gegen Epilepsie und die Pest

1   Vita

Valentin wird als Märtyrer in Rom und als Bischof von Terni verehrt. Der Überlieferung nach hat er um 268 das Martyrium erlitten. Legenden erzählen, dass er als Bischof immer wieder hinaus auf die Straßen ging, um das Evangelium zu verkünden und die Menschen in ihrem Glauben zu unterstützen.

Die Kirchengeschichte kennt drei Heilige mit Namen Valentin: In Rom ist seit dem 4. Jahrhundert die kultische Verehrung des heiligen Valentin, Bischof von Terni, am 14. Februar bezeugt. Seine Verehrung in Deutschland als himmlischer Helfer und Patron gegen die *fallende Krankheit* (Epilepsie) leitete sich aus seinem Namen ab. Am 7. Januar feiert man den heiligen Valentin, Bischof in Rätien, der vor der Mitte des 5. Jahrhunderts lebte und nach seinem Tod um 475 in der Zenoburg zu Mais-Meran im heutigen Südtirol beigesetzt worden sein soll. Für zusätzliche Verwirrung sorgt der heilige Valentin von Viterbo mit dem Gedenktag 3. November. Eine nach ihm benannte Kirche S. Valentinus in Silice bei Viterbo ist im 8. Jahrhundert erwähnt. Nach einer Legende des 15. Jahrhunderts war Valentin Priester und wurde unter Kaiser Maximian (286–305, 307–308) hingerichtet. Einige Historiker halten Valentin von Viterbo für identisch mit Valentin von Terni. Ferner existieren Legenden über einen Mönch namens Valentin, der Liebespaaren über die Klostermauer hinweg Blumen schenkte.

Der Valentinstag als Fest der Liebenden leitet sich bislang aus einem vermeintlichen Liebespatronat des heiligen Valentin von Terni her, um das eine Vielzahl farbig ausgeschmückter Legenden kursiert. Eher fragwürdige Überlieferungen berichten von Liebesbriefen des Heiligen, der Verliebten Rosen gereicht und Paare trotz kaiserlichen Eheschließungsverbotes für Christen getraut haben soll. Unglaubwürdig erscheint auch, dass der zum Tode verurteilte Valentin eine Beziehung zu der Tochter seines Ker-

Valentinskapelle (18. Jahrhundert) mit
„Gutem Brunnen" bei Güdesweiler.

Februar

kermeisters geknüpft habe. Seine letzten Worte an sie seien „von deinem Valentin" gewesen. Die ältesten Lebensbeschreibungen des heiligen Valentin von Terni enthalten dafür keine stichhaltigen Hinweise; die Brauchformen leiten sich sicher nicht vom heiligen Valentin ab. Die neuere Hagiographie sieht Valentin sogar als *unhistorischen* Heiligen.

2   VALENTINSVEREHRUNG

Am *Wallenborn* von Wiesbach (Kreis Neunkirchen) heilte *Valentinswasser* krankes Vieh und am *Guten Brunnen* von Güdesweiler (Kreis St. Wendel) half es gegen die *fallende Krankheit*. Die Kapelle in Güdesweiler auf dem heutigen Friedhof wurde 1761–1764 von dem Eremiten Johann Nonninger erbaut. Älter als die Kapelle ist die mit einer kleinen Halle überbaute Quelle, der *Gute Brunnen*. 1764 wurde die Kapelle zu Ehren der Jungfrau Maria und des heiligen Valentin geweiht. Dem *Guten Brunnen* wurde Heilkraft bei Lahmen und Blinden zugeschrieben. *Wer zu dem Brunnen wallfahrtete, trank dreimal aus der Quelle. Dann setzte er die schwere eiserne Krone, die im Kirchlein aufbewahrt wurde, auf seinen Kopf und gab dem geistlichen Bruder, der in einem Vorraum der Kapelle wohnte, ein Geschenk.* (OBERHAUSER)

In Düppenweiler (Kreis Merzig-Wadern) fallen beide Valentinspatronate zusammen: Epilepsie und Erkrankung des Viehs. Mitte des 19. Jahrhunderts (1858/59) errichtete die Gemeinde unter ihrem Pfarrer Cannivé eine Valentinskapelle. Vor nicht allzu langer Zeit sang man hier:

Deine Hilf und Trost liegt uns im Sinn, / St. Valentin. / Nimm alle böse Krankheit hin, / Siechtum und Plagen tun uns jagen, / St. Valentin! Es ist die erste Strophe des Valentinliedes, dessen Text das katholische Gesangbuch des Bistums Straßburg von 1697 so wiedergibt: *Dein Hülff und Trost ligt uns im Sinn, / St. Valentin. / Nimm alle böse Krankheit hin, / Siechtum und Plagen / Thu von uns jagen, / St. Valentin.* (OBERHAUSER)

Am Valentinstag 1987 wurden *nach dem Hochamt und in einer Nachmittagsandacht (für die Auswärtigen und die Schulkinder), Brot und Salz geweiht: ‚daß sie allen Menschen und Tieren, die davon genießen, zum Heile dienen und ihnen Gesundheit bringen.' Eine Frau sagt mir, daß die (wenigen) Bauern das geweihte Salz ins Viehfutter streuen. Die Prozession zur Kapelle verläuft still. Dort hält der Pfarrer eine kleine Andacht mit Fürbitten zum hl. Valentin.* (OBERHAUSER)

QUELLENNACHWEIS

HEILIGENKALENDER; OBERHAUSER: Wallfahrten Saarland

MATTHIAS

24. Februar

APOSTEL, MÄRTYRER
* 1. JAHRHUNDERT
† UM 63 IN ÄTHIOPIEN?
DARSTELLUNG: ALS BÄRTIGER MANN
ATTRIBUTE: BUCH, MARTERWERKZEUGE (BEIL, STEINE)
PATRON DES BISTUMS TRIER; DER BAUHANDWERKER, ZIMMERLEUTE, METZGER –
ANGERUFEN GEGEN KRANKHEITEN, KEUCHHUSTEN; BEI UNFRUCHTBARKEIT

1 VITA

Matthias wurde als Nachfolger des Judas Iskariot zum Apostel gewählt (Apostel-geschichte 1,23-26). Über das Leben des Apostels ist nur wenig bekannt. Es wird be-richtet, dass Matthias in Judäa, später auch in Äthiopien wirkte, um das Evangelium zu verkünden. Wahrscheinlich um 63 erlitt er das Martyrium, bei dem er zuerst gestei-nigt, dann mit einem Beil erschlagen wurde. Seine Reliquien sollen zu Beginn des 4. Jahrhunderts als Geschenk von Kaiserin Helena nach Trier gebracht worden sein. Sie befinden sich in der ehemaligen Eucharius-, der heutigen Matthias-Basilika, im ein-zigen Apostelgrab auf deutschem Boden.

2 MATTHIASWALLFAHRT

Die Wallfahrt zum heiligen Matthias in Trier *gehört zweifelsohne nach Alter, jahr-hundertelanger Kontinuität, Einzugsbereich und Bedeutung für die Stadt Trier zu den wichtigsten Wallfahrten der Trierer Diözese, wenn nicht des ganzen Rheinlandes. Die Geburtsstunde der Wall-fahrt zu der im Süden Triers gelegenen Benediktinerabtei St. Eucharius / St. Matthias liegt im Jahre 1127. Damals sollen in der altehrwürdigen Abtei die Gebeine des Apostels Matthias – mit-hin die einzigen Apostelreliquien nördlich der Alpen – entdeckt worden sein*, so erfahren wir von Birgit BERNARD.

Die Hauptwallfahrtszeit der nach Trier kommenden Prozessionen – getragen vor allem von den Sankt-Matthias-Bruderschaften – ist die Zeit um Pfingsten. Diese Bru-derschaften sind religiöse Laienorganisationen unter dem Patronat des Apostels, die dessen besondere Verehrung durch Wallfahrten und Werke der Nächstenliebe (Toten-brauch, Caritas, fromme Stiftungen) fördern:

Mit den Bruderschaften bildete sich ein stabiler Einzugsbereich der Mattheiser Wallfahrt heraus, der sich folgendermaßen umreißen lässt: Vertreten sind insbesondere der Trierer Raum, die

Nordeifel und das gesamte linke Rheinufer bis zum Raum Kempen – Krefeld im Norden. Auf dem rechten Rheinufer sind die Regionen Westerwald, Wiedtal und Siebengebirge mit Bruderschaften vertreten. (BERNARD)

3   WALLFAHRTSANDENKEN

Ein Zeitungsartikel vom 3. Mai 1922 beinhaltet Hinweise zu Trierer Wallfahrtsandenken:

Die uralten Wallfahrtsprozessionen nach St. Matthias beginnen wieder und wer von uns Alten erinnert sich da nicht der ‚Muttergottespiefjen‘, die früher bei dieser Gelegenheit in großen Mengen hier feilgeboten und von Pilgern, besonders aus der Diözese Köln, mit nach Haus genommen wurden. Es waren weißirdene Pfeifen, deren Kopf meist ein Muttergottesbild aber auch andere Figuren darstellte. Die Pfeifen hatten 1, 2 und drei solcher oft schön polychromierten Köpfe an einem Stiel … Die Pilger nehmen statt der Muttergottespfeifen und der Papierfähnchen mit der St. Matthiaskirche auf der einen und Domkirche mit der hl. Helena auf der anderen Seite, nunmehr schönere und wertvollere Andenken von Trier nach Hause mit. Die Zeiten ändern sich eben. (BERNARD)

Die von den Pilgern erworbenen Andenken wie Tonfigürchen und Tonpfeifen, Wallfahrtsfähnchen und Gebetszettel, Wallfahrtsmedaillen und -medaillons wurden nach einer Notiz des „St. Matthiasboten" aus dem Jahr 1915 in der Basilika gesegnet. Die Andenken wurden auf dem (Haupt-)Markt und auf dem Kirchenvorplatz – in der typischen Vermischung von religiösen mit profanen Gegenständen – *unters Volk gebracht.* Der in Trier tätige protestantische Hauslehrer Dürre berichtet Pfingsten 1825 an seine Eltern in Berlin:

Weihwasserflaschen der Wallfahrer nach Trier. St. Matthias-Bruderschaft Waldorf, 2008.

Matthias

Für Trier ist dies [die Wallfahrt] *nun in mehrfacher Beziehung ein Erwerb. Auf dem Markte, wie dicht vor der Mattheiser Kirche sind Buden und Zelte aufgeschlagen, wo es Kaffee, Semmel(n) und gebratene Fische giebt, daneben allerlei Gebetbücher, Heiligenbilder, Schnürsenkel, Pfefferkuchen und Galanteriewaren von Messing, als da sind Kreuze und Rosenkränze usw. ... so daß Trier, welches über die Thorheit der Leute lacht, seine Rechnung dabei findet.* (BERNARD)

Über den Andenkenverkauf während der Wallfahrtszeit unterrichtet auch die Kirchenzeitung „Paulinus-Blatt" vom 12. Juni 1881:

An den Hauptwallfahrtstagen entwickelt sich in dem Vorhof ein malerisches Durcheinander von Käufern und Verkäufern, von Groß und Klein, von Vornehm und Gering. Jeder Fremde kauft sich ein Andenken. Jeder versieht sich mit einem Erinnerungszeichen für sich und für die Daheimgebliebenen, und zwischen die frommen Wallfahrer ... hüpft und springt die liebe Jugend und hascht nach Bildchen und Fähnchen, nach Pfeifchen und Süßigkeiten. (BERNARD)

Zu den Wallfahrtsandenken gehören auch Pilgerzeichen, deren Alter an die Bedeutung der Matthiaswallfahrt bereits im späten Mittelalter erinnert.

4 GESINDEWECHSELTERMIN / VOLKSGLAUBE / BAUERNREGELN

Der Matthiastag war bis ins frühe 20. Jahrhundert an der Mosel *Ziehtag* des Gesindes.

Nach überlieferten Vorstellungen, die das RHEINISCHE WÖRTERBUCH belegt, *sind die in der Matthiasnacht zwischen 12 und 1 Uhr Geborenen hellseherisch; besonders wissen sie, wer im kommenden Jahre sterben wird, wenn sie die Mitternachtsstunde des 25. II. auf dem Friedhofe verbracht haben; sie müssen an bestimmten Nächten des Jahres auf dem Friedhofe die Geister pözen (tragen).*

Für den Matthiastag gibt es viele Bauernregeln, die sich unter anderem auf das Ende des Winters beziehungsweise das beginnende Frühjahr beziehen:

Mattheis bricht Eis, find (bricht, hot) er känt, dann micht er änt (eins). (Saarburg, Kreis Trier-Saarburg)

Mattheisdag küt de kale (kalte) Sten en de Bach, Girdröck (Gertrud) met der Mus höllt en wedder drus. (Düren)

Nom Matthisdag geht kene Fuss (Fuchs) mih övver et Is. (Lucherberg, Kreis Düren)

QUELLENNACHWEIS

BERNARD: Wallfahrten; BERNARD: Geschichte und Andenken; RHEINISCHES WÖRTERBUCH

WALBURGA (WALPURGIS)

25. Februar

ÄBTISSIN
* UM 710 IN DEVONSHIRE (ENGLAND)
† 779 IN HEIDENHEIM
DARSTELLUNG: ALS NONNE, ALS ÄBTISSIN
ATTRIBUTE: ÄBTISSINNENSTAB, ÖLFLÄSCHCHEN, BUCH
PATRONIN DER WÖCHNERINNEN, BAUERN UND HAUSTIERE — ANGERUFEN FÜR DAS GEDEIHEN DER FELDFRÜCHTE; GEGEN HUNGERSNOT UND MISSERNTE, HUNDEBISS, TOLLWUT, PEST, SEUCHEN, HUSTEN UND AUGENLEIDEN

1   VITA

Walburga entstammt einer vornehmen angelsächsischen Familie. Aus ihrer Familie gingen weitere bedeutende Missionare hervor: Der heilige Bonifatius ist mit Walburga verwandt; der heilige Willibald (700–787), der erste Bischof von Eichstätt, und der heilige Wunibald (701–761), Abt des Benediktinerklosters Heidenheim, sind ihre Brüder. Deren Beispiel folgend, verließ Walburga Mitte des 8. Jahrhunderts ihre Heimat, um als Missionarin zu wirken. Als im Jahre 761 Wunibald in Heidenheim starb, wurde Walburga dorthin berufen und übernahm als Äbtissin die Leitung des dortigen Benediktinerinnenklosters. Ihr Grab befindet sich in der Kirche der Abtei St. Walburg in Eichstätt.

2   WALBURGISÖL, -WASSER, -BROT

Seit 1042 soll unter Walburgas Reliquienschrein in Eichstätt alljährlich von Oktober bis Ende Februar eine Flüssigkeit austreten – man spricht von Walburgisöl. Viele Menschen knüpfen daran die Fürbitte um die Hilfe der heiligen Walburga. Das Öl kann, in Fläschchen abgefüllt, erworben werden und wird auch in alle Welt versandt. Vor allem am 25. Februar strömen zahlreiche Pilger zu dem wundertätigen Schrein. Was wirklich als Kondensat hervorquillt, bleibt das Geheimnis der Benediktinerinnen. Seit dem 15. Jahrhundert wird Walburga auch auf Gemälden stets mit dem Fläschchen abgebildet.

Am Festtag der Heiligen wird in Usch (Kreis Bitburg-Prüm) das *Hl. Walburga-Öl* als Heilmittel gegen Krankheit ausgeteilt. Das hier zu Ehren der heiligen Walburga gesegnete Wasser diente dazu, Augenkrankheiten zu lindern, wobei die Anwendung mit einer neuntägigen Bußandacht verbunden sein musste.

Geistliche mit den Walburga-Reliquien.
Wallfahrtsfest in Walberberg, 2009.

Solche Wassersegnungen erregten den Argwohn der katholischen Kirche:

Der Trierer Bischof Joseph von Hommer *erbat weitere Auskünfte und riet in seinen Ordi-nata zu Mäßigung, allmählicher Reduzierung und ausführlicher Belehrung der Gläubigen. Den Pfarrer von Neidenbach warnte er etwa vor möglichem Missbrauch des gesegneten Walburgis-Was-sers, verlangte eine Belehrung des Volkes darüber, dass das gesegnete Wasser ,an sich nichts fruchte, wenn nicht ein gottesfürchtiges Leben, und ein lebhaftes Vertrauen* [auf Gott] *damit verbunden sey'. Statt viermal im Jahr durfte der Pfarrer die Segnung nur noch einmal vornehmen.* (PERSCH, SCHNEIDER)

Wahrscheinlich auf Veranlassung des heiligen → Anno von Köln, der ein großer Verehrer der heiligen Walburga war, wurden ein Teil der Hirnschale und der Stab im Jahre 1069 vom Kloster Eichstätt nach Berch im rheinischen Vorgebirge überführt. Der heutige Ortsname Walberberg *(mons sanctae Walburgis)* wird erstmals im Jahre 1118 urkundlich erwähnt.

Mehr als 350 Jahre lang zog eine Prozession von Gleuel (Rhein-Erft-Kreis) über Burbach nach Walberberg (Rhein-Sieg-Kreis). Die Prozession am 1. Mai zur heiligen Walburga, die noch in den 1880er Jahren etwa 2 000 Personen zählte, wurde von einem zweispännigen Wagen begleitet, auf dem Schwarzbrote lagen, die gesegnet und verteilt wurden:

Ein Wagen, hoch voll Brot, begleitete die Gleueler Wallfahrer; das Brot wurde gesegnet und in Walberberg verteilt; der Pfarrer bekam drei, der Küster drei, der Wirt, bei dem die Brudermeister abstiegen, bekam sechs Brote, der grosse Rest wurde dann zerschnitten und in kleinen Stücken an die zahlreichen Pilger verteilt; jeder suchte ein Stückchen Walpurgisbrot zu erhaschen; es diente als Schutzmittel gegen den Blitz, und man verwahrte es sehr sorgfältig. (WALBERBERGER PROZESSION) Seit 1914 fährt der Brotwagen nicht mehr.

Im Jahre 1801 konnte die Prozession aufgrund des Verbotes durch die französische Regierung nicht nach Walberberg ziehen; stattdessen brachte man eine Opferkerze dar. Darüber findet sich im Kirchenarchiv von Gleuel folgende Aufzeichnung:

Bei fortwährendem Verbot der gestalten keine Prozessionen von einem zum anderen Ort hingehen zu dürfen, ist die Prozession auf Walberberg nicht hingegangen; auch das Brot nicht dahingefahren worden. Gleichwohl haben die mehrigsten ihr Brot selbst dahin getragen. Was die Kerze betrifft ist dieselbe nicht wie bisher gebräuchlich war; von der Kirche bestellt und bezahlt worden, sondern der alte Stump hat da hier in der Kirche die beiden Pfingsttage gebrennet. (WALBERBERGER PROZESSION)

QUELLENNACHWEIS

PERSCH, SCHNEIDER: Auf dem Weg in die Moderne; WALBERBERGER PROZESSION [www.tradition-burbach1850.de/html/die_walberberger_prozession.html]

Heilige Walburga mit Äbtissinnenstab und Ölfläschchen. Andachtsbild 18. Jahrhundert, Deckfarbenmalerei auf Pergament.

Walburga

Heilige Gertrud
mit Mäusen.
Miniatur aus dem
Stundenbuch der
Katharina von
Kleve, 15. Jahr-
hundert.

MÄRZ

Gertrud (Gertrudis) von Nivelles

17. März

Äbtissin
* 626 in Landen (Belgien)
† 659 in Nivelles (Belgien)
Darstellung: als Äbtissin, als Pilgerpatronin mit Pilgern
Attribute: Spinnrad, Mäuse, Äbtissinnenstab, Buch
Patronin der Armen, Witwen, Reisenden, Gärtner, Feld- und Gartenfrüchte —
angerufen gegen Ratten- und Mäuseplagen sowie Fieber

1   Vita

Gertrud war eine Tochter von Pippin dem Älteren (um 580 bis 640). Als ihre Mutter 652 starb, wurde sie Äbtissin des Klosters in Nivelles. Sie bemühte sich besonders um die Bildung der weiblichen Jugend sowie um die Betreuung von Kranken und Sterbenden.

Im Anschluss an die Lebensbeschreibung, die ein Mönch des Klosters Nivelles, der Gertrud noch kannte, nur wenige Jahre nach ihrem Tod verfasst hat, folgt in manchen Handschriften die Erzählung einiger Wunder, welche die heilige Gertrud wirkte; diese wurden um 700 aufgezeichnet, eine Fortsetzung um 783. Darin wird u. a. berichtet, wie die Heilige das Kloster Nivelles vor einer Feuersbrunst bewahrte, Blinde und eine Lahme heilte, einen Jungen aus der Gefangenschaft befreite und ein Kind zum Leben erweckte, das in einen Brunnen gefallen und ertrunken war.

2   Mäusepatronat

Ungefähr seit dem 14. Jahrhundert wird Gertrud als Schutzheilige bei Ratten- und Mäuseplagen angesehen, wofür ihre Lebensbeschreibung keinen direkten Anhaltspunkt bietet. Vielmehr soll Gertrud einer Legende nach die Ernte in der Umgebung des Klosters vor einer Mäuseplage bewahrt haben.

Das Mäusepatronat wirkt bis ins 20. Jahrhundert hinein. Matthias Zender führt aus:

Im Mittelalter kennen wir das fürbittweise Gebet zur Vertreibung der Mäuse kaum. Diese wurden damals mit eigenen Beschwörungsformeln verflucht oder verbannt, oder sie mußten bei dem Umtragen von Reliquien fliehen, wie der Teufel vor dem Altarsakrament verschwinden muß. So kommt es, daß als Vertreiber von Mäusen zunächst heilige Bischöfe für den Bereich ihres Sprengels galten, denen die Legende derartige Bannungen während ihres Lebens zuschrieb oder die als Missionare eine Landschaft von Schlangen befreit hatten. Erst später weitete sich dann die Meinung von der abwehrenden Kraft dieser Heiligen über den Bereich ihrer Diözese oder die nächste Umgebung ihrer Grabstätten aus, und sie wurden ganz allgemein Schutzheilige gegen Mäuse und Ungeziefer.

Die Pfarrei St. Gertrud in Bockum (Krefeld) war bis ca. 1860 beliebtes Ziel der Wallfahrt zur heiligen Gertrud. Die Wallfahrer opferten Korn vor dem Altar, das gesegnet wurde. *Besonders die Bauern beteten in der Kirche: ‚Helije Sangkt Järtraud, Halt os Huus freeij fon-e Muuseplach! Heilige Sankt Gertrud, Halte unser Haus frei von der Mäuseplage!‘ Danach folgten zusätzlich fünf ‚Vaterunser‘. Von dem Korn nahmen sie ein wenig mit nach Hause und streuten es in den Stall und auf das Feld. Denn nach altem Volksglauben vertrieb das geweihte Korn die Mäuse.* (SIEMES)

3   GERTRUDISWASSER, –KORN, –MINNE

In Dilkrath (Kreis Viersen) wird die heilige Gertrud seit dem 15. Jahrhundert verehrt. Früher holten die Pilger gesegnetes Wasser und Korn und gaben als Gegenleistung das *Gertrudisopfer* in Form von Wachs und Naturalien an die Kirche. An das Patronatsfest der Pfarrei St. Gertrudis schließt sich die Gertrudisoktav an, bei der Korn und Wasser gesegnet werden.

Josef DIETZ berichtet über das Kornopfer in Ödingen: *In Ödingen (Kreis Ahrweiler), wo eine alte Gertrudiskirche steht, hörte ich* [um 1960], *daß die Leute früher in einen großen Kornkasten, der vor dem Bilde der Heiligen stand, an ihrem Festtage Korn für die Armen schütteten, und hofften, daß die Heilige ihre Felder vor Mäusen bewahren würde.*

Liturgische Segen für eine gute Reise beziehen sich meist auf die → Heiligen Drei Könige; aufgrund ihrer Vita galt aber auch Gertrud als Schutzpatronin auf allen Reisen, auch der Seefahrer, Kaufleute und später der wandernden Handwerksburschen und als Helferin im Sterben und Geleiterin der Seelen ins Jenseits. In der Lebensbeschreibung ist zu lesen:

An einem Tage aber, als wir auf dem Meer in Todesgefahr waren, hat das Andenken an die heilige Gertrud uns zum Überleben verholfen. Während wir zum Nutzen des Klosters bei ruhiger See auf dem Meer fuhren, zeigte sich lange gewissermaßen ein Schiff von auffallender Größe, das von der Seite kam. Als es sich aber genähert hatte, erhob sich ein großer Sturm, und das Meer wogte in ungeheueren Wellen … Wir aber riefen den Namen des Herrn und erwarteten die letzte Stunde. Und einer der unsrigen, der noch jetzt lebt, rief aus und sagte dreimal: ‚Gertrud, hilf uns, wie du es versprochen hast!‘ … Wir erreichten mit Freude in dieser Nacht bei ruhiger See den Hafen. (GERTRUD)

Mit der Meinung von Gertrud als Reisebegleiterin steht der Brauch des *Minnetrinkens* (→ Heilige Helfer) in Beziehung, nämlich vor Antritt der Reise zu Ehren der heiligen Gertrud gesegneten Wein zu trinken. Belege finden sich vom 11. Jahrhundert bis zum Ende des Mittelalters.

4 BAUERNREGELN

Im volkstümlichen Bereich begegnet Gertrud noch an anderer Stelle: Ihr Festtag, der 17. März, wird als Frühlingsbeginn angesehen. So kennen wir aus dem bäuerlichen Kalender viele Sprüche, die zum Gertrudistag das Einstellen der Winterarbeit, den Beginn der Gartenarbeit und Feldbestellung und Wetterregeln ausdrücken. Die Kenntnis dieser Redensarten war nicht direkt abhängig von der kirchlichen Verehrung der Heiligen.

Den Tag der heiligen Gertrud als Beginn des Frühlings drücken u. a. auch Bauernregeln aus, die sich im RHEINISCHEN WÖRTERBUCH finden:

Zent Katrin (auch *Zinter Freng*) *schmett (wörpt) de kalde Sten ine Rhin; zent G. (möt der Mus) helt öm wer herüt (wörp, em drut)*; *sint G. schmitt (drift, krit-herus) der kalde Sten ut, – met de Mus holt de k. St. am Rhing erus* ; *sint G. hölt de k. St. an de Erd erus.* (Rodenkirchen, Köln)

Friert et op G., der Wenter 40 Dag net ruht. (Eifel)

Es et an St. G. sonnig, wörd et den Bur wonnig. (Kevelaer, Kreis Kleve)

QUELLENNACHWEIS

DIETZ: Brot; RHEINISCHES WÖRTERBUCH; SIEMES: Durch das Jahr; ZENDER: Räume und Schichten; GERTRUD [www.regionalgeschichte.net/hauptportal/bibliothek/texte/biographien/gertrude.html]

Gertrudis-Reliquiar mit einem Mantelpartikel, 18. Jahrhundert. Pfarrkirche St. Gertrudis, Dilkrath.

Josef von Nazareth

19. März

(1. Mai: Fest *Josef der Arbeiter*)
Bräutigam der Gottesmutter Maria
* Nazareth (?)
† 1. Jahrhundert
Darstellung: als Zimmermann; mit Jesuskind auf dem Arm
Attribute: Stab, Lilie
Patron der katholischen Kirche, der Ehepaare und Familien, Kinder, Jugendlichen und Waisen, der Arbeiter, Handwerker, Zimmerleute, Schreiner, Erzieher, der Sterbenden — angerufen für einen guten Tod

1   Vita

Josef war der Ziehvater Jesu. Nach dem Zeugnis der Kindheitsevangelien (Matthäus 1,20; Lukas 2,4) stammte er aus dem Geschlecht des Königs David, aus dem nach Aussage des Alten Testaments der Messias hervorgehen sollte. Er lebte als Zimmermann in Nazareth und war der Verlobte von Maria, der Mutter Jesu. Von ihm ist im Neuen Testament kein einziges Wort überliefert. Er bleibt immer im Schatten *(der Mann am Rande)*. Auch von seinem Tod wird nichts erzählt.

2   Josefstag

1870 erhob Papst Pius IX. (1846–1878) den heiligen Josef zum Patron der Kirche. Sein Nachfolger Leo XIII. (1878–1903) widmete 1889 eine Enzyklika der Stellung des Heiligen im Heilswerk Gottes, wie Bernhard Schneider in der Trierer Bistumsgeschichte hervorhebt:

Der Papst charakterisiert den hl. Josef als Vorbild insbesondere für alle Väter und Ehemänner, die Armen, die Handwerker und Arbeiter. Der inhaltliche Akzent liegt dabei eindeutig auf den traditionellen Ordnungskategorien in Familie und Gesellschaft, verbunden mit einer entschiedenen Absage an alle sozialrevolutionären Bestrebungen.

1889 feierte der Internationale Arbeiterkongress in Paris das Hundertjahrjubiläum der Französischen Revolution und beschloss, zum Ersten Mai den *Weltfeiertag des Proletariats* auszurufen, der 1890 erstmals begangen wurde. 1955 führte Papst Pius XII. (1939–1958) das Fest *Josef der Arbeiter* am 1. Mai ein. Beabsichtigt war ganz offenkundig, so Bernhard Schneider, *dem Symboltag des Sozialismus ein katholisches Gegengewicht entgegenzustellen und dem 1. Mai ,die christliche Salbung' zu verleihen, um die von der katholi-*

schen Soziallehre entwickelten Vorstellungen zum Wert der Arbeit künftig auch liturgisch zu unterfangen.

Ähnlich bewertet Gottfried KORFF die Einführung des Josefsfestes: *Der Papst war dabei von der Absicht geleitet, den 1. Mai als Tag der Arbeit, der im außerkirchlichen Raum von der Arbeiterschaft als Symbol ihrer Rechte schon seit Jahrzehnten gefeiert worden war, durch die Feier eines heiligen Arbeiters im christlichen Sinne zu bereichern.*

Im Jahr 1989 verfasste Papst Johannes Paul II. (1978–2005) das Apostolische Schreiben „Redemptoris Custos" über *Gestalt und Sendung des heiligen Josef im Leben Christi und der Kirche.* Darin betont der Papst die Bedeutung des heiligen Josef für die *Heiligung des Alltagslebens, die ein jeder seinem Stand entsprechend erlangen soll und die nach einem für alle annehmbaren Vorbild gefördert werden kann.* (JOHANNES PAUL II.)

Die politische Akzentuierung der Gestalt des heiligen Josef zeigt sich im 2007 begründeten „Josefstag", gestaltet in Kooperation von „arbeit für alle e.V." (Initiative im Bund der Deutschen Katholischen Jugend) gemeinsam mit anderen katholischen Einrichtungen.

Der 3. Josefstag 2009 hob unter dem Motto *Jugend braucht Perspektive – Kirche und Politik beflügeln* als bundesweiter Aktionstag die Bedeutung der Jugendberufshilfe und Jugendsozialarbeit katholischer Träger und Einrichtungen hervor:

Der Josefstag will ein wirksames Zeichen für die Bedeutung der kirchlichen Aktivitäten zur beruflichen und gesellschaftlichen Integration benachteiligter Jugendlicher und junger Erwachsener setzen. Der Josefstag macht deutlich, dass die Kirche in der doppelten Option für die Armen und für die Jugend Anteil nimmt am Leben derer, die ihre Perspektiven auf Teilhabe an der Gesellschaft zu verlieren drohen, und ihnen im Sinne christlicher Nächstenliebe eine individuelle Perspektive sowie personale Zuwendung und Gemeinschaft gibt. (JOSEFSTAG)

3 JOSEFVEREHRUNG IN MERZIG UND ERFWEILER-EHLINGEN

Der heilige Josef wurde in Merzig (Kreis Merzig-Wadern) als Zunftpatron der Zimmerleute, zu denen auch die Schiffsbauer zählten, verehrt. Beide Handwerkszweige blühten, solange in der Merziger Werft Schiffe gebaut wurden. Seit dem 19. Jahrhundert ist die Josefskapelle in Merzig viel besuchte Wallfahrtsstätte, über deren Ursprung wir von Gabriele OBERHAUSER erfahren:

Am Josefstag 1843, wird berichtet, sei der 54jährige gichtkranke ,Krumme Nekla', Sohn eines Leinewebers, in der Kapelle ,auf wunderbare Weise' geheilt worden. Sodaß er noch viele Jahre lebte, ,ganz gerade, gesund und stark und als braver, tüchtiger Arbeiter sehr geliebt', so Pfarrer J. J. Ars

Statue des heiligen Josef.
Kapelle, Kronenburgerhütte.

Heiliger Josef
mit Jesuskind in
der Zimmer-
mannswerkstatt.
Andachtsbild
18. Jahrhundert,
Malerei auf
Seide.

März

von St. Peter in einem Brief vom 6. 6. 1895 an das Bischöfliche Generalvikariat in Trier. Die Kunde von dem Wunder verbreitete sich rasch über die Stadtgrenzen hinaus, und am Josefstag des nächsten Jahres pilgerten bereits ‚Tausende von Fremden aus der Nähe und Ferne‘ zur Kapelle und zum ‚Gnadenbild‘.

Die Josefskapelle von Erfweiler-Ehlingen (Saarpfalz-Kreis) hat die Dorfgemeinschaft nach dem Ende des Preußisch-Österreichischen Krieges 1867 errichtet. Dort steht Josef als Patron der Arbeiter, die Rechte schützend über das Kapellenmodell haltend. Am Josefstag 1945 erneuerte die Gemeinde das Gelübde, *das Fest des hl. Joseph, den 19. März, alljährlich als Feiertag zu begehen und zu heiligen.*

Zu einer Volkswanderung hat sich seit 1972 die Wallfahrt der Pfarrgemeinde Oberwürzbach nach Erfweiler-Ehlingen am Sonntag nach bzw. vor dem Josefsfest entwickelt, die auf ein Versprechen im Zweiten Weltkrieg zurückgeht. Jeder Teilnehmer erhält eine Startkarte und am Ziel eine Wandernadel. Die Idee, Wallfahrt und Wandern miteinander zu verbinden, erfreut sich immer größerer Beliebtheit.

4   BAUERNREGELN

Josep steckt de Brand en de Erd — es wird wärmer Wend. (Ottweiler, Kreis Neunkirchen)
Jusep klor, get e got Hunnigjohr. (Dhron, Kreis Bernkastel-Wittlich)
Wer Muhren well essen, darf den J. nit vergessen. (Leichlingen, Rheinisch-Bergischer Kreis)

QUELLENNACHWEIS
JOHANNES PAUL II.: Apostolisches Schreiben „Redemptoris custos"; KORFF: Heraus zum 1. Mai; OBERHAUSER: Wallfahrten; PERSCH, SCHNEIDER: Beharrung und Erneuerung; RHEINISCHES WÖRTERBUCH; JOSEFSTAG [www.josefstag.de]

Petrus Martyr im
Mönchsgewand mit
Kruzifix, Palmzweig
und Dolch im Schädel.
Andachtsbild 17. Jahr-
hundert, kolorierter
Kupferstich.

APRIL

Petrus von Verona (Petrus Martyr, Petrus von Mailand)

6. April

Prediger, Inquisitor, Märtyrer
* um 1205 in Verona (Italien)
† 1252 in Farga (Italien)
Darstellung: im Mönchsgewand, mit Finger am Mund, mit Schädelwunde
Attribute: Säbel, Dolch und Palme
Patron der Dominikaner; der Kölner Bierbrauer; der Wöchnerinnen – angerufen für das Gedeihen der Feldfrüchte, gegen Auszehrung und Kopfleiden; Sturm, Blitz und Unwetter

1   Vita

Mit 16 Jahren trat Petrus in Bologna den Dominikanern bei. Es wird vermutet, dass er den Ordensgründer Dominikus noch persönlich kennengelernt hat. Im Jahr 1232 wurde er päpstlicher Gesandter. Die Menschen schätzten ihn als wortgewaltigen Prediger. In der Nähe von Farga bei Mailand wurde er von Verbrechern überfallen und getötet. Der Legende nach schrieb Petrus im Sterben mit seinem Blut das Wort *Credo (Ich glaube)* auf den Boden. Er wurde in der Mailänder Kirche San Eustorgio bestattet.

2   Patron gegen Auszehrung

Petrus von Verona war an der Saar ein populärer Heiliger als Helfer bei Erkrankungen der Kinder, besonders bei Auszehrung. Die Magersucht wurde so sehr mit dem Schutzheiligen verbunden, dass sie als *Peter-Mailands-Krankheit* bezeichnet wurde. Man brachte die kranken Kinder in die Petrus geweihten Kirchen und Kapellen, zum Beispiel zur Kapelle am Zollstock nahe Eidenborn (Kreis Saarlouis). Karl Rüg (1901– 1985), Pfarrer der evangelischen Kirchengemeinde zu Köllerbach, erinnert sich: *Früher sind die Leute mit ihren kleinen Kindern zu der Kapelle auf dem Zollstock gegangen, wenn sie die Kinderkrankheiten hatten, auch noch zu meiner Jugendzeit. Die Leute kamen von Eppelborn und der ganzen Umgebung hierher.* Die Gläubigen opferten Getreide im Gewicht des erkrankten Kindes: *Frau Mathilde Schwierczek, die auf Zollstock geboren ist und die Anfang der*

*1980er Jahre abgebrochene Kapelle betreute, erzählt: Noch vor dem Zweiten Weltkrieg hätten Leute die Säcke in die Kapelle gelegt. Sie habe die Frucht mit dem Opfergeld immer getreu abgegeben. (*OBERHAUSER*)*

In Wallerfangen (Kreis Saarlouis) ließ man bis zum Ersten Weltkrieg Mehl segnen und rührte damit einen Brei für die kranken Kinder an.

3 PATRON DER KÖLNER BRAUER (PETRUS-VON-MAILAND-BRUDERSCHAFT)

Petrus-von-Mailand-Bruderschaften für bestimmte Berufszweige gab es zum Beispiel in Palma de Mallorca (für die Schuster), im katalonischen Manresa (für die Weber) und in Köln (für die Brauer). Die Kölner Brauer hatten ihren geistlichen Mittelpunkt in der Heilig-Kreuz-Kirche der Dominikaner. Der vermutlich älteste Beleg für die Existenz der Brauer-Bruderschaft ist ein Einblattdruck vom Ende des 15. Jahrhunderts. Etwa um die gleiche Zeit datiert die spätgotische Holzfigur des Petrus von Mailand im Kloster St. Andreas.

Gert FISCHER und Wolfgang HERBORN führen aus:

Diese Bruderschaft war vor allem eine religiöse Korporation zur Ehre des Zunftheiligen. Jährlich am Tage vor dem Patronatsfest wurde eine Kerze von sechs Pfund zum Dominikanerkloster getragen, wo sich die Brauer zur Vesper versammelt hatten. Am Patronatstage selbst war jedes Mitglied verpflichtet, drei hl. Messen mit der Bruderschaft gemeinsam zu hören. Desgleichen galt für die vier Quatemberzeiten im Jahr.

An den Festen der St.-Peter-von-Mailand-Bruderschaft – „Kreuzauffindung" am 3. Mai, „Kreuzerhöhung" am 14. September und der „St.-Peter-von-Mailand-Tag" im April – zogen die Brauer in feierlicher Prozession zur Heilig-Kreuz-Kirche. Dort feierten sie das Hochamt vor dem Altarbild, auf dem eine Darstellung des heiligen Petrus von Mailand zu sehen ist. Nach der Aufhebung des Dominikanerklosters 1799 siedelte die Bruderschaft in die Pfarrkirche St. Andreas über. In dieser Kirche werden seitdem die jährlichen Messen am Festtag des Heiligen begangen. Dazu versammeln sich die rund 90 Bruderschaftsmitglieder, die sich aus den *unbescholtenen* Brauern und Mälzern beider christlicher Konfessionen rekrutieren und die leitend in Kölner Brauereibetrieben tätig sind. In der Weihnachtszeit ist es lohnend, die *Brauerkrippe* zu besuchen, in der das Jesuskind in einem halbierten Kölschfässchen liegt. Das Rosenkranzbild in der südlichen Seitenkapelle zeigt Petrus von Mailand mit den Zeichen seines Martyriums: einer klaffenden Kopfwunde, einem Schwert in der Hand und einem in die Brust gestoßenen Dolch.

QUELLENNACHWEIS

FISCHER, HERBORN: Rheinisches Brauwesen; OBERHAUSER: Wallfahrten

April

GEORG

23. April

RÖMISCHER SOLDAT, MÄRTYRER
* 3./4. JAHRHUNDERT (?)
† UM 303/305 (?)
DARSTELLUNG: ALS RITTER; ZU PFERDE, EINEN DRACHEN DURCHBOHREND
ATTRIBUTE: LANZE, DRACHE
PATRON DER SOLDATEN, REITER, BAUERN, SCHÜTZENGESELLSCHAFTEN; DER „DEUTSCHEN PFADFINDERSCHAFT SANKT GEORG" UND DER „PFADFINDERINNENSCHAFT SANKT GEORG"; DER PFERDE – ANGERUFEN GEGEN FIEBER UND BEI KRIEGSGEFAHREN

1   VITA

Die Legende des heiligen Georg schildert ihn als Soldaten des römischen Heeres, der, nach mehrmaliger Tötung und Auferweckung durch Gott, enthauptet wurde. Um seine Person ranken sich viele Legenden. Besondere Berühmtheit erlangte die Geschichte vom Kampf mit einem Drachen, der in einem See vor der Stadt Silena hauste und die Stadt mit seinem Feueratem verpestete. Die Einwohner mussten ihm täglich zwei Schafe opfern, um ihn zu besänftigen. Als keine Tiere mehr aufzutreiben waren, forderte der Drache Menschenopfer. Eines Tages traf das Los die Königstochter. Georg versprach, den Drachen zu töten, wenn die Leute sich zu Christus bekehren ließen. Georg verletzte den Drachen und veranlasste die Königstochter, das halbtote Tier in die Stadt zu bringen. Der König ließ sich mit allem Volk taufen; daraufhin tötete Georg den Drachen endgültig.

Ob die wohl gegen Ende des 4. Jahrhunderts entstandene Legende einen historischen Kern besaß, ist schwer zu sagen.

2   GEORGSRITT IN KALLMUTH

In Deutschland gibt es an vielen – vor allem süddeutschen – Orten Pferdeumritte am Georgstag. Die einzige Reiterprozession zu Ehren des Heiligen im Rheinland findet jährlich am 1. Mai in Kallmuth (Kreis Euskirchen) statt. Seit dem Jahr 1953 feiern die Bewohner von Kallmuth und Umgebung das Fest des Kirchenpatrons St. Georg feierlich mit Georgsritt, Feldgottesdienst, Segnung der Reiter und Pferde und sakramentaler Prozession zurück zur Pfarrkirche.

Eine Fußprozession am Georgsfest lässt sich schon im Jahre 1666 nachweisen. Die Pfarrchronik vermerkt, *das die iährliche procession mit wollherbrachter Feyher des gantzen*

92

Statue des heiligen Georg
mit Lanze und Palm-
zweig. Pfarrkirche
St. Georg, Kallmuth.

*Kirchspiel ... soll vor, wie nach gehalten ... Daherro Anno 1666 die procession solemniter ge-
halten worden.* Es gibt keine Erkenntnisse, wann die Tradition der Georgsprozession ab-
gebrochen ist. (SCHMITZ)

Als der Kallmuther Pfarrer Kranz im Jahre 1953 die Georgsverehrung erneuerte
und den Umritt einführte, ließ er sich von dem Anliegen leiten, *dass es heute noch möglich ist, ein ländliches Fest zu gestalten, das den ganzen Menschen erfasst und begeistert.* Auch
sah er in dieser religiösen Feier eine *attraktive Konkurrenzveranstaltung zu den Arbeiter-
und Gewerkschaftskundgebungen am ‚Tag der Arbeit‘.* (SCHMITZ) Die Idee eines Umrittes
brachte der Pfarrer aus Süddeutschland mit.

April

Der Kallmuther Georgsritt ist inzwischen zu einem weit über die Eifel hinaus bekannten Ereignis geworden *zwischen folkloristischer Tendenz und Profilierung als Bittprozession im Bekenntnis zu St. Georg als einem allzeit modernen Heiligen.* (SCHMITZ) Dabei bestimmen Reitpferde das Bild, während Kaltblut-Ackerpferde selten geworden sind.

3   HEILSEGEN

Dörfliche Heiler behandeln seit Jahrhunderten vielerlei Krankheiten bei Menschen und Tieren mittels Heilsegen. Typische Segen sind die *Analogie-Erzählungen*: Sie schildern *eine bestimmte Krankheitssituation, gegen die der Spruch helfen soll, indem erzählt wird, wie eine hilfreiche Macht entweder dem Krankheitsdämon oder dem Kranken selbst begegnet.* (HANF)

Ein Beispiel dafür ist der folgende, aus Cochem (Kreis Cochem-Zell) überlieferte Segen bei Beinverrenkung: *Ritt St. Georg sein Pferdchen über Stock und Stein und verrenkt sich Fuss und Bein, war bald wieder heil; Petrus wollt nach Rom reiten, da trat sein Pferd auf einen Stein und verrenkt sich Fuss und Bein; und wenn du, Bein, verrücket bist, so weich, Verrücken, wo du bist!* (RHEINISCHES WÖRTERBUCH)

4   BAUERNREGELN

Der Georgstag war ein wichtiger Termin im ländlichen Arbeitsjahr. Dienstboten konnten an diesem Tag ihren Dienstherrn wechseln, Pferde wurden gesegnet. Ab dem Georgstag durften die Felder nicht mehr betreten werden. Das Patronat für die Bauern leitet sich wohl von der Übersetzung des griechischen Namens *Georgos* (Bauer, Landmann) ab.

Görres (24. IV.) moss de Haver gesät sen, sös friss se et Görres Perd. (Süchterscheid, Rhein-Sieg-Kreis; Boslar, Kreis Düren; Mehlem, Bonn)

Wenn zent Görres-Perd Haver krit, git et für der Bur e schlech Johr. (Bad Münstereifel, Kreis Euskirchen)

Gergen moss e Kob (Rabe) *sich am* (im) *Kor kenne verbergen.* (Niederweis, Kreis Bitburg-Prüm)

QUELLENNACHWEIS

HANF: Dörfliche Heiler; RHEINISCHES WÖRTERBUCH; SCHMITZ: Georgsritt in Kallmuth

SALMANUS VON WÜRSELEN

27. April

PILGER, EINSIEDLER
7. JAHRHUNDERT IN WÜRSELEN
DARSTELLUNG: ALS PILGER UND EREMIT
ATTRIBUTE: KUTTE, HUT UND TASCHE, GRAFENKRONE
PATRON DER KRANKEN — ANGERUFEN BEI BRUST-, LUNGEN- UND HUSTENKRANKHEITEN

1   VITA

Der Legende nach war Salmanus ein aus dem heutigen Asturien (Spanien) stammender Feldherr von adliger Abstammung. Nachdem er sich gegen ein militärisches Leben entschieden hatte, beschloss Salmanus, nach Rom zu pilgern. Er ließ sich schließlich in Dobach bei Weiden (Kreis Aachen) als Einsiedler nieder, wo er auch bestattet wurde. Heute ruhen seine Gebeine in der Pfarrkirche von Weiden.

2   SALMANUSVEREHRUNG IN WÜRSELEN

Im Jahre 1803 bestätigte der Aachener Bischof die Echtheit der Kopfreliquie des Heiligen. Ende April 1805 wurde *la tete de St. Salamann dit aussi Salamagne* (der Kopf des heiligen Salamann, auch Salmnus genannt) von Dobach in die Weidener Pfarrkirche übergeführt. Die bischöfliche Behörde gestattete, jeweils am ersten Sonntag im Mai in der Weidener Pfarrkirche das Fest des heiligen Salmanus zu feiern und die Reliquie zur öffentlichen Verehrung auszustellen.

Zehn Jahre später verlieh Papst Pius VII. der Pfarrkirche Weiden für ewige Zeiten vollkommene Ablässe zum ersten Sonntag im Mai, dem Fest des *h. Beichtigers Salmannus, welcher als ein mächtiger Fürsprecher bey Gott gegen das Husten angerufen wird.* Allmählich setzte sich der Brauch durch, nach jeder Messe das Kopfreliquiar, das heißt den Glasdeckel des Reliquiars, zu küssen.

Seit 1909 steht das Reliquiar auf dem neubarocken Salmanusaltar, dessen Gemälde den Heiligen als Wohltäter der Kranken darstellt. Kutte, Hut und Tasche weisen ihn als Pilger und Eremit aus, die zu seinen Füßen liegende Grafenkrone erinnert an seine adlige Herkunft. Die Reliquien haben den Zweiten Weltkrieg unversehrt überstanden.

Über die Salmanusverehrung erfahren wir von Dieter WYNANDS:

Zu Beginn des 20. Jahrhunderts besuchten Volksschüler im Rahmen der Heimatkunde klassenweise das Salmanuskreuz ... und im Keller eines nahe daneben gelegenen Wohnhauses schöpften sie wie zahlreiche Pilger zuvor das als heilbringend angesehene Salmanuswasser. In den Pfarrkir-

Barockes Schaureliquiar mit Gebeinen des
heiligen Salmanus. Pfarrkirche St. Sebastianus,
Würselen.

chen zu Würselen und Weiden wurde während der Salmanusfeier Wasser gesegnet und an Gläubi-
ge verabreicht – ein Brauch, der sich bis 1648 zurückverfolgen lässt, als in der Dobacher Kapelle
ein Wasserbehälter entwendet wurde. Bis in die Mitte des 20. Jahrhunderts hinein wurde am ersten
Sonntag im Mai um 6.00 Uhr am Salmanusaltar ein Hochamt gelesen, um 9.30 Uhr fand ein
Levitenamt und nachmittags eine Festandacht mit Predigt statt. Am Vorabend wurde das
Salmanuswasser geweiht. Der Priester benutzte zur Eucharistiefeier das Messformular zu Ehren
des hl. Salmanus. Spätestens seit 1880 zog die Würselner St. Sebastianus-Schützenbrudergesell-
schaft am ersten Sonntag im Mai zur Kirche, 1889 konstituierte sich in Würselen-Driesch die
St. Salmanus-Schützengesellschaft, noch 1949 entstand das Salmanuslied. Im Laufe der Jahre,
besonders nach dem Zweiten Weltkrieg, nahm die Verehrung des volkstümlichen Heiligen trotz an-
fänglicher Bemühungen seitens des Ortsklerus immer mehr ab und erlosch fast vollends nach dem
II. Vatikanum. Der hl. Salman geriet in Vergessenheit. Geblieben ist die Salmanuskirmes.

QUELLENNACHWEIS

WYNANDS: Salmannus

Salmanus von Würselen

QUIRINUS VON ROM (VON NEUSS)

30. April

MÄRTYRER
† 115 / UM 130 (?) IN ROM
DARSTELLUNG: ALS RITTER
ATTRIBUTE: LANZE, SCHILD MIT NEUN KUGELN
PATRON DER STADT NEUSS; DER RITTER, PFERDE UND RINDER – ANGERUFEN GEGEN BEIN-, HALS-, AUGEN- UND FUSSLEIDEN, GICHT, PFERDEKRANKHEITEN

1   VITA

Quirinus war der Überlieferung nach Kerkermeister des Papstes Alexander I., als dieser während einer Christenverfolgung inhaftiert war. Von ihm empfing er die Taufe. Als Christ verfolgt, erlitt er das Martyrium; er wurde in der Praetextatus-Katakombe beigesetzt. Nach der Ortslegende hat Papst Leo IX. (1049–1054) seiner Schwester Gepa, Äbtissin im Frauenkloster in Neuss, im 11. Jahrhundert Reliquien des Heiligen geschenkt. Sie werden bis heute im Quirinusmünster (erbaut ab 1209) aufbewahrt.

2   PILGERZEICHEN

Der Kult des Heiligen verbreitete sich seit dem 13. Jahrhundert. Insbesondere wurde er als einer der Heiligen Vier Marschälle (→ Heilige Helfer) verehrt. Die neun Kugeln auf einem Schild als Attribut beruhen auf der Deutung des lateinischen Namens der Stadt Neuss (*Novesia*; von *novem*, neun). Die Bedeutung der Quirinusverehrung und -wallfahrt im 15. und 16. Jahrhundert belegen 35 bislang aufgefundene Pilgerzeichen.

3   PILGERTRUNK, QUIRINUSWASSER UND –RITT

Der Nürnberger Patrizier Gabriel Tetzel berichtet 1465 von dem Besuch der mittelalterlichen Quirinuswallfahrt in Neuss:

Do sahen wir in der kirchen einen kostlichen sarch, dorin leit der lieber heilig sant Quirinus; und sahen wir sein hirnschalen, doraus gab man uns zu trinken. Die Pilger tranken also aus einem Behältnis mit Schädelreliquien des Heiligen. Andere Quellen sprechen von

Prozession am Quirinusfest.
Neuss, 2009.

Sankt Quirinus silbernem Kopf oder von *Sankt Quirins silbernem Becher mit erhabener Arbeit.*
(DÖRING)

Matthias ZENDER führt über die Quirinusverehrung aus:

Im Quirinuskult scheint uns die Wassersegnung oder der dem Heiligen geweihte heilkräftige Brunnen besonders wichtig … Im Trierer Land und vor allem dort, wo Quirinus zusammen mit Firmin und Ferrutius vorkommt, ist eine Wasserweihe allgemein. Mit solchem Wasser kühlt und wäscht man die offenen, fiebernden Wunden und die kranken Augen, oder man nimmt das Wasser mit nach Hause, gibt es dem Vieh am Quirinustage ein oder bewahrt es im Hause auf, um es bei einer Erkrankung den Tieren ins Futter zu schütten. In zwei Wallfahrtskirchen wird das Wasser einem nach dem Heiligen benannten Brunnen entnommen, der vom Priester eigens gesegnet wurde oder als ständig geweiht gilt, da angeblich in Kriegszeiten die Reliquien des Heiligen dort in einen solchen Brunnen geworfen worden waren (Neuss, Camblain).

In Aachen-Melaten, Zülpich (Kreis Euskirchen) und Sistig (Kreis Euskirchen) ritten Bauern und Fuhrleute am Maiabend zu den Brunnen und ließen die Tiere dort trinken. Matthias ZENDER schreibt:

Ja, als in Melaten anfangs des 19. Jahrhunderts der Brunnen zerstört wurde, ritten die Bauern noch Jahrzehnte später an diesem Tage über die Felder, auf denen sich im 18. Jahrhundert der

Brunnen befunden hatte, und glaubten, damit ihre Tiere vor Krankheiten zu schützen. Solches Beharren ist ein schönes und eindrucksvolles Zeugnis für die Dauer der Tradition, selbst unter veränderten allgemeinen Verhältnissen.

Ähnliche Ritte oder Umritte um Quirinuskirchen sind beispielsweise auch aus Gondelsheim (Kreis Bitburg-Prüm), Millen (Kreis Heinsberg) und Mödrath (Rhein-Erft-Kreis) überliefert.

Eine bedeutende Stätte der Verehrung ist die Wallfahrtskapelle mit Brunnen in Perl (Kreis Merzig-Wadern). Sichere Belege für die Wallfahrt und den Gebrauch des Wassers gewinnen wir mit der Errichtung der Kapelle durch Pfarrer Bieringer 1712. Er begann auch die Mirakel aufzuschreiben, zum Beispiel diesen Wunderbericht:

Anno 1705 ist des ehrsamen Lentzen Nik. von Ellingen eheliche Hausfrau Johanna allhier zu Pirl kommen, ihre Andacht zu verrichten und Gott, dem Allmächtigen, Dank zu sagen nach geschehener Beicht und empfangener heiliger Kommunion durch die Fürbitte der hl. Quirin und Fremmini und Ferrioli wegen Zuheilung ihres Mangels am Knie, wie auch ihrer Tochter, so voller Wunden is gewes, welche auch gesund worden. (OBERHAUSER)

Die Kunde von den Heilungen verbreitete sich rasch, sodass schließlich ganze Pfarrprozessionen zum *Pierler Daach* gezogen kamen, an dem bald auch ein Jahr- und Viehmarkt abgehalten wurde. Zu einer Renaissance des Heiligenkultes kam es nach dem Zweiten Weltkrieg. 1950 bestimmte der damalige Pfarrer Dr. Dr. Leo Sudbrack die Quirinuskapelle zur Gedenkstätte für die Gefallenen und führte ein Jahr später den Quirinusritt am 1. Mai ein:

Der Zug führt von Perl nach Oberperl und Sehndorf und wieder zurück in den Ort, wo an der Quirinuskapelle Reiter und Pferde gesegnet werden. Dem Zug reitet Quirinus in römischer Rüstung, ein Pater aus St. Matthias, voran und segnet mit dem Quirinusreliquiar die Felder. 1984 vermerkte man im Programm ausdrücklich: *An der Quirinuskapelle ist ein Faß mit geweihtem Quirinuswasser aufgestellt. Dieses soll bei Halsleiden Mensch und Tier helfen. Dieses geweihte Wasser kann in kleineren Mengen kostenlos mitgenommen werden.* (OBERHAUSER)

1967 schien das Ende des Perler Quirinusritts gekommen zu sein. Traktoren hatten die Pferde verdrängt; der Brauch schlief ein. Im Wallfahrtsbuch des Bistums Trier lesen wir über den weiteren Fortgang:

Das wachsende Freizeit- und Naturbedürfnis führte die Menschen jedoch wieder zu ihren alten Gefährten, den Pferden, hin; und so wurde in der Mitte der siebziger Jahre dann auch der Quirinusritt und die Pferdesegnung wiederbelebt. Dazu kommt seit 1951 einer der Benediktinermönche aus St. Matthias in Trier nach Perl: Er bringt die kostbar gefaßte Quirinus-Reliquie mit und segnet damit am Ende des Ritts ‚alle Reiter, ihre Arbeit, ihre Pferde und dieses schöne Stück Erde, damit auf die Fürbitte des heiligen Quirinus Gott der Herr uns und seine Schöpfung in seiner Hand halte zum Segen für uns und für das, was uns anvertraut ist‘. (IN GOTTES NAMEN)

Mit dem Quirinusbrunnen in Sistig (Kreis Euskirchen) war früher – sicher bezeugt um 1700 – eine Wassersegnung verbunden. Bei Walter HANF lesen wir:

Quirinus war Tribun der römischen Legion in Neuß. Eines Tages finden wir ihn in Begleitung einiger Soldaten unterwegs nach Trier, um seiner Schwester einen Besuch abzustatten … Müde und durstig erreichte man Sextiacum, das heutige Sistig, einen Posten an der Römerstraße Köln–Trier. Weit und breit gab es kein Wasser. Doch siehe da: Als das Pferd des Quirinus mit dem Huf in dem knacke-trockenen Boden scharrte, da sprudelte bestes Eifeler Quellwasser hervor. Seitdem, so erzählt Hermann Schlierf aus Sistig, finden Mensch und Tier Erquickung an dieser Quelle, die man wegen jenes fernen Ereignisses heute noch den ‚Quirinusborn‘ nennt … Früher, wenn am Fest Christi Himmelfahrt die Prozession zu den vier Hochkreuzen zog, an denen Altäre aufgerichtet waren, wurde das Wasser des Quirinusborns gesegnet. ‚Besonders gerne gingen Kinder im Sommer dorthin, um von dem Quirinuswasser zu trinken; dabei machten sie das Kreuzzeichen.‘ Heute ziehen die Gläubigen am Palmsonntag zum Quirinusborn, wo die Palmzweige geweiht [werden] und der Segen über das Wasser ausgesprochen wird. Der Heilige wurde hier gegen Eitergeschwüre, Pest und Ohrenweh angerufen, gleichfalls bei Kropfleiden, Blattern und Pocken. Gegen diese Leiden wurde das gesegnete Quellwasser entweder getrunken oder zum Waschen der kranken Körperteile benutzt.

In Zülpich (Kreis Euskirchen) wurde bis um 1950 Wasser des Quirinusbrunnens gesegnet: *Landleute aus der ganzen Umgegend nehmen das Wasser in Fläschchen mit und geben es ihren Pferden zu trinken, damit diese vor Krankheit bewahrt bleiben,* heißt es in einem Bericht aus dieser Zeit.

Q<small>UELLENNACHWEIS</small>

H<small>ANF</small>: Heilige; I<small>N</small> G<small>OTTES</small> N<small>AMEN</small>; O<small>BERHAUSER</small>: Wallfahrten; Z<small>ENDER</small>: Verehrung des hl. Quirinus

Quirinusjubiläum. Prozession mit dem Quirinusschrein zum 850-jährigen Jubiläum der legendarischen Translation im Jahr 1050, Radierung von August Kaul, 1900.

Quirinus von Rom

Godehardus-Reliquien-
monstranz, mit der am
Patronatsfest den Gläubi-
gen der Segen erteilt
wird. Pfarrkirche
St. Godehard, Vorst.

MAI

GODEHARD (GODEHARDUS, GOTTHARDUS) VON HILDESHEIM

5. Mai

BISCHOF
* 960 IN REICHERSDORF BEI NIEDERALTAICH, NIEDERBAYERN
† 5. MAI 1038 IN HILDESHEIM
DARSTELLUNG: ALS BISCHOF
ATTRIBUTE: BUCH, KIRCHENMODELL, BRENNENDE KOHLEN
PATRON DER KRÜPPEL, DER KINDER, DER PFERDE UND DES RINDVIEHS; WETTERPATRON —
ANGERUFEN GEGEN ALLE KINDERKRANKHEITEN, BESONDERS RACHITIS; BEI LÄHMUNGEN AN
ARMEN UND BEINEN, GICHT, RHEUMA, AUGENLEIDEN; AUCH VON SCHWANGEREN FRAUEN
FÜR EINE GUTE GEBURT

1   VITA

Der heilige Gotthard war Abt des bayerischen Klosters Niederaltaich und wurde 1022 von Kaiser Heinrich II. (1014–1024) zum Bischof des Bistums Hildesheim berufen. Mit dem Sankt-Gotthard-Pass in der Schweiz trägt einer der wichtigsten Alpenübergänge seinen Namen. Der Schrein mit den Reliquien befindet sich im Dom zu Hildesheim.

2   GOTTHARDUSVEREHRUNG IN VORST

Die Kirche in Vorst (Kreis Viersen) ist seit dem 17. Jahrhundert Zentrum der Gotthardusverehrung am Niederrhein. Dargestellt wird der Heilige in Vorst mit einem zu seinen Füßen knienden Knaben mit Krücken, den er segnet. Deshalb wird er hier liebevoll *Jothardus möt da Kleene* genannt.

Über die Wallfahrten nach Vorst schreibt Helena SIEMES:

Das Gotthardusfest und die Wallfahrt beginnen am 4. Mai bzw. am Sonntag nach dem 4. Mai und beides war stets mit der Kirmes verbunden. Aus diesem Grund wurde Vorst von der Bevölkerung der umliegenden Gemeinden und Städte ‚Kirmes-Voersch‘ genannt … Während der Blütezeit der Gottharduswallfahrt nach Vorst kamen die auswärtigen Pilgergruppen und Prozessionen schon Samstags nachmittags im Ort an. In den Sälen der Gastwirtschaften hatten die Wirte eigens Stroh aufgeschüttet, worauf die Pilger übernachteten. Die Wallfahrer strömten auch während der ganzen Nacht herbei … Nach dem Festhochamt, das zwischen 9 und 10 Uhr stattfand, begann die Gotthardusprozession mit der Reliquie. Sie zieht bis heute über den alten Prozessionsweg, den ‚Gott-

Godehard von Hildesheim

hardusweg'. An ihm stehen neun Stationen des Kreuzweges. Beim Rosenkranz wird der Zusatz ge-
betet: ,Gotthardus zu dir kommen wir, deine Hilfe begehren wir.' ... Die Schützen formierten sich
erst wieder an der Kempener Straße und gliederten sich hier erneut mit der Musikkapelle in die
Prozession ein, um zusammen mit allen anderen Teilnehmern feierlich in die Kirche einzuziehen.
Hier erfolgte der Schlußsegen mit der Reliquie, und nach dem Lied ,Großer Gott, wir loben dich'
war die Prozession zu Ende. Anschließend begann der weltliche Teil des Gotthardusfestes: das
Schützenfest und die Kirmes.

In der Nähe der Kirche gab es eine Lebkuchenbude und einen Devotionalienstand.
Die Pilger kauften sich Pfefferkuchen, einen Rosenkranz oder ein Heiligenbildchen,
womit sie anschließend die Statue des Heiligen *anrührten*, um Heil zu erlangen. Früher
soll es häufiger vorgekommen sein, dass man Würste an der Gotthardusstatue entlang-
strich, die an der Außenfront der Kirche aufgestellt ist. So habe es in Viersen geheißen,
man gehe *de helije Jothardes Flöns längs de Been schtriike – dem heiligen Gotthardus Blut-
wurst an den Beinen entlangstreichen.

Mütter brachten bis vor wenigen Jahrzehnten Hemden ihrer Kinder mit und berührten damit das Bild des Heiligen. 1964 wandte sich am Gotthardusfest eine ältere
Frau an den Küster der Wallfahrtskirche mit der Bitte, ein Kinderhemd, eine Kinder-
unterhose, eine Windel und ein Taschentuch an die Reliquie zu halten. Josef FELLEN-
BERG schreibt zu diesen Heilbräuchen:

Die Kinderwäsche wird nach der Meinung des gläubigen Volkes mit der Kraft Gotthards erfüllt
und schützt den Träger in besonderem Maße gegen Krankheiten, gegen die der Heilige als Helfer
verehrt wird. ... Es läßt sich nicht mit Sicherheit sagen, wo man den Brauch, das Gotthardbild mit
Eßwaren zu berühren, einordnen muß.

In der Kirche befanden sich früher zahlreiche Votivgaben wie Arme, Beine, Augen,
Kühe und Pferde aus Silber oder Wachs, auch Krücken. Die Votive kennzeichnen die
Patronate Gotthards am Niederrhein, wie Josef FELLENBERG ausführt:

Der Heilige wurde bei Krüppelhaftigkeit, Kinderkrankheiten und Blindheit ebenso angerufen
wie als Schützer der Pferde und des Rindviehs. Das Krüppel- und das Kinderpatronat reichen wohl
in die Frühzeit der niederrheinischen Gotthardverehrung zurück. Die Krücken gehörten Erwach-
senen, aber auf der sicher schon dem 18. Jahrhundert zuzurechnenden Plastik hat auch das Kind
eine Krücke. Das deutet darauf hin, daß bereits damals Gotthard nicht nur Patron krüppelhafter
Erwachsener, sondern auch krüppelhafter Kinder war. Es ist nicht festzustellen, ob anfangs über-
haupt eine Differenzierung bestand oder welche Art des Krüppelpatronats primär war. Seit dem
19. Jahrhundert ist aber eine Entwicklung zu beobachten, die den Heiligen zum ausschließlichen
Patron der Kinder macht.

Um 1930 riefen die Gläubigen den heiligen Gotthardus auch bei der *Englischen*
Krankheit an. Aus Oberkrüchten (Kreis Viersen) wird beispielsweise gemeldet: *Man*
nimmt sehr häufig an, daß ein Kind an dieser Krankheit (Englische Krankheit) leidet, auch ohne
daß es durch einen Arzt bestätigt worden ist. Ein Kind, von dem man glaubt, daß es Rachitis hat,
wird nach Vorst ,Voeschter Kind' genannt. Heute kennt man das Patronat bei Englischer
Krankheit nur noch dem Namen nach. Mit der Anrufung Gotthards als Helferheiliger

Prozession am Godehardusfest in Vorst, 2009.

beim Zahnen war in Vorst ein ausgeprägter Brauch verbunden: *Fürs Zähnen opfert man dort 32 einzelne Pfennige*. Auch gegen Fieber wurde Gotthardus verehrt. Geopferte wächserne Augenpaare bezeugen eine rege Verehrung des Heiligen bei Augenleiden. (FELLENBERG)

Der Vorster Gotthardaltar ist seit der Entfernung in den 1960er Jahren samt den Votivgaben verschollen. Einen neuen Impuls erfuhr die Verehrung des Heiligen durch Pfarrer Schürmann, der die „action medeor" (Deutsches Medikamenten-Hilfswerk, gegründet 1964), die arme Länder der Dritten Welt mit Medikamenten versorgt, unter das Patronat des Heiligen stellte. Das Gotthardsfest wird gegenwärtig mit Festhochamt und Reliquienprozession gefeiert.

QUELLENNACHWEIS

FELLENBERG: Heiliger Gotthard; SIEMES: Durch das Jahr

Godehard von Hildesheim

EISHEILIGE

MAMERTUS: 11. MAI
PANKRATIUS: 12. MAI
SERVATIUS: 13. MAI
BONIFATIUS: 14. MAI

1   DIE EISHEILIGEN

Die sogenannten Eisheiligen sind Mamertus, Pankratius, Servatius und Bonifatius. Pankratius und Servatius genossen schon im frühen Mittelalter einzeln große Verehrung. Wann die gemeinsame Verehrung als *Eisheilige* begann, ist nicht mehr festzustellen; sie hängt möglicherweise mit der Legende des heiligen Mamertus zusammen, der die Bittprozessionen vor Christi Himmelfahrt eingeführt haben soll.

Mamertus

BISCHOF
* UM 400 IN VIENNE (FRANKREICH)
† UM 475 DASELBST
DARSTELLUNG: ALS BISCHOF
PATRON DER AMMEN, HIRTEN UND DER FEUERWEHR – ANGERUFEN GEGEN FIEBER UND DÜRRE

Mamertus wurde 461 Bischof von Vienne. Nach Erdbeben und Feuern, die die Stadt verwüstet hatten, richtete Mamertus an den drei Tagen vor dem Fest Christi Himmelfahrt die *Drei Bußgänge* ein – Prozessionen um Abwendung von Gefahren und zur Erflehung göttlicher Hilfe. Die Bittgänge breiteten sich schnell über Frankreich und angrenzende Länder aus.

Pankratius

MÄRTYRER
* UM 290 IN PHRYGIEN (KLEINASIEN)
† UM 304 IN ROM
DARSTELLUNG: ALS JUNGER MANN IN RITTERRÜSTUNG
ATTRIBUTE: KRONE UND SCHWERT, PALME
PATRON DER ERSTKOMMUNIKANTEN, DER JUNGEN SAAT UND BLÜTE – ANGERUFEN GEGEN KOPFSCHMERZEN, KRÄMPFE

Prozession mit dem Pankratiusreliquiar.
Floisdorf, 1996.

Die Legende erzählt: Der verwaiste Sohn eines reichen Römers reiste mit seinem Onkel nach Rom. Mit seinem ererbten Vermögen half er dort den verfolgten Christen. Der Vierzehnjährige ließ sich nicht vom Glauben abbringen und wurde deshalb öffentlich enthauptet. Über seinem Grab errichtete Papst Symmachus im Jahr 500 eine Kirche, an deren Stelle die heutige Kirche S. Pancrazio fuori le mura steht.

Bis heute lebendig ist der Pankratiuskult mit Reliquienverehrung und Wassersegnung am Pankratiusbrunnen in Floisdorf (Kreis Euskirchen). Am Pankratiusfest zieht nach dem Hochamt eine eucharistische Prozession zum Brunnen, wo Wasser gesegnet wird. Die Reliquie ist für das Jahr 1680 bezeugt; der Brunnen soll bereits im 13. Jahrhundert Erwähnung gefunden haben. Über das Pankratiusfest 2008 war zu lesen:

Es ist schön, dass Floisdorf seinem Patron durch Prozession, Wassersegnung, Reliquienverehrung und Anrufung die Treue hält. Das ‚Pankratius-Wasser‘ wird am Fest des Patrons geweiht, die Pilger waschen sich die Augen aus, hoffen (ähnlich wie bei der Verehrung der hl. Odilia im Elsass) auf Heilung von Augenkrankheiten und Bewahrung vor Augenleiden. Aber auch als Hilfe bei Krämpfen, Ekzemen und Migräne wird Pankratius angerufen. In Floisdorf hält sich das Brauchtum so beeindruckend und erhält am Tag des Ortspatroziniums durch die Feier am Pankratiusbrunnen und die Wassersegnung einen besonderen Akzent.

Servatius

BISCHOF VON TONGERN, MÄRTYRER (?)
* IN ARMENIEN (?)
† 384 IN MAASTRICHT (NIEDERLANDE)
DARSTELLUNG: IN BISCHOFSGEWÄNDERN
ATTRIBUTE: SCHLÜSSEL, DRACHE
PATRON VON MAASTRICHT; DER LAHMEN

Servatius – so die Legende – war Bischof von Tongern. Dort und in Maastricht ließ er Marienkirchen erbauen. Servatius fand sein Grab in Maastricht, der ältesten Kirche der Niederlande. Sein Kult verbreitete sich seit dem 5. Jahrhundert in Westeuropa;

1496 sind über 100 000 Pilger beim Servatius-Fest in Maastricht bezeugt. Seit 1829 findet die Wallfahrt *(Maastrichter Heiligtumsfahrt)* im Sieben-Jahres-Rhythmus statt, zuletzt im Juli 2004. Beim *ommegang* – der festlichen Prozession – werden das Haupt, das Brustkreuz, der Bischofsstab, der Kelch des Heiligen sowie der Goldschrein mit seinen Gebeinen durch die Straßen getragen.

Bonifatius von Tarsus

MÄRTYRER
* 3. JAHRHUNDERT (?)
† UM 306 IN TARSUS (TÜRKEI)
DARSTELLUNG: ALS MÄRTYRER
ATTRIBUTE: SIEDENDES PECH

Der junge Römer Bonifatius war laut Legende im Auftrag einer reichen Römerin unterwegs, um in Tarsus Reliquien christlicher Märtyrer zu finden und nach Rom zu bringen. Dort erlebte er, wie Christen gefoltert wurden. Er ließ sich taufen und erlitt selbst das Martyrium. Seine Begleiter brachten die Gebeine nach Rom, wo sie an der Via Latina beigesetzt wurden.

2   BAUERNREGELN

Aus dem RHEINISCHEN WÖRTERBUCH:
Pankraties, Servaties, Bonefaties senn de Knoopefräeße sagten die Winzer am Siebengebirge und meinten: Um diese Zeit werden die jungen Triebe an den Weinstöcken durch Frost leicht vernichtet.
Pankraz, Servaz on Bonifaz sein drei Eismänner. (Mosel)
On Mamertus han bas hehin noch emmer Verdross brat. (Steinmehlen, Kreis Bitburg-Prüm)
Kene Rif no Servaz, kene Schni no Bonefaz. (Bonn)

QUELLENNACHWEIS

RHEINISCHES WÖRTERBUCH; PANKRATIUSFEST [http://www.floisdorf-info.de]

Prozession mit der Servatius-Reliquienbüste.
Maastrichter Heiligtumsfahrt 2004.

Eisheilige

JOHANNES VON NEPOMUK

16. Mai

BÖHMISCHER PRIESTER, MÄRTYRER
* UM 1350 IN PUMUK (TSCHECHIEN)
† 1393 IN PRAG
DARSTELLUNG: IN CHORHERRENKLEIDUNG (TUNIKA, CHORHEMD UND BIRETT) MIT EINEM
KREUZ IN DER HAND; MIT HEILIGENSCHEIN MIT FÜNF STERNEN, GEDEUTET ALS DIE FÜNF
BUCHSTABEN DES LATEINISCHEN WORTES *TACUI* (ICH HABE GESCHWIEGEN)
ATTRIBUTE: KRUZIFIX, PALMZWEIG, NIMBUS
PATRON DER JESUITEN; BRÜCKENHEILIGER; DER SICHEREN SCHIFFAHRT UND DES GEFAHR-
LOSEN ÜBERGANGS VON FLÜSSEN — ANGERUFEN GEGEN WASSERNOT UND BÖSE ZUNGEN

1 VITA

Johannes von Nepomuk entstammte vermutlich einer deutsch-böhmischen Familie, studierte Rechtswissenschaften und war Leiter der Kanzlei des Erzbistums Prag.
1380 zum Priester geweiht, wurde er 1389 zum Generalvikar des Prager Erzbischofs
ernannt. Der Bischof geriet 1393 mit dem böhmischen König Wenzel IV. in einen
Streit um das Kloster Kladrau. Johannes von Nepomuk ergriff Partei für den Bischof.
Im Verlauf der Auseinandersetzungen wurde er verhaftet, gefoltert und schließlich in
der Moldau ertränkt.

Die meistverbreitete Legende besagt, Nepomuk sei der Beichtvater von Wenzels
Frau Johanna gewesen. Der König habe Verdacht geschöpft, dass seine Gattin ihm un-
treu geworden sei, und zu erfahren versucht, was sie bei Nepomuk gebeichtet hatte.
Dieser habe sich auf das Beichtgeheimnis berufen und damit den Zorn des Monarchen
auf sich gezogen. Es gilt jedoch als sicher, dass Johannes Nepomuk niemals der Beichtvater der Königin gewesen ist.

Der Prager Erzbischof ließ Nepomuk im Prager Veitsdom bestatten, und schon
kurze Zeit später setzte seine Verehrung als Märtyrer ein.

2 BRÜCKENHEILIGER

Die rheinische Verehrung des heiligen Nepomuk als Brückenheiliger wurde vor
allem vom Wittelsbacher Herrscherhaus in den alten Bistümern Trier und Köln im
18. Jahrhundert gefördert. Insbesondere Clemens August, 1723–1761 Erzbischof von
Köln, war ein Verehrer des böhmischen Nationalheiligen; davon zeugen Nepomukka-
pelle und -darstellungen im Brühler Schloss sowie eine Skulptur vor der Schlosskirche

Heiligenhäuschen mit Statue des
heiligen Nepomuk, Bad Münstereifel.

in Brühl. Nicht minder wichtig war der Einfluss der Gesellschaft Jesu, die sich 1732 unter das Patronat des Johannes von Nepomuk stellte.

Nepomukstatuen wurden im 18. Jahrhundert beispielsweise aufgestellt in Bergheim (Rhein-Erftkreis), in Bad Münstereifel (Kreis Euskirchen), an der Ahrquelle in Blankenheim (Kreis Euskirchen), in Gemünd (Kreis Euskirchen) am Zusammenfluss von Urft und Olef, auf der Rurbrücke in Düren und auf der alten Wupperbrücke in Opladen (Leverkusen).

Die 1823 erbaute Brücke über die Nims bei Seffern (Kreis Bitburg-Prüm) mit einer Steinfigur des Johannes von Nepomuk ist eine der wenigen noch erhaltenen Barockbrücken von Rheinland-Pfalz. Dem Brückenheiligen ist die St.-Nepomuk-Brücke in Rech an der Ahr geweiht. Die Heiligenstatue stürzte im Jahr 1789 in die Ahr und wurde dabei zerstört; an ihrer Stelle steht heute eine neue Nepomukfigur.

Seit 1985 steht die Bronzefigur des Heiligen an der Oberkasseler Brücke in Düsseldorf. Der Düsseldorfer Künstler Bert Gerresheim hat das Standbild im Auftrag des

Johannes von Nepomuk

Heimatvereins „Düsseldorfer Jonges" geschaffen. Er verknüpft die Lebens- und Todes-umstände des Heiligen mit der Gegenwart, indem er auf zwei neuzeitliche Opfer staatlicher Gewalt hinweist:

Der Symbolfigur des schweigenden Widerstandes hat Bert Gerresheim auf besondere Art und Weise Aktualität verliehen, indem er seinem Nepomuk die Gesichtszüge des polnischen Priesters Jerzy Popieluzko, der 1984 von den kommunistischen Machthabern entführt und gefoltert wurde, gegeben hat. Popieluzko starb wie Nepomuk an den Folgen der Misshandlung. Der Standort ver-sinnbildlicht darüber hinaus noch den Hinweis auf die jüngste deutsche Vergangenheit, da der Tänzer Hilarius Gilges 1933 von den Nationalsozialisten unter der Oberkasseler Brücke erschla-gen und in den Rhein geworfen wurde (Hinweis im Sockel durch die Abbildung des Namenszuges). So ist mit der Skulptur ein Mahnmal für alle Opfer von Gewaltherrschaften aller Epochen ge-schaffen worden, ein Brückenschlag von Vergangenheit über Gegenwart auch in die Zukunft. (Düsseldorfer Jonges)

Am Rand von Anrath (Kreis Viersen) steht ein Bildstock mit einer Nepomukstatue, an die sich folgende Überlieferung knüpft:

Zwischen Viersen und Neersen wohnte auf der Gibbermühle am Bökel ein Müller, dem ein Jun-ge geboren wurde. Das Kind wurde zur Taufe in die Anrather Kirche getragen und erhielt den Na-men Johannes. Auf dem Rückweg kehrten Paten, Hebamme und Nachbarn nach altem Brauch in einer Wirtschaft ein. Auf dem Heimweg mußte die angeheiterte Taufgesellschaft den Flöthbach auf einer Planke überqueren, da er damals noch nicht eingedämmt war. Als man wieder in der Gibber-mühle ankam, stellte die Patin entsetzt fest, daß das große Umschlagtuch, in dem das Kind einge-wickelt war, leer war. Alle machten sich sofort auf die Suche nach dem Täufling, bis man den Kna-ben endlich im Schilf des Flöthbachs wiederfand. Aus Dankbarkeit für die Rettung ließen die Eltern an der Stelle, wo man das Kind gefunden hatte, das Standbild des heiligen Nepomuk er-richten, das aus dem Jahre 1792 datiert ist. (Siemes)

Quellennachweis

Siemes: Durch das Jahr; Düsseldorfer Jonges [www.duesseldorferjonges.de/sz/xmlxsl.php?xml= Nepomuk.xml&xsl=sz.xsl: Nepomuk-Denkmal]

Johannes von Nepomuk an der Oberkasseler Brücke, Düsseldorf. Der Heilige trägt die Gesichtszüge des polnischen Priesters Jerzy Popieluszko. Skulptur von Bert Gerresheim, 1985.

Mai

Hermann Josef von Steinfeld

21. Mai

Mönch, Mystiker
* um 1150 in Köln
† 1241 (?) im Kloster Hoven bei Zülpich
Darstellung: als Ordensmann mit Maria und dem Jesuskind
Attribute: Kelch, drei Rosen
Patron der Schwangeren, Mütter und Kinder; der katholischen Jugend, Küster und Priester; der Uhrmacher; der Sterbenden – angerufen gegen alltägliche Beschwerden, besonders Schmerzen aller Art, Schwerhörigkeit, Fieber, Hautkrankheiten, Ruhr und Fallsucht; für eine glückliche Schwangerschaft

1 Vita

Als Sohn einer armen Kölner Familie wurde Hermann mit zwölf Jahren Oblate des Prämonstratenserklosters Steinfeld. Nach seiner Ausbildung in Friesland kehrte er nach Steinfeld zurück und wurde zum Priester geweiht. Als er später das Amt des Sakristans übernahm, war es ihm möglich, *seine geistlichen Bedürfnisse auszuleben*. In dieser Zeit entstanden die Hymnen zur Ehre der Gottesmutter. Als Seelsorger wirkte er in mehreren Frauenklöstern in der Umgebung, so auch im Zisterzienserinnenkloster Hoven, wohin ihn, geschwächt von einer Krankheit, seine letzte Reise führte. Seine Grabstätte in der Basilika Steinfeld (Kreis Euskirchen) ist ein vor allem von Gläubigen aus der Eifel viel besuchter Wallfahrtsort.

Der Heilige wurde insbesondere durch seine *mystische Vermählung mit Maria* bekannt, die ihm den Beinamen Josef einbrachte. Schon vor seinem Eintritt ins Kloster soll er dem Jesuskind eines Marienstandbildes in der Kölner Kirche St. Maria im Kapitol Äpfel als Geschenk gebracht haben.

2 Wunderberichte des Mittelalters

Die Vita des heiligen Hermann Josef überliefert Wunderberichte, die unmittelbar nach seinem Tod geschehen sein sollen und die Verehrung des Heiligen im späten Mittelalter bezeugen: *Sogleich begann der Herr seinen Heiligen durch Wunder zu verherrlichen.* Die Wunderheilungen erfolgten unter anderem an Blinden bzw. fast Erblindeten, an (partiell) Gelähmten und an Besessenen. Die meisten Berichte befassen sich

Hermann-Josef-Sarkophag, Basilika Kloster Steinfeld. Das Apfel-„Geschenk" an den Heiligen geht auf eine Legende aus der Kindheit des Hermann Josef zurück.

mit alltäglichen Beschwerden wie Zahn- und Ohrenschmerzen bzw. Schwerhörigkeit, Hals- und Kopfschmerzen, Fieber, Hautkrankheiten, Ruhr oder Fallsucht. Totenerweckungen werden in Bezug auf Kinder berichtet.

In einem Brief von 1937 schreibt der Aachener Diözesanpriester Joseph Brosch, der sich für die Heiligsprechung Hermann Josefs engagierte, an den Steinfelder Pfarrer:

Vielleicht haben Sie, Hochwürdiger Herr Pfarrer, auch Gelegenheit, den sel. Hermann Joseph den Frauen als den patronus Puerperarum in der Predigt oder im Vortrag zu schildern. Er wurde und wird nämlich gerade von Frauen viel angerufen, die sich von ihm das Glück einer guten und gesunden Mutterschaft erbitten … 1896 schrieb der Erzbischof von Mecheln nach Köln, daß sich in seiner Diözese Frauen während der Schwangerschaft Hermann-Joseph-Reliquien zu erbitten pflegten und oftmals Novenen zu ihm hielten, ich habe während meiner Tätigkeit in Monschau von jungen katholischen, echt religiösen Frauen Ähnliches gehört. (KIRFEL)

Dieses Patronat der werdenden Mütter ist schon im 17. Jahrhundert überliefert. Bei einer Inspektion von Kloster Steinfeld im Jahre 1628 brachten Abgesandte des Kölner Erzbischofs ihre Verwunderung über die Nadeln, Broschen und Spangen zum Ausdruck, die auf dem Reliquienbehältnis lagen. Sie erhielten die Auskunft, Frauen nähmen diese als eine Art *sekundärer Berührungsreliquien* wieder mit nach Hause und verwendeten sie *zur Befestigung ihrer Haartracht und ihrer Kleidung … in der Hoffnung auf eine glückliche Schwangerschaft.* Hermann Josef vertraute man sich an *einerseits beim Ausbleiben erwünschten Nachwuchses, andererseits zur Vorbereitung auf eine bevorstehende Geburt oder zur glücklichen Beendigung des Kindbettes. Diese Vorstellungen gehen wohl zurück auf eine nicht näher belegte Überlieferung, nach der Hermann Josef ein totgeborenes Kind wieder zum Leben erweckt haben soll,* wie Helmut KIRFEL darlegt.

Mai

Möglicherweise handelt es sich bei diesem Totenerweckungswunder auch um die Verwechslung mit der „Wiederbelebung" eines kleinen Jungen aus Dollendorf (Kreis Euskirchen), der eines Morgens erstickt in seiner Wiege aufgefunden wurde, oder mit dem im Prolog der Vita erwähnten Fall, hier in der Übersetzung von KIRFEL wiedergegeben:

Ein kleines Kind war von seiner schlafenden Mutter erdrückt worden. Nachdem unser Josef der trauernden Mutter sein Mitleid gezeigt und in der Kirche ein Gebet zum Herrn Jesus und zu seiner seligen Mutter emporgesandt hatte, wurde das Kind durch die Verdienste des noch jugendlichen Seligen auferweckt.

Mit dem Heiligen waren verschiedene Patronate verbunden: Die katholische Jugend wurde angeleitet, Hermann Josef als vorbildlichen Schüler zu verehren, Ministranten und Küstern wurde er als unermüdlicher Diener am Altar vor Augen gestellt. Den Priestern wurde er als Patron wegen seiner Keuschheit und unübertroffenen Demut empfohlen. Zahlreichen Gesellenvereinen der Uhrmacher diente er als Handwerkerpatron. Wegen seines *vorbildlichen Sterbens* galt er als Patron der Sterbenden.

3   HERMANN-JOSEF-VEREHRUNG HEUTE

In Steinfeld wird der Heilige mit dem Hermann-Josef-Fest am 6. Sonntag nach Ostern, also am Sonntag vor Pfingsten, verehrt. Auf die Eröffnung des Festes am Vorabend mit der Erhebung der Gebeine, die auf dem Hermann-Josef-Altar zur Verehrung ausstellt werden, folgen sonntags Gottesdienst und Andacht mit Reliquienprozession; danach wird der heilige Leichnam wieder im Marmorsarkophag im Mittelgang der Basilika beigesetzt.

Das ganze Jahr hindurch steht in der Vorhalle der Basilika gesegnetes *Hermann-Josef-Wasser* aus dem Hermann-Josef-Brunnen im Kuttenbachtal, in einer Senke unterhalb des Klosters gelegen, für die Gläubigen zur Mitnahme bereit. Helmut KIRFEL führt über das heilende Wasser aus: *In mannigfachen Augenleiden wurde er angerufen in Erinnerung an das heilende Wasser des Hermann-Josef-Brunnens, aus dem er reines Eifelwasser besonders zur liturgischen Verwendung unter viel Mühen ins Kloster hinaufgeschafft hatte.* Eine Tafel mit einer Reliefdarstellung des heiligen Hermann Josef, die Wallfahrer aus Mönchengladbach gestiftet haben, weist auf den Hermann-Josef-Brunnen hin.

QUELLENNACHWEIS

KIRFEL: Hermann Josef von Steinfeld

URBAN (URBANUS)

25. Mai

PAPST, MÄRTYRER
* 2. JAHRHUNDERT IN ROM
† 230 IN ROM
DARSTELLUNG: ALS PAPST
ATTRIBUTE: TIARA, WEINTRAUBE, KREUZSTAB, BUCH
PATRON VON MAASTRICHT, TOLEDO, TROYES UND VALENCIA; DER WEINBERGE,
DES WEINES, DER WINZER UND KÜFER – ANGERUFEN GEGEN TRUNKENHEIT, GICHT, FROST,
GEWITTER UND BLITZ; FÜR GUTES WETTER UND GUTE ERNTE

1   VITA

Papst Urban I. soll nach der Legende, die im 13. Jahrhundert entstanden ist, den Märtyrertod erlitten haben. Er ist nicht zu verwechseln mit dem heiligen Urban von Langres (4. Jahrhundert), der in einzelnen Weinbauregionen Frankreichs als Winzerpatron verehrt wird. Papst Urban wird vor allem in den deutschsprachigen Ländern als Patron der Weinstöcke und Winzer angesehen.

2   WINZERPATRON

Das Weinberg- und Winzerpatronat geht darauf zurück, dass die Vita den 25. Mai als Todes- und Gedenktag des Heiligen festlegte, wie Michael PROSSER in jüngster Zeit dargelegt hat: Der 25. Mai markierte nach spätmittelalterlichen Überlieferungen das Ende der Frühlingszeit; es begannen die Tage der Sommerzeit. Das Rechtsbuch „Sachsenspiegel" (1221/1224) beispielsweise schreibt zur Bedeutung dieses Tages, dass die Frühjahrsarbeiten im Weinberg abgeschlossen sein mussten. Wer bis zum 25. Mai seine Rebflur bearbeitet hatte, konnte im Herbst die Ernte einfahren. Bäuerliche Anleitungsschriften und Bauernregeln machten das Urbansfest zu einem Lostag: War es schön, herrschte im ganzen weiteren Sommer eine gute Reifezeit. *Die Verbindung von Weinbau und Urbansfest ist also darin zu sehen, dass der legendarisch begründete Gedenktag des Heiligen mit einem zentralen Termin der Weinbergsarbeiten zusammenfällt. Papst Urban war derjenige Heilige, der um gutes Wetter vor Beginn der Weinblüte anzurufen war.*

Die Bedeutung des Festes klingt auch im St. Urbanslied der *Bauren uff der Mosel* an, das seit dem 16. Jahrhundert überliefert ist:

Sankt Urban, lieber Herre, / Man rühmt dich weit und ferre / Und ehret deinen Tag! / Die Reben machst du grüne, / Die Bauern machst du kühne / Und füllest ihre Faß! / Die Lahmen thust du springen, / Die Stummen thust du singen, / Der Tugend hast du viel! / Ach Weinlein, nun gang ein! / Was nutzen uns tausend Nobelen, / Wann wir begraben sein! (SCHREIBER)

Mit der Ausbreitung der Verehrung des heiligen Urban als Schützer der Weinberge und Patron der Winzer entfalteten sich seit der frühen Neuzeit reiche liturgische und profane Bräuche wie Bittprozessionen und Flurumgänge, Kinderfeste und Kinderprozessionen. Im Rheinland brachte man einst bei gutem Wetter die Urbanusstatue in feierlichem Umzug in die Weinberge:

Hier stellte das Volk die Figur auf; mit jungem Reblaub bekränzt. Dann feierte man den Tag im Wirtshaus, da das begonnene Jahr gutes Wetter versprach. Bei Regen fielen Umzug und Feier aus. Man erwartete ein schlechtes Jahr. Die ungeschmückte Urbans-Statue wurde am Rheinufer abschätzig ins Wasser getaucht. Das Volk strafte in seiner Art, mehr naiv und primitiv als böswillig. (DÖRING)

3 WETTER-/ERNTEPATRON

In Geilenkirchen (Kreis Heinsberg) besaß das Urbansfest eine besondere Bedeutung, wofür die Pfarrgemeinde jährlich die große *Urbanskerze* herstellen ließ. Hier schrieb man – so Leo GILLESSEN – dieser Votivkerze im Hinblick auf eine gute Ernte der Feldfrüchte Unheil abwendende Wirkung zu. In der Pfarrei Mariä Himmelfahrt *wurde ein Umgang mit der Urbanskerze gehalten, wozu es 1499 heißt (in Übertragung): ‚Sie tragen sie zusammen mit dem heiligen Sakrament um, lassen sie täglich während der Messe sowie während Unwetter brennen, bis die Früchte aus dem Feld sind.'*

4 WETTERREGELN

Aus dem RHEINISCHEN WÖRTERBUCH:
Urbones es de letzte Knoppefreisser (Knospenfresser) – die Baumknospen sind dann noch dem Nachtfrost ausgesetzt. (Ließem, Kreis Bitburg-Prüm)
Sankt U. hell on klor, brengt en got Johr, Sankt U. sent (segnet) de Fässer en. (Mosel)
Pankraz on U. ohne Regen, dann folgt e grosser Weinsegen. (Mosel)

QUELLENNACHWEIS

DÖRING: Weinbau; GILLESSEN: Bienenwachs für Kirchenkerzen; PROSSER: Fest Sancti Urbani; RHEINISCHES WÖRTERBUCH; SCHREIBER: Weingeschichte

Urban

Antonius von Padua
mit Buch und Lilie.
Andachtsbild 18. Jahr-
hundert, Deckfarben-
malerei.

S Antonius de Padua

JUNI

Antonius von Padua

13. Juni

Mönch, Kirchenlehrer
* um 1195 in Lissabon (Portugal)
† 1231 in Padua (Italien)
Darstellung: als Mönch in Franziskanerkutte, auf dem Arm das Jesuskind
Attribute: Buch, Fisch, Lilie und Kreuz
Patron der Liebenden, der Armen — angerufen bei der Geburt eines Kindes,
bei Krankheiten, Examens- und Prüfungsnöten; für das Wiederfinden von
Verlorenem

1   Vita

Antonius, als Sohn einer adeligen Familie in Lissabon geboren, wurde mit etwa zwanzig Jahren Mitglied der Augustiner-Chorherren. Um sich dem Gebet und dem Studium widmen zu können, ließ er sich in das Augustinerkloster Coimbra versetzen. Tief erschüttert durch die Überführung der Gebeine von fünf in Marokko ermordeten Franziskanern, trat er in den Franziskanerorden über und kam 1228 nach Padua. Er wurde ein großer Gelehrter und begnadeter Prediger. Die Legende berichtet, dass selbst die Tiere seine Predigt hören wollten.

Der Reliquienschrein in der Basilika S. Antonio in Padua ist eine der meistbesuchten Wallfahrtsstätten der katholischen Christenheit.

2   Antoniusverehrung

In Amern (Kreis Viersen) wurde an seinem Festtag in der Messe das Antoniusbrot gesegnet. Die Bauern nahmen es mit nach Hause und gaben dem Vieh etwas davon, damit es gut gedieh und von Krankheiten verschont blieb. Dieser Brauch war auch am Fest des heiligen → Antonius des Großen üblich; in der Bevölkerung verschmolzen wohl gelegentlich beide Gestalten miteinander.

Am Niederrhein steckte man vor dem Bildnis des Antonius von Padua eine oder mehrere Kerzen an, wenn man etwas verloren hatte. Dabei hoffte man auf seine Hilfe beim Wiederfinden des Verlorenen: *Heiliger Antonius, Flück, flück, flück, Nun zeig mal rasch dein Meisterstück!*

Tüenes, Tüenes, Hölp mich flot, Ich habjätfot! (Siemes)

Die *heiratslustigen* Mädchen wandten sich beispielsweise in Monschau (Kreis Aachen) auf folgende Weise an ihn: *Hellege Antonius,* betet ein Mädchen, *verleih mer ene Mann, äver*

Antonius von Padua mit Jesuskind, Wallfahrer. Andachtsbild (Wallfahrtsandenken), kolorierter Kupferstich.

kene ruǝde, worauf der Küster hinter dem Altar verborgen antwortet: *Et es kene angere do;* darauf das Mädchen: *At (schon) her dermet.* (RHEINISCHES WÖRTERBUCH)

In der Berliner Morgenpost war 2008 zu lesen: *Lieber Gott, bitte mach, dass ich morgen einen Mann finde. 80 Singles pilgern mit dem Bus von München zum heiligen Antonius von Padua und beten dafür, einen Ehepartner zu bekommen.* Die Liebe des Lebens zu treffen, scheint nicht so einfach. Singles, denen das bislang nicht gelungen ist, pilgern zum heiligen Antonius von Padua – in der Hoffnung, dass Beten bei der Suche nach einem guten Ehepartner hilft. Millionen von Menschen pilgern jedes Jahr zum Grab. Und tatsächlich reicht Antonius' Wunderkraft über seinen Tod hinaus: Fotos und Briefe von Frauen und Männern hängen in der Basilika an den Wänden, hier und da hat jemand *just married* darunter geschrieben.

3   VEREIN „ANTONIUSBROT"

Das kirchliche Werk „Brot für die Armen" oder „Antoniusbrot" gründet sein Bestehen auf ein Wunder, das der Heilige kurz nach seinem Tod gewirkt haben soll. Im „Sendboten des heiligen Antonius" lesen wir:

Juni

Ein kleines Kind fiel in einem unbeobachteten Moment in einen großen Wasserbehälter und er-trank. Die verzweifelte Mutter lief voller Vertrauen zum heiligen Antonius und versprach so viel Getreide für die Armen, wie viele Kilogramm das Kind auf die Waage brachte ... Viele Eltern ver-sprachen dem heiligen Antonius in Folge so viel Brot für die Armen, wie viel ihre Kinder wogen, wenn er sie vor Epidemien und Krankheiten verschont hätte. Dieser Brauch ging im Mittelalter allerdings verloren. Erst im 19. Jahrhundert rief ihn der Priester Antonio Locatelli wieder ins Leben; seither hat er sich in aller Welt verbreitet und neben jeder Antoniusstatue finden wir nun auch Opferkästen für das Armenbrot. (SENDBOTE)

Das „Antoniusbrot" ist ein Instrument der Nächstenliebe, um den Notdürftigen unter die Arme zu greifen ... Unsere ‚Freunde' sind Einwanderer auf der Suche nach Arbeit und einem Zuhause, Drogenabhängige, Geschiedene, ehemalige Gefangene, Alkoholiker, Menschen, die der weiblichen und männlichen Prostitution verfallen sind, psychisch Kranke, Homosexuelle, Problem-familien, Jugendliche, die von Zuhause ausgerissen sind, Pensionisten, die mit ihrer Mindestrente kein würdiges Leben führen können. (SENDBOTE)

Der Verein „Antoniusbrot" in Monschau (Kreis Aachen) beispielsweise sorgt dafür, dass alle Kinder in den Ganztagsgrundschulen am gemeinsamen Mittagessen teilneh-men können. Auch unterstützt der Verein Kinder in den Kindergärten Monschau und Kalterherberg. Die Grundidee des Vereins ist es, Brot an bedürftige Familien zu verteilen. Dies geschieht über die Ausgabe von Brotmarken ... Dabei bekommt jede hilfsbedürftige Person jede Woche ein halbes Brot. Seit der Vereinsgründung im Jahr 2003 hat der Verein über 7 000 Brote verteilt. (VEREIN ANTONIUSBROT)

QUELLENNACHWEIS

RHEINISCHES WÖRTERBUCH; SENDBOTE DES HEILIGEN ANTONIUS [www.sendbote.com]; SIEMES: Durch das Jahr; Berliner Morgenpost vom 10. Februar 2008; VEREIN ANTONIUSBROT [www.an-online.de]

Johannes der Täufer

24. Juni

(29. August: Gedenktag der Enthauptung)
Prophet, Täufer Jesu, Märtyrer
* 24. Juni 1 v. Chr. (?) bei Jerusalem
† um 30 in Jerusalem
Darstellung: im Fellgewand bei Predigten, bei der Taufe Jesu
Attribute: Spruchband *Ecce Agnus Dei*, Lamm, Kreuzstab
Patron der Schneider, Gerber, Winzer, Zimmerleute, Kinoinhaber; der Lämmer, Schafe und Haustiere – angerufen gegen Kopfschmerzen, Schwindel, Angstzustände, Fallsucht, Epilepsie

1 Vita

Das Fest der Geburt Johannes des Täufers wurde im kirchlichen Festkalender mit Bedacht auf den 24. Juni gelegt. Der Evangelist Lukas berichtet nämlich, Elisabeth, die Base Marias und Mutter des Johannes, sei bereits im sechsten Monat schwanger gewesen, als der Engel Gabriel Maria verkündet habe, sie werde von Gott ein Kind empfangen (Lukasevangelium 2,1 f.) – ein Geschehen, dessen die Kirche mit dem Fest der Verkündigung des Herrn (25.3.) gedenkt.

Johannes der Täufer, Sohn des jüdischen Priesters Zacharias und der Elisabeth, gilt als Vorläufer und Wegbereiter Jesu. Er lebte in der Wüste, predigte im Lande und taufte Jesus im Jordan. Der Tetrarch Herodes, den Johannes wegen seiner unerlaubten zweiten Heirat herb getadelt hatte, ließ ihn ins Gefängnis werfen, traute sich aber nicht, ihn zu töten.

Auf einem Geburtstagsbankett, das zu seinen Ehren abgehalten wurde, wollte er Salome, der Tochter seiner zweiten Frau Herodias, als Dank für einen schön vorgetragenen Tanz, einen Wunsch erfüllen. Das Mädchen, angestachelt von ihrer Mutter, wünschte sich jedoch das Haupt des Johannes auf einer Schale. Da gab Herodes Antipas den Befehl zur Enthauptung des Täufers. Salome jedoch übergab später die Schale mit dem Haupt an ihre Mutter. (Heiligenkalender)

2 Johannisfeuer

Der Johannistag fällt auf die Sommersonnenwende, nach der die Tage wieder kürzer werden. Von dieser Zäsur im Naturjahr leiten sich die Johannisfeuer oder Sonnwendfeuer ab, aber auch Bauernregeln für die Pflanz- und Erntezeit.

Die Johannisfeuer am Abend des 24. Juni sind wohl in der Lichtsymbolik begründet, die das Evangelium mit Johannes verbindet: *Er war nicht selbst das Licht, er sollte nur Zeugnis ablegen für das Licht.* (Johannesevangelium 1, 6–9).

Johannis- oder Sonnwendfeuer sind heute im Rheinland selten geworden. Um 1900 sind Johannisfeuer im Vorderhunsrück, in der Pfalz und an der Nahe bezeugt, aber auch am unteren Niederrhein. Der Tanz – insbesondere der Unverheirateten – begleitete die Johannisfeuer im Rheinland. Segen sollte der Sprung über das Feuer bringen: Wenn ein Paar sich dabei nicht losließ, deutete man dies als gutes Zeichen einer bald bevorstehenden Hochzeit. In die erlöschende Glut des Feuers warfen die jungen Frauen den zum Festkleid getragenen Blumenstrauß. Wenn das Feuer fast niedergebrannt war, betete man in manchen Gegenden den *Engel des Herrn.* Die Asche wurde als Segen auf die Felder gebracht.

Im alten Kreis Wittlich (1853) *eilten die Burschen und Knaben ohne Teilnahme der älteren Leute am Vorabend des Johannestages auf die Berge; sie trugen Pech- und Kienfackeln und ein mit Stroh umwundenes Rad; diese wurden auf der Höhe angezündet, und das Rad wurde unter Jubel den Berg hinabgerollt; die Burschen aber eilten mit den brennenden Fackeln ihm nach ins Tal, und man hielt es für eine glückliche Vorbedeutung für den, dessen Fackel dabei nicht erlosch.* In Speicher (Kreis Bitburg-Prüm) wurde 1856 *vor dem Orte ein Feuer angezündet, und alle Burschen mussten über dieses springen; denen der Sprung nicht gelang, durften nicht mitgehen, Eier zu heischen.* (RHEINISCHES WÖRTERBUCH)

Das RHEINISCHE WÖRTERBUCH überliefert auch ein Heischelied am Johannestag aus Birkenfeld:

1. *Heut haben wir Johannisnacht; grün ist die Linde; da wandern wir die ganze Nacht; Junge, grüss den Wirt im Tal, Euer Hausgesinde.*

2. *Wir fordern Käs, ein halbes Brot; das tut uns jungen Burschen gut.*

3. *Es tut uns zwar so nötig nicht; wir fordern unsere Jahrespflicht.*

4. *Dort droben auf der Leie, da steht ein Korb voll Eier.*

5. *Ei, sein sie denn so grosse? So wollen mir drum lose.*

6. *Ei, sein sie denn so kleine? So gebt mir zwei für eine.*

7. *Ei, sein sie denn so süsse? So gebt uns eure Ziege.*

8. *Ei, sein sie denn zerbrochen? So gebt uns eure Tochter.*

9. *Das Kindlein in der Wiege, der liebe Gott soll's wiege.*

10. *Ach, Fräulein, tummel dich balde, der Tag ist schon vor'm Walde.*

11. *Ach, Fräulein, tu dich ringen; wir müssen noch nach Bingen.*

12. *Wir müssen noch nach B. hinein; morgen müssen wir im Wirtshaus sein.*

13. *Dort droben ist der First, da hängt ein Stang voll Würst.*

14. *Ach, lasst uns nicht so lange stehn, wir müssen noch ins Wirtshaus gehn.*

15. *Det Hinkel uf dem Seddel, det schläh en Donnerwedder.*

16. *Die Frau, die hat sich bald bedacht, hat uns die Eier im Hemd gebracht.*

17. *Wir danken auch für Euer Gab, die wir von Euch empfangen hab.*

18. *Jetzt legt Euch wieder schlafen; wir ziehen unsere Strassen.*

Johannes der Täufer

In Niedermendig (Kreis Mayen-Koblenz) marschierten *die Junggesellen durch die Strassen des Ortes; an jedem Platz halten sie, bilden einen Kreis, in dem einer das Fähndel schwenkt. In Sankt Wendel ziehen die jungen Leute mit dem Pastor auf den Wasen mit Musik, um da zu tanzen; sie führen dabei eine grosse aus Teig gebackene Popp mit; die Mädchen tanzen mit der Popp herum, die dann später zur allgemeinen Freude zerteilt und gegessen wird.* (RHEINISCHES WÖRTERBUCH)

Nach dem Ersten Weltkrieg setzte eine Neu- und Wiederbelebung des im späten 19. Jahrhundert zurückgegangenen Brauchs ein. Neben der Heimatbewegung veranstalteten Wandervögel, Naturfreunde, Freireligiöse und nationale Gruppierungen Johannisfeuer. Vor allem nach 1933 kam es zu einer raschen und weiträumigen Verbreitung, als nationalsozialistischer Staat und Partei die Einführung der Sonnwendfeuer am Johannistag mit Nachdruck betrieben. Die Vereinnahmung durch den Nationalsozialismus wurde planmäßig durchgeführt. Der Tag der Sonnenwende wurde zum *Tag der Jugend* erklärt; bis 1945 waren die Sonnenwendfeiern fester Bestandteil des sogenannten *Nationalsozialistischen Feierjahrs*. Mit dem Ende des Nationalsozialismus verschwanden diese Johannisfeuer wieder. Zu Beginn des 21. Jahrhunderts finden sich manche *neuheidnische* Sonnwendfeiern.

3 JOHANNISKRÄNZLEIN

Zum Johannistag gehörten früher Johanniskränze aus sieben oder neun verschiedenen Kräutern und Pflanzen, wie Bärlapp, Beifuß, Eichenlaub, Farnkraut, Johanniskraut, Klatschmohn, Kornblumen, Lilien, Rittersporn und Rosen. Vor St. Johannis haben bis in die 1950er Jahre die Mädchen in der Sürst hinter Rheinbach (Rhein-Sieg-Kreis) die blühenden Margeriten gepflückt und sie zu Blumenkränzen gewunden. Die Blumen wurden um einen Drahtreif gebunden, um sie besser werfen zu können.

In Rengen (Kreis Daun) wurde am Johannestage *vom Küster eine Stunde lang nachmittags geläutet; beim Beginn des Läutens liefen die Kinder in die Wiesen und flochten Kränze aus Blumen, die sie dann*

Statue des heiligen Johannes mit Lamm. Pfarrkirche St. Brigida, Blumenthal.

Juni

*auf die Dächer warfen; in Speicher 1856 ,warf man solche Kränze auf die Dächer und hing solche
an den Türen auf '; in Prüm 1856 wurden ,Kränze an den Ecken der Strassen angebracht; die Kinder tanzten unter denselben und sprachen die Vorbeikommenden um Geld an'.* (RHEINISCHES
WÖRTERBUCH)

Im Klever Land wurde *der Sent Jannstack, ein mit Jannskrütt (sedum telephium) bekränzter
Nussbaumzweig, über der Türe mit einem Segensspruch aufgehängt zum Andenken an die Legende,
dass Johannes bei seiner Gefangenschaft in ein Haus gebracht und über dessen Tür ein Nussbaumzweig angebracht worden sei, damit die Häscher das Haus wiedererkännten; am folgenden Morgen
aber hätten über allen Türen diese Zweige gehangen, und auf diese Weise sei Johannes gerettet
worden.* (SIEMES)

4   JOHANNESKORN, –WASSER, –SCHÜSSEL, –SCHNÜRE

In Anrath (Kreis Viersen) wurde *bei der Jehänneskeskermes (auch zent Jehannskermes)
die Johannestracht gefeiert, eine kirchliche Prozession, bei der das Bild des Heiligen getragen wird.*
Die Johannesoktav begann mit dem Patronatsfest am 29. August (Johannes' Enthauptung). Helena SIEMES schildert die Bräuche:

*Schon um 1509 war es in Willich-Anrath Brauch, daß die Pilger, insbesondere die Bauern, ein
Säckchen mit Korn am Johannesaltar opferten. Vor diesem stand die sogenannte ,Johanneskist',
in die die Gläubigen das mitgebrachte Getreide legten, dessen Erlös in der Regel für die Instandhaltung der Kirche oder Ähnliches verwendet wurde. Das Korn und ebenfalls Wasser wurden im Gottesdienst gesegnet. Die Pilger nahmen von dem geweihten Korn etwas mit, das sie am Michaelstag
(29. September) zu Hause in Kreuzform auf das Feld streuten. Das geweihte Wasser gegen Kopfschmerzen, das ,Kopingswaater', wurde von den Pilgern aus 1 m hohen Bottichen (1,5 m Durchmesser) in Flaschen abgefüllt und mit nach Hause genommen. Während der Sonntagsmessen
wird an den beiden Johannesfesttagen (24.6., 29.8.) die silberne Johannesschüssel zur Verehrung ausgestellt.*

Über die Verehrung des Heiligen in der Siechenhauskapelle der Pfarrei Rövenich
(Kreis Euskirchen) teilt Paul HEUSGEN mit:

*Früher wurde das aus Eichenholz geschnitzte Haupt des Heiligen auf einem Tischchen vor der
Kapelle aufgestellt. Kranke, besonders an Kopfschmerzen Leidende, ließen sich Wachsschnüre, die
in vielen Krambuden vor der Kapelle feilgeboten wurden, um den Kopf legen, je nach dem Grade
des Leidens ein- bis dreimal. Vor 1800 wurde das St. Johannes-Fest in der Pfarre Rövenich als gebotener Feiertag gehalten.*

5   HELFER BEI DER PARTNERWAHL

Johannes der Täufer wurde von jungen Mädchen gerne als Helfer bei der Partnerwahl angerufen. Aus Amern (Kreis Viersen) ist der Spruch überliefert: *Heiliger
Johannes, / hilf mir, dass ich einen guten Mann bekomme: / Nicht zu jung und nicht zu alt / und
auch keinen mit einem roten Bart.* (SIEMES)

Johannes der Täufer

In der Umgegend von Wuppertal-Elberfeld *pflanzten junge Leute, wenn sie um das Liebesverhältnis anderer wussten, am Johannestage zwei Exemplare von sedum telephium oder zwei braune Kohlstauden in eine alte Mauer oder Böschung und benannten diese mit den Namen der Liebenden; derjenige nun, dessen Pflanze sich beim weiteren Wachstum von der anderen abneigte, löste das Verhältnis; wuchsen beide Pflanzen aufeinander zu, so wurde ein Paar aus den Liebenden.* (RHEINISCHES WÖRTERBUCH)

6   BAUERNREGELN

Der Johannistag gilt bis heute als wichtiger Termin im bäuerlich-ländlichen Arbeitsjahr, Beispiele aus dem RHEINISCHEN WÖRTERBUCH:

Sent Joon fängt dän Hoibärm aan. – An St. Johannes fängt der Heuhaufen an. (Breyell, Kreis Viersen)

Michels Damp es besser wie Jehanns Moll – wenn am Michaelstag der Dampf die angezündeten Schiffelhaufen durchzieht, ist das besser, als wenn die Haufen zu Johannestag rasch zu Staub verbrennen. (Saarburg, Kreis Trier-Saarburg)

De Johannes döf (tauft) met Wasser – Es regnet gern an diesem Tage. (Bergisch Gladbach)

Wäscht sent Jann den Hahn de Pöt (Pfoten), gef et seker schlechte Nöt (Nüsse). (Rheinberg, Kreis Wesel)

Wenn de Drauwen Jehannsdag hänken, da ka mer Märtesdag de Gläser schwenken. (Dhron, Kreis Bernkastel-Wittlich)

QUELLENNACHWEIS

HEILIGENKALENDER; HEUSGEN: Dekanat Zülpich; RHEINISCHES WÖRTERBUCH; SIEMES: Durch das Jahr

Juni

„SIEBENSCHLÄFER"

27. Juni

MÄRTYRER (?)
3. JAHRHUNDERT IN EPHESUS (?)
DARSTELLUNG: ALS JÜNGLINGE, SCHLAFEND VOR ODER IN EINER HÖHLE; ALS HIRTEN
ATTRIBUTE: STAB MIT HIRTENTASCHE, INSCHRIFTLICH BEIGEFÜGTE NAMEN — ANGERUFEN
UM GESUNDEN SCHLAF, BEI FIEBER

1   TERMIN UND URSPRUNG

Den früher am 27. Juni begangenen Siebenschläfertag findet man heute in keinem Kalender mehr. Die Vermutung, die Bezeichnung leite sich von dem gleichnamigen Nagetier mit hohem (Winter-)Schlafbedürfnis ab, trifft nicht zu: Der Siebenschläfertag bezieht sich auf die ehemals als Heilige verehrten Siebenschläfer, nicht auf das Tier.

2   DIE HEILIGEN SIEBENSCHLÄFER

Die Siebenschläfer sind durch eine von Gregor von Tours (538–594) erstmals ins Lateinische übersetzte Legende bekannt: In Ephesus hatten sich 251 sieben junge Christen (mit den griechischen Namen Achillides, Diomedes, Eugenios, Kyriakos, Probatos, Sabbatios und Stephanos) während der Christenverfolgung unter Kaiser Decius (249–251) in einer Berghöhle versteckt. Von ihren Häschern entdeckt und eingemauert, schliefen sie dort 195 Jahre. Am 27. Juni 446 sollen sie aufgewacht sein, um den Glauben an die Auferstehung der Toten zu bezeugen. Wenig später starben sie, so die Legende, die auch Eingang in den Koran fand (18. Sure).

Der Kult der Siebenschläfer setzte sich im Rheinland im 13. und 14. Jahrhundert durch und war in der Barockzeit sehr populär. Die älteste nachgewiesene rheinische Darstellung der Siebenschläfer findet sich im Kapitelsaal der Abtei Brauweiler bei Köln. Sie zeigt eine Landschaft mit drei Höhlen und der Inschrift *septem dormientes*. Die Deckenmalerei entstand zwischen 1149 und 1174.

Eine Buchmalerei des 13. Jahrhunderts aus der Zisterzienserabtei Altenberg (Rheinisch-Bergischer Kreis) zeigt eine farbige Abbildung der Siebenschläfer. Den Siebenschläfertag am 27. Juni feierte man vor allem in Köln, Düsseldorf und Essen im 14. Jahrhundert kirchlich.

Ab 1600 verbreitete sich der Kult auch im Bistum Trier (West-/Südwesteifel). Ein beliebter Wallfahrtsort für die Verehrung der Siebenschläfer war lange Zeit die Kirche

Darstellung der Siebenschläfer im Kapitelsaal der
Abtei Brauweiler. Wandmalerei, 12. Jahrhundert.

St. Luzia in Möhn (Kreis Trier-Saarburg). Ein Altarrelief stellt die Siebenschläfer dar.
Michelle REUSCH schreibt dazu:

Die hier mit lateinischen Namen bezeichneten Siebenschläfer *sind in schlafender Stellung in einer von Gebüsch umwucherten Grotte geschickt untergebracht; eine berankte Muschelni-
sche dient als oberer Abschluß. Die Namen sind, bis auf geringfügige Abweichungen, dieselben wie
bei Gregor von Tours (Liber in gloria martyrum – Kap. 94) und bei Jacobus de Voragine: Marcia-
nus ist in der Legenda aurea statt Martinianus und Joannes in Möhn statt Johannes.*

Es ist kaum möglich, etwas über die Anfänge der Verehrung in Möhn in Erfahrung
zu bringen. Im 18. Jahrhundert jedenfalls war die Wallfahrt bedeutend, Pilger kamen
aus weiter Ferne, um die heiligen Siebenschläfer um gesunden Schlaf zu bitten und
Korn als Opfer darzubringen. Der Jahrestag der Heiligen wurde hier spätestens um
1930 nicht mehr festlich begangen.

Michelle REUSCH zitiert auch eine Notiz von Matthias Zender über den Sieben-
schläferkult auf dem Kalvarienberg in Prüm:

*In der Gruft eine Grablegung Christi mit sieben Personen, die ‚Siebenschläfer‘ genannt wird.
Der Hinweis in den ‚Kunstdenkmälern des Kreises Prüm‘, daß eine Leidensfigur Christi ‚Siebenschläfer‘ heißt, ist ein Irrtum. Die Grablegungsgruppe wird so genannt. Gelegentliche Wallfahrten*

Juni

um 1930 noch fast aus dem ganzen Gebiet des Kreises Prüm. Am Mittfastensonntag (Sonntag Laetare), der in Prüm „Plätzchensonntag" heißt (Plätzchen = kleines Kuchengebäck, von lat. placenta = Kuchen), legt man beim Besuch der Gruft heimlich Wecken (Brötchen) in den Schoß der Steinfiguren, wenn man mit den Kindern hingeht. Diese Wecken finden die Kinder dann im Schoß der Figuren, und sie glauben, die Brötchen stammten von den Siebenschläfern. So um 1930. Die Wecken sind Brötchen von 5–10 cm Durchmesser.

Zur Wegkapelle der Siebenschläfer bei der Fließemer Mühle geht man zu den Siebenschläfern beten. Gemeint ist die Kapelle Wachenforth bei Fließem (Kreis Bitburg-Prüm). Die Pilger suchten Heilung von Fieberkrankheiten:

Wie oft schrieb das Volk die Fieber den Dämonen zu, vor allem den ‚Sieben Schwestern', die beschworen wurden. Die Leidenden suchten Schutz ‚bei den Heiligen und besonders bei jenen, die als Fieberpatrone galten. Hierzu gehören die Siebenschläfer, die im Schoß der Erde 300 Jahre lang wie ein Kind im Mutterschoße geschlummert haben und darum geneigt sind, den zitternden Fieberkranken Ruhe zu vermitteln.' (REUSCH)

3   BAUERNREGELN

Gegenwärtig ist der Siebenschläfertag am 27. Juni nur noch durch seine Wetterregeln bekannt:

Ist Siebenschläfertag ein Regentag, regnet's noch sieben Wochen nach.

Regnet's am Siebenschläfertag, es sieben Wochen regnen mag.

Ist der Siebenschläfer nass, regnet's ohne Unterlass.

Wie das Wetter an (um) Siebenschläfer sich verhält, ist es sieben Wochen lang bestellt.

(DÖRING)

Die Siebenschläferregeln sind die vielleicht bekanntesten Wetterregeln, die eine mehrwöchige bis mehrmonatige Witterungsvorhersage erlauben. Eine wissenschaftliche Untersuchung kommt zu dem Ergebnis: Im Kalender ist der Siebenschläfertag am 27. Juni vermerkt. Bei der Gregorianischen Kalenderreform 1582 wurden Kalender und Sonnenstand in Übereinstimmung gebracht, indem auf den 4. Oktober nicht der 5., sondern der 15. Oktober folgte. Meteorologisch gesehen müssen folglich auch die älteren, mit dem Siebenschläfertag verbundenen Lostagregeln verschoben werden — also vom 24. Juni auf den 7. Juli. In der Tat bestimmt die Zeit um den 5. Juli den Charakter des mitteleuropäischen Hochsommers.

QUELLENNACHWEIS

DÖRING: Rheinische Bräuche; REUSCH: Kult der Siebenschläfer

PETER UND PAUL (PETRUS UND PAULUS)

29. Juni

(SIMON) PETRUS
APOSTEL, MÄRTYRER
* UM CHRISTI GEBURT IN GALILÄA
† UM DAS JAHR 64 IN ROM
DARSTELLUNG: ALS APOSTEL, PAPST
ATTRIBUTE: SCHLÜSSEL, SCHIFF, BUCH, HAHN, UMGEDREHTES KREUZ
PATRON VON ROM; DER PÄPSTE UND BRÜCKENBAUER; DER BÜSSENDEN, BEICHTENDEN;
DER SCHREINER, SCHLOSSER, TÖPFER, NETZWEBER, FISCHER, FISCHHÄNDLER, SCHIFFER —
ANGERUFEN GEGEN BESESSENHEIT, FALLSUCHT, TOLLWUT, FIEBER; UM GUTES WETTER
(PETRUS MACHT DAS WETTER)

PAULUS (VON TARSUS)
VÖLKERAPOSTEL, MÄRTYRER
* UM 7/10 IN TARSUS (HEUTIGE TÜRKEI) — DIE KATHOLISCHE KIRCHE BEGING 2008 BIS
2009 DIE FEIER ZU SEINEM VERMUTETEN 2000. GEBURTSTAG (PAULUSJAHR)
† UM 64/67 IN ROM
DARSTELLUNG: ALS BÄRTIGER MANN
ATTRIBUTE: BUCH, SCHWERT
PATRON VON ROM; DER THEOLOGEN UND SEELSORGER; DER KATHOLISCHEN PRESSE —
ANGERUFEN FÜR REGEN UND FRUCHTBARKEIT DER FELDER; GEGEN OHRENLEIDEN,
KRÄMPFE, SCHLANGENBISS, BLITZ UND HAGEL

1   VITEN

Simon Petrus war einer der ersten Jünger Jesu, der erste männliche Augenzeuge des Auferstandenen und Sprecher der Apostel. Er wurde als Märtyrer im römischen Circus des Kaisers Nero hingerichtet. Sein Grab befindet sich im Petersdom zu Rom.

Paulus von Tarsus gilt als der große Missionar des Urchristentums. Als griechisch gebildeter Jude und gesetzestreuer Pharisäer verfolgte er zunächst die Anhänger Jesu. Doch seit seinem Damaskuserlebnis (Bekehrung zum Christentum) verstand er sich als Apostel des Evangeliums. Als solcher bereiste er den östlichen Mittelmeerraum und gründete christliche Gemeinden. Der altkirchlichen Tradition zufolge starb er in Rom den Märtyrertod durch Enthauptung. Seine Gebeine wurden unterhalb der heu-

Statue des Apostels Paulus
vor dem Petersdom, Rom.

tigen Kirche S. Sebastiano ad catacumbas bestattet und Ende des 4. Jahrhunderts in eine Grabstätte der römischen Basilika S. Paolo fuori le Mura übertragen.

2   PETRI KETTENFEIER

Das Fest *Petri Kettenfeier* am 1. August erinnert an den Jahrestag der Weihe der römischen Basilika S. Pietro in Vincoli, in der die Ketten aufbewahrt sind, die Petrus während seiner Kerkerhaft getragen haben soll. Feiern am *Petri-Vinkels-Tag* sind in Köln seit Mitte des 16. Jahrhunderts überliefert. Man beging den Tag mit gegenseitigen Besuchen von Familie, Nachbarn und Freunden. Im Mittelpunkt des Festes stand das Anzünden eines Feuers. Aufgrund von Verboten des Kölner Rates finden die Feuer zum Ende des 16. Jahrhunderts kaum mehr statt; die Jugendlichen veranstalten nur noch ein geselliges Tanzen und Feiern. Feiern am Petri-Vinkels-Tag sind in Köln bis ins 18. Jahrhundert bezeugt, während sie Ende des 16. Jahrhunderts in Bonn, Neuss *und uff vil orter* schon weitgehend ausgestorben waren.

3   BAUERNREGELN ZU VERSCHIEDENEN GEDENKTAGEN VON PETER UND PAUL

Aus dem RHEINISCHEN WÖRTERBUCH:

Pauli Bekehrung (25.1.)

Wei Pauli Bekihrong nöts (nachts) *de Loft gäht, soü gäht se't ganz Johr.* (Merzig, Kreis Merzig-Wadern)

Pauls (Pals) Tröpsnös (träufende Nase), langen Flöss (Flachs) wenn es dann regnet. (Trier)

Hinrichtungstag (29.7.)

Sankt Paulus klor brengt e got Johr. Meist *op Peter on Paul. Petrus wor kän Schwimmer, on Paulus kän Klimmer.* (Mosel)

Petri Stuhlfeier, *Petri, Petter (om) Stohl* (22.2.)

Öm sent Peter let den Eckster (Elster) den örste Balk van et Nest. (Schravelen, Kreis Kleve)

Knecht on Maid modden (an dem Tage) opstohn, wenn sej de Klomp (Holzschuh) för't Bett siehn stohn. (Rees, Kreis Kleve)

Peter und Paul (29.6.)

Z. Peter kneck(t), de Röggenwortel breckt. (Geldern, Kreis Kleve; Viersen)

Sankt Pitter bestellt de Schnitter. (Leutesdorf, Kreis Neuwied)

Meist in Verbindung mit Paul:

Pitter un Paul sitten op einem Stouhl (Stuhl) – bewirken dasselbe. (Essen)

Pitter on Paul klor get en got Johr. (Rheinbach, Rhein-Sieg-Kreis)

Petrus war kän Klemmer, Paulus kän Schwemmer – deshalb pflegte man in Pommern (Kreis Cochem-Zell) am 29. VI. nicht Kirschen zu pflücken und nicht im freien Wasser zu baden.

QUELLENNACHWEIS

RHEINISCHES WÖRTERBUCH; PAULUSJAHR [www.paulusjahr.info]

Heiliger Petrus.
Andachtsbild um 1700,
kolorierter Kupferstich.

Donatus von Münstereifel

30. Juni

Katakombenheiliger
* im 1./2./3. Jahrhundert (?) in Rom
Darstellung: als römischer Soldat
Attribute: Palme, Messer
Patron des Wetters – angerufen gegen Unwetter, Blitzschlag, Hagel, Feuersbrunst und andere Bedrohungen aus der Luft

1   Vita

Reliquien eines Unbekannten wurden 1646 in einer Katakombe (→ Heilige Helfer) nahe Rom gefunden. Auf dem Grab wurden sie als *vom heiligen Märtyrer Donatus* beschrieben. Der Legende nach wurde Donatus gegen Ende des 2. Jahrhunderts in Rom geboren. Er sollte die Enkelin des Kaisers heiraten, was er auf Grund eines Gelübdes verweigerte. Er wurde zum Tode verurteilt und hingerichtet. Die Reliquien kamen 1652 als Schenkung an das Jesuitenkolleg von Münstereifel.

2   Wetterpatron

In Euskirchen entstand 1784 die heutige Donatuskirmes, benannt nach dem Schutzpatron der St.-Martins-Kirche, dem heiligen Donatus. Gebeine des römischen Märtyrers waren auf dem Weg von Rom nach Münstereifel 1652 in der St.-Martins-Kirche in Euskirchen zur Verehrung aufgebahrt. Als am Morgen des 30. Juni die Reliquien in feierlicher Prozession nach Münstereifel übertragen werden sollten, brach ein Gewitter los. Die Begebenheit ist in den Tagebüchern der Jesuiten von Münstereifel aufgeschrieben worden, hier in der Übersetzung von Hans Feldmann wiedergegeben:

Um die Gemeinde einzustimmen, hielt der Pater am frühen Morgen am Altar der Heiligen Jungfrau in der Kirche zu Euskirchen eine Andacht über den heiligen Donatus … Als er sich am Ende der Messfeier umwandte, um die Gemeinde mit dem feierlichen Segen zu entlassen, wurde er von einem schweren Blitzschlag, wie von einer Kugel, die mit höchster Kraft aus einem Kriegsgeschütz geschleudert wurde, getroffen und halb tot zu Boden niedergestreckt … [Der Blitz] durchlöcherte das Messgewand, er durchdrang sogar die Sutane und die Unterkleidung, mit denen der Priester bekleidet war, er verwundete außerdem seine Brust schwer mit einer blutenden Wunde, indem er das Zwerchfell wie ein Gürtel umgab; schließlich hinterließ er zwei Löcher im Gewand am Rücken, fünf bei den Füßen und brach [dann] in gerader Linie durch den Knöchel selbst bis zur unteren Sohle des linken Fußes durch … [Aber] als er wiederholt seine Hohe Hilfe anrief, Heiliger

Donatus bitte für mich, … begann er allmählich aufzuatmen von der Glut, die zusammen mit übelriechendem und beinahe unerträglichem Gestank aus seiner Brust und seiner Kleidung aufstieg. Es blieb eine Wunde an den Füßen zurück … Dieses Leiden behielt er eine Stunde lang, bis nach wiederholter und häufiger Anrufung des Heiligen Donatus und der Annahme seiner Wünsche durch Jenen sich endlich die Fußsohlen festigten.

Am 12. März 1872 schlug der Blitz erneut in die St.-Martins-Kirche ein; der brennende Turmhelm stürzte auf die benachbarten Häuser und löste einen Stadtbrand aus. Die Euskirchener besannen sich auf das *Donatuswunder* im Jahre 1652 und baten um Partikel von den Gebeinen des Heiligen, weil man sich davon Schutz versprach. Im Jahr 1783 erhielt Pastor Carman die gewünschten Reliquienpartikel, die heute in der St.-Martins-Kirche aufbewahrt werden. Mit dem kirchlichen Donatusfest entwickelte sich auch die Euskirchener Donatus-Maikirmes. Bis in die 1950er Jahre war die Kirmeseröffnung immer mit der Donatusprozession am Sonntagmorgen verbunden.

Seit einem Hagelschlag, der ihre Felder getroffen hatte, nahm die Gemeinde Harperscheid (Kreis Euskirchen) ihre Zuflucht zum heiligen Donatus. Bis 1855 hat man des Heiligen in einer alljährlich stattfindenden Prozession nach Schöneseiffen gedacht. Sie dauerte – so eine Nachricht des Jahres 1829 – ungefähr eine Stunde, wobei an vier Stellen der sakramentale Segen erteilt wurde, *um auf die Fürbitte des hl. Donatus künftig von allem Hagelschlag befreit zu werden.* (HANF) Seit mehr als 100 Jahren erweist alljährlich am zweiten Sonntag im Juli dem heiligen Donatus von Harperscheid eine stattliche Pilgerschar aus Rohren die Ehre.

Der heilige Donatus wurde auch in Udenbreth (Kreis Euskirchen) angerufen. Aus dem Jahr 1932 stammt ein Bericht, dass sonntags der *Donatus-Rosenkranz* gebetet und bei Gewitter die *Donatus-Glocke* geläutet wurde: *Auf Beschwerde der Nachbarorte hin durfte später die Donatus-Glocke nicht mehr geläutet werden, weil diese behaupteten, dadurch würden die Gewitter zu ihnen gedrängt.* (HANF)

Der Schutz des Heiligen erstreckte sich auch auf andere Bedrohungen aus der Luft: *Dazu konnten viele verschiedene Ereignisse gehören, etwa auch Meteoriteneinschläge. Im Zweiten Weltkrieg kam in Belgien und den Niederlanden auch der Schutz gegen Bombardierungen und sogar gegen den Beschuss mit den V1- und V2-Waffen hinzu.* (FELDMANN)

Das Donatusfest in Roden (Kreis Saarlouis) wird auf diese Weise gefeiert: Nach dem Hochamt zieht die Prozession mit der Figur des Heiligen durch den Ort, der Pfarrer trägt ein Donatusreliquiar. Das Lied während der Prozession ist einem Luxemburger Donatusbüchlein von 1767 entnommen. Von den ursprünglich 18 Strophen haben sich zehn erhalten:

Blutzeuge Christi, starker Held, / du mächt'ger Schirmherr für die Welt! / Streck aus, Donatus, deine Hand, / Beschütze unser Volk und Land! / Bei großer Kält und Sonnenglut / nimm gnädig uns in deine Hut! / Wenn Ungewitter uns bedroht, / bewahre uns vor aller Not! / Bei Donner, Blitz und Hagelschlag / behüte uns vor Ungemach! / Ruf Gottes Huld auf unser Haus, / treib alles Unheil da hinaus! / Andächtig flehen wir zu dir, / nimm uns in deinen Schutz allhier! / Erbitt uns Gnad bei Gott dem Herrn, / Versuchung halte von uns fern! / Beschütz uns auf

Juni

des Lebens Pfad, / Beschütz uns, wenn der Tod uns naht! / Erwirke, daß von Sünden rein / wir all einst gehn zum Himmel ein! (OBERHAUSER)

Der Rodener Donatuszettel diente als Amulett, das seine Wirkkraft durch das *Berühren* mit einer Donatus-Reliquie erhielt:

Man traget sie bey sich / man klebet sie an die Häuseren / Scheuren / Ställen / Kornboden etc. Man hinterleget sie in Gärten / Auen, Bäumen / und anderen Feldgütem etc. und sihe / eben so viele starcke Donner- und Wetterschild / eben so viele mächtige Schutzgewähr gegen alle Gewaltsamkeit des Hagel- und Blitzenden Himmels hat man zu seinem Schutz. (OBERHAUSER)

Der Donatuszettel zeigt den Heiligen mit der Siegespalme der Märtyrer und erhobenem Schwert, schützend vor Dorf und Stadt. Die Inschrift lautet: *s. MARTYR DONATE. / Bitt für uns damit wir befreyet werden von Blitz, Donner, und allem Ungewitter. / Hat angerühret die H. Reliquien in der Pfarrkirch zu Roden bey Saarlouis.* Die Donatuszettel wurden in der Kirche verteilt. (OBERHAUSER)

QUELLENNACHWEIS

FELDMANN: Der heilige Donatus; HANF: Heilige; OBERHAUSER: Wallfahrten

Donatus-Wetter-
kreuz bei Waldorf.

Donatus von Münstereifel

Heiliger Thomas mit
Lanze. Andachtsbild
19. Jahrhundert,
Spitzenbild mit
Miniatur in Deck-
farbenmalerei.

S. Thomas

JULI

THOMAS

3. Juli (bis 1969: 21. Dezember)

APOSTEL, MÄRTYRER
* IN GALILÄA
† 72 IN MADRAS (INDIEN)
DARSTELLUNG: ALS JUGENDLICHER MANN
ATTRIBUTE: BUCH, SCHWERT, LANZE, WINKELMASS
PATRON DER ARCHITEKTEN, GEOMETER, ZIMMERLEUTE, MAURER — ANGERUFEN BEI
RÜCKENSCHMERZEN; FÜR EINE GUTE HEIRAT

1   VITA

Thomas war Fischer bis zu seiner Berufung als Apostel. Er wurde als *ungläubiger Thomas* berühmt durch seine Zweifel an der Auferstehung Jesu (Johannesevangelium 20,24–29). Der Legende nach verkündete Thomas das Evangelium in Persien und in Indien. In Madras soll er durch Schwert oder Lanze den Tod als Märtyrer erlitten haben.

Noch heute steht am Thomasberg bei Madras eine Kirche zum Gedenken an den Apostel. In ihr wird das Thomaskreuz aufbewahrt, dessen Inschrift die Geschichte von den Missionsreisen und dem Tod des Heiligen erzählt. Die meisten Thomasreliquien gelangten im Mittelalter nach Edessa (heute: Urfa, Türkei).

2   *FAULER THOMAS*

Es gab besondere Tage, an denen diejenigen mit Neckereien bedacht wurden, die zuletzt aufstehen oder zuletzt zur Schule und Arbeit kommen. Solche Termine waren u.a. das Pfingstfest und der Thomastag. So kannte man um 1920 vielzählige Redensarten und Neckereien, wie das RHEINISCHE WÖRTERBUCH ausweist:

Der ös möt dem Thomas verwandt — einer, der in den Tag hinein schläft. (Krefeld)

Auf St. Thomastag eilten die Kinder, ihre Mützen hinhaltend, durchs Dorf und riefen singend: Nopp, Nopp, Hohnerkack, werp Äppel on Biere eraf, worauf ihnen die Leute solche hineinwarfen. (Gereonsweiler, Kreis Düren, um 1830).

Man neckt ihn: *du bes T. wurde, — der Tommes; du fule T.; dat es ene schloffe T.* (Aachen)

Et Hohnderkacktömesǝ; du bes Hohnderkack, H., sebbe Eǝlle langk, et ganze Hus voll Stank! (Düren)

In Amern (Kreis Viersen) verspottete man einen Langschläfer mit dem Vers: *Fauler Thomas, fauler Thomas, / Wie geht es Dir? / Blaues Blümchen, / Veilchen. / Alleluja.* (SIEMES)

Unter den Schleifern in Solingen war es Brauch, den Arbeitskollegen, der am Thomastag nicht pünktlich zur Stelle war, auf diese Weise zu necken: Man versteckte vor seinem Erscheinen das Arbeitswerkzeug oder hängte ihm gar den Schleifstein aus. Mit Schnaps und Bier musste er sich die Hilfe der anderen Schleifer beim Einhängen des Steins erkaufen.

3 HEIRATSORAKEL, THOMASGESCHENKE

In manchen Regionen galt die Thomasnacht – wie die → Andreasnacht – den Heiratsorakeln der jungen Mädchen. Wollte ein Mädchen etwas über den Zukünftigen erfahren, musste es, nackt vor dem Bett stehend, sagen: *Bettstatt, ich trete dich, Sankt Thomas, ich bitte dich, lass mir erscheinen mein Herzallerliebsten mein.*

In Katzwinkel (Kreis Daun) brachte bis in die 1920er Jahre *St. Thomas, den hl. Nikolaus ablösend, am Sonntag nach dem Thomastage den Kindern noch einige Äpfel in die Schuhe; in Honigsessen sucht er sich die bösen Kinder und bindet sie an eine Eiche.* (RHEINISCHES WÖRTERBUCH)

QUELLENNACHWEIS

RHEINISCHES WÖRTERBUCH; SIEMES: Durch das Jahr

APOLLINARIS

23. Juli

BISCHOF VON RAVENNA, MÄRTYRER
† UM 75 (?), UM 200 (?) IN RAVENNA (ITALIEN)
DARSTELLUNG: ALS BISCHOF
ATTRIBUTE: ÄHREN, KEULE, KREUZ
PATRON VON REMAGEN UND DÜSSELDORF; DER NADELMACHER, DES WEINES — ANGERUFEN
GEGEN GALLEN- UND NIERENSTEINE, GICHT, EPILEPSIE

1 VITA

Apollinaris kam der Legende nach mit Petrus aus Antiochia nach Rom. Von ihm als Glaubensbote nach Ravenna ausgesandt, wirkte er dort zwanzig Jahre lang als Bischof. Apollinaris überlebte qualvolle Peinigungen und verkündigte nach seiner Flucht das Evangelium in Dalmatien, wo er eine große Hungersnot abwendete. Nach seiner Rückkehr wurde er mit einer Keule erschlagen. Über dem Apollinaris-Grab in Ravenna wurde 549 die Basilika S. Apollinare in Classe geweiht.

Reliquien des heiligen Apollinaris finden sich in Remagen (Kreis Ahrweiler) auf dem Apollinarisberg, in der Kirche St. Servatius in Siegburg (Rhein-Sieg-Kreis) und in der Lambertuskirche in Düsseldorf.

2 APOLLINARISVEREHRUNG

Seit 1978 steht ein Schrein mit den Gebeinen des heiligen Apollinaris im Pfarraltar der St.-Lambertus-Basilika in Düsseldorf, das sich den Heiligen vor mehr als 600 Jahren als Stadtpatron erwählte. Als Herzog Wilhelm I. von Berg in eine Fehde mit Siegburg verwickelt wurde, überfiel er Remagen, das damals zu Siegburg gehörte. Die Reliquien des Heiligen führte er 1383 als Siegesbeute nach Düsseldorf.

Seit wann genau der Heilige als Stadtpatron von Düsseldorf verehrt wird, ist unklar. *Es ist zu vermuten, daß Apollinaris nicht durch ein landesherrliches oder bischöfliches Dekret zum Schutzpatron befohlen wurde, sondern die besondere Verehrung, die man dem Bischof in Düsseldorf seit alters entgegenbrachte, dem Heiligen im Laufe der Zeit diese Rolle von selbst aufoktroyierte.* (BRZOSA) Das Fest des Heiligen, das seit 1654 auf den Sonntag vor dem Todestag des Heiligen am 23. Juli festgelegt ist, wurde in Düsseldorf schon Ende des 14. Jahrhunderts mit einer feierlichen Oktav und einer Prozession durch die Stadt begangen.

Das einzige bisher bekannt gewordene Pilgerzeichen (→ Heilige Helfer) aus Düsseldorf verweist auf die um 1390 aufgekommene Wallfahrt zu den Reliquienschätzen der Stiftskirche St. Lambertus. Neben der Muttergottes wird hier der heilige Lamber-tus mit Krummstab und Schwert als Bischof dargestellt. *In der linken Nische vermutet man eine Darstellung des hl. Apollinaris: als griechischer Bischof ohne Kopfbedeckung, mit Buch und Keule.* (BECKER-HUBERTI)

Der Apollinarisberg in Remagen ist die zweite Heimat des heiligen Apollinaris. Nach der Besetzung des linken Rheinufers durch die Franzosen 1794 verfiel die Wall-fahrtskirche, wurde Scheune und Pferdestall. Die Kopfreliquie kam zunächst nach Un-kel, dann nach Siegburg und zuletzt 1812 nach Düsseldorf. Erst nach Fertigstellung der heutigen Apollinariskirche kehrte das Haupt des Heiligen am 23. Juli 1857 auf den Berg zurück. Wenige Monate zuvor hatte der Erbauer der Kirche, Graf von Fürsten-berg-Stammheim, die Franziskaner nach Remagen geholt. Seit dieser Zeit findet jähr-lich die zweiwöchige Apollinariswallfahrt Ende Juli/Anfang August statt. Das Kopf-reliquiar befindet sich im Hochgrab inmitten der Kirchenkrypta.

Eine bedeutende Wallfahrt nach Remagen stellt die Schiffswallfahrt der „Franziska-nischen Stiftung. Franziskanisches Jugendwerk der Kölnischen Franziskaner-Provinz" dar. Im Jahr 2009 gab es die 21. Schiffswallfahrt von Köln nach Remagen.

Ende 2006 verließen die Franziskaner, die die Wallfahrt bis dahin betreut hatten, den Apollinarisberg. Die „Gemeinschaft der gekreuzigten und auferstandenen Liebe" übernahm die Wallfahrtsbetreuung. Am ersten Festtag der *Großen Apollinariswallfahrt* im Jahr 2007 erteilte der Trierer Diözesanbischof Dr. Reinhard Marx der neuen Ge-meinschaft den Auftrag, die Tradition des *Aufsetzens des Hauptes* wieder herzustellen. Dieses Ritual findet jeweils an *Klein Apollinaris* (24. und 25. Januar) und während der *Großen Apollinariswallfahrt* (18. Juli bis 2. August) statt. Die Segnung mit einer kleinen Apollinarisreliquie wird während des Jahres nach jeder Messe am Mittwochabend und nach der Sonntagsmesse in der Krypta gespendet.

In der Pfarrkirche von Sankt Servatius in Siegburg befindet sich ein beeindrucken-der Heiligenschrein auf dem Hochaltar. In einem gut gesicherten Gehäuse steht der Schrein quer auf dem Altar. Die Gläubigen können unter dem Schrein hindurchgehen, um *an der Kraft des Heiligen teilzunehmen*. Die Aufstellung des Apollinarisschreins datiert in das Jahr 1990, der Schrein aus dem 14. Jahrhundert stammt aus dem Kirchenschatz der Abtei Siegburg.

3   APOLLINARISKORN

Der heilige Apollinaris wird gegen Fallsucht verehrt. Josef DIETZ berichtet:

Außerdem wurde mir an einigen Orten von einem merkwürdigen Brauch berichtet, der mit dem Kloster in Remagen zusammenhängt. Werthoven: ,Vor 50 Jahren kamen hierhin Leute mit Säck-chen. Die sagten: Seid so gut und gebt uns etwas gegen die fallende Krankheit. Dann bekamen sie Korn' (1937). Vilich-Müldorf: ,Bei Fallsucht mußten die Leute Korn sammeln so viel, wie sie schwer waren. Mußten das an einem Kloster abliefern' (1936). Oedekoven: ,Früher kamen Leute, die die Fallsucht hatten, und bettelten nach der Ernte um Korn von Haus zu Haus. Sie bekamen

Prozession mit dem Apollinarisschrein.
Schülerzeichnung, 2008.

meistens eine Tasse Korn. Wenn sie soviel hatten, wie sie wogen, dann opferten sie es irgendwo und waren dann geheilt. Das war noch in meiner Jugend' (1936). Witterschlick: ,Da kam einer, der hatte die Fallsucht. Der sammelte an den Häusern Korn. Meine Mutter gab ihm einen Teller voll. Wenn er soviel hatte, wie er schwer war, mußte er das in Remagen opfern; dann wurde ihm geholfen' (1936).

4   APOLLINARISKIRMES UND -SCHÜTZENFEST IN DÜSSELDORF

In der zweiten Julihälfte feiert Düsseldorf die Apollinariskirmes. Sie ist zugleich Schützenfest des St.-Sebastianus-Schützenvereins. Seit 1901 feiern die Schützen auf den Oberkasseler Rheinwiesen.

Den Auftakt der religiösen Festwoche bildet das Schützenhochamt am Kirchweihsonntag. Bei einer feierlichen Apollinarisvesper am Mittwoch entzündet der Oberbürgermeister eine Votivkerze, die die Stadt Düsseldorf ihrem Patron stiftet. Am Donnerstagabend zieht eine Reliquienprozession, begleitet von zahlreichen Schützengesellschaften, Priestern und Gläubigen, durch die Straßen der Altstadt. Die Mitglieder des St.-Sebastianus-Schützenvereins tragen den Reliquienschrein. Das feierliche Hochamt am darauffolgenden Sonntag beendet die Festwoche.

Höhepunkte der neuntägigen Kirmes sind der historische Festzug der uniformierten Schützen, Musikkapellen, Pferdegespanne und Kutschen sowie das Feuerwerk. An die 350 Schausteller beschicken die Kirmes.

5   DAS TAFELWASSER

Das Mineralwasser „Apollinaris" hat seinen Namen vom Heiligen. Der Firmenüberlieferung nach hat jedoch nicht der heilige Apollinaris die Quelle wunderbar aus einem Fels geschlagen. Es war der Ahrweiler Winzer Georg Kreuzberg, der 1852 einen Weinberg ersteigert hatte und wissen wollte, warum seine Rebstöcke auf diesem Grund nicht gediehen. Eine Bodenuntersuchung wies eine ungewöhnlich hohe Konzentration von Kohlendioxid nach. Als Kreuzberg nachgrub, stieß er auf eine Quelle mit Mineralwasser. Ihren Namen verdankt die Quelle einer Statue des heiligen Apollinaris, die am Fuß des Weinbergs stand. Apollinaris gilt nämlich auch als Schutzheiliger des Weines. Seit 1853 besaß Georg Kreuzberg eine Verkaufslizenz für sein Mineralwasser und füllte es in Tonkrüge ab. Das Geschäft ging blendend. Die Gründung von „The Apollinaris Company Limited London" (1873) machte die Marke international bekannt. Heute gehört die Quelle dem Coca-Cola-Konzern.

QUELLENNACHWEIS

BECKER-HUBERTI: Sankt Apollinaris; BRZOSA: Katholische Kirche Düsseldorf; DIETZ: Brot

CHRISTOPHORUS

24. Juli

MÄRTYRER (?)

* 2. JAHRHUNDERT IN KANAAN ODER IN LYKIEN (HEUTE: TÜRKEI)

† UM 250 (?)

DARSTELLUNG: ALS RIESE MIT DEM JESUSKIND AUF DER SCHULTER, DURCH EINEN FLUSS WATEND; ALS KRIEGER

ATTRIBUTE: STAB

PATRON DES VERKEHRS, DER FLÖSSER, FÄHR- UND SEELEUTE, SCHIFFER, KRAFTFAHRER, PILGER UND REISENDEN — ANGERUFEN GEGEN EINEN UNERWARTETEN TOD, GEGEN DIE PEST UND ANDERE SEUCHEN, GEGEN FEUER- UND WASSERGEFAHREN, UNWETTER UND HAGEL

1   VITA

Authentische Überlieferungen über das Leben des Christophorus, der zu den Vierzehn Nothelfern (→ Heilige Helfer) zählt, gibt es nicht. Doch rankt sich eine Vielzahl von Legenden um ihn, die bekannteste ist folgende: Riesig von Gestalt, zog er umher und traf eines Tages auf einen Einsiedler, der ihm zur Aufgabe machte, Menschen durch den nahe gelegenen Fluss zu tragen. Einmal brachte er ein kleines Kind von einem Ufer ans andere. Völlig erschöpft angekommen, wurde er von dem Kleinkind angesprochen, das zu ihm sagte: *Jesus Christus war deine Bürde. Du hast mehr als die Welt getragen.* Nachdem sich Jesus so zu erkennen gegeben hatte, verlieh er ihm den Namen *Christophorus, Christus-Träger.*

Eine andere Legende besagt:

Der Christ Christopherus sei in Lykien vom König wegen seines Glaubens in den Kerker geworfen worden. 400 Soldaten mussten geholt werden, um den Hünen foltern zu können. Viele davon waren von der unbeugsamen Haltung des Christen so beeindruckt, dass sie sich taufen ließen. Andere folgten dem Beispiel ihrer Kameraden, als sie sahen, wie bei der geplanten Vollstreckung des Todesurteils die Pfeile in der Luft stehen blieben oder vom Oberkörper des Riesen abprallten und zurückkamen. Ein Pfeil soll dabei sogar den König im Gesicht verletzt haben. Nachdem dieser eingesehen hatte, dass Christophorus mit Pfeilen nicht beizukommen war, ließ er den Gefangenen schließlich von mehreren Soldaten enthaupten. (HEILIGENKALENDER)

2   BRÜCKENHEILIGER

Ein bildliches Zeugnis von Christophorus als Brückenheiliger im Rheinland beschreibt Gerhard WELLERSHAUS: *Überlebensgroße Christophorusfigur von Emmerich, die bis zum Zweiten Weltkrieg in einer Nische des Christopheltores am Rhein stand und die jetzt im Rheinmuseum Emmerich untergebracht ist. Die Bekleidung dieser aus Eichenholz geschnitzten Figur läßt darauf schließen, daß sie aus der Zeit um 1500 stammt.* Um 1930 begegnet Christophorus als Brückenheiliger im äußersten Norden, Westen und Südwesten der ehemaligen Rheinprovinz.

In der Kapelle von Stoffeln (Düsseldorf) werden die Vierzehn Nothelfer verehrt. Gemäß der „Litanei von den Vierzehn Nothelfern" in dem 1808 gedruckten Andachtsbuch wurden in der kleinen Pilgerstätte nachstehende Heilige angerufen:

H. Georgi, du vortreflicher Blutzeug Christi und Stärke der Schwachen,

H. Blasi, du Zierd der Geistlichkeit, und liebreichster Vater der Armen,

H. Erasme, du starker Schild der Verfolgten und Betrangten,

H. Pantaleon, du wunderbahrer Arzt der Kranken,

H. Vite, du sonderbarer Schutz – Patron der Keuschheit,

H. Christophore, du mächtiger Erretter aus den Gefahren zu Wasser und Land,

H. Dionysi, du hellglänzende Sonn der Glaubigen,

H. Cyriace, du Schröcken und Furcht der höllischen Geister,

H. Achati, du grosser Liebhaber des Kreuz Christi,

H. Eustachi, du hellscheinender Spiegel der christlichen Gedult,

H. Agidi, du Verachter der Welt und Lehrmeister der Einsiedler,

H. Margaretha, du unüberwindliche Obsiegerin der ganzen Höll,

H. Catharina, du unerhörtes Wunder der Weisheit, und Beistand der Gelehrten,

H. Barbara, du unschätzbares Kleinod und Trost der Sterbenden. (BRZOSA)

Eine exponierte Stellung in der Stoffeler Kapelle nimmt seit der ersten Hälfte des 18. Jahrhunderts der heilige Christophorus ein. Bereits zu jener Zeit war die noch heute gebräuchliche Bezeichnung *Christophoruskapelle* üblich. Möglicherweise begründete die Rheinkrümmung, die ständig weite Gebiete zu überfluten drohte, die besondere Verehrung des Fürsprechers gegen Wassernöte aller Art. *Indessen mag das Christophoruspatronat auch darin seinen Ursprung haben, daß die Stoffeler Kreuzkapelle zu einem Prozessionsweg mit 14 Stationen gehörte, die jeweils einem der Vierzehn Nothelfer in besonderer Weise gewidmet waren.* (BRZOSA)

3 FAHRZEUGSEGNUNGEN

In unzähligen Kirchen und auf etlichen Hauswänden ist Christophorus präsent, meist als Riese mit einem knorrigen Baumstamm in der Hand und dem Kind auf der Schulter. Aus Bittgängen der Fuhrleute entstanden motorisierte Christophoruswallfahrten. Fahrzeugsegnungen rund um den Festtag des Christophorus erfreuen sich großer Beliebtheit. Gerade in der Urlaubszeit hoffen viele auf den Segen des Reisepatrons. Papst Pius XI. (1922–1939) führte die Autosegnung offiziell ein. Schlüsselanhänger und Christophorusplaketten für das Armaturenbrett werden in großer Zahl abgesetzt.

An der Kapelle der Vierzehn Nothelfer in Stoffeln werden seit 1934 Autosegnungen durchgeführt. 1935 wurde hier auch eine „Christopherus-Gilde" gegründet, die die Verehrung des Heiligen fördern sollte. 1949 fuhren erstmals nach dem Krieg wieder Autos zur Kapelle; es wurden eigene Medaillen geprägt und verkauft. Seit 2006 findet die Fahrzeugsegnung alljährlich statt.

Der niederrheinische Wallfahrtsort Goch (Kreis Kleve) richtete 2008 die bundesweit erste Wallfahrt speziell für Wohnmobilfahrer aus. Auf dem Programm standen Gottesdienste mit Fahrzeugsegnung, Feldmesse und Prozession zur Kirche Sankt Maria Magdalena sowie ein Ausflug ins niederländische Klosterdorf Steyl. Goch ist seit dem Jahr 2005 als Wallfahrtsort anerkannt. Hier wurde der heilige Pater Arnold Janssen (1837–1909) geboren, der Gründer der Ordensgemeinschaft der Steyler Missionare.

4   REDENSARTEN

Im RHEINISCHEN WÖRTERBUCH ist zu lesen:

Das Steinbildnis, das einen Riesen darstellt, der das Jesuskind auf den Schultern trägt, ist Gegenstand staunender Betrachtung, so der Krösdstoffel an einem Hause neben dem Simeonstor in Trier.

An der Kristoffelport steht oben im Tor das Bild des hl. Emmerich; dat es ne Kerl wie der Kempsche Kristoff. (Neersen, Kreis Viersen)

Wer St. Kristoffs Bildnis gläubig angesehn, selben Tages wird nicht böslich untergehn. (Korschenbroich, Rhein-Kreis Neuss)

QUELLENNACHWEIS

BRZOSA: Katholische Kirche Düsseldorf; HEILIGENKALENDER; RHEINISCHES WÖRTERBUCH; WELLERSHAUS: Brückenheilige

Statue des heiligen Christophorus mit Jesuskind auf dem Rücken. St. Andreas, Köln.

Jakobus der Ältere (der Grosse)

25. Juli

Apostel, Märtyrer
* am See Genezareth in Galiläa (Israel)
† um Ostern 43 in Jerusalem
Darstellung: als Apostel, als Pilger, als Ritter (Maurentöter), als Pilgerpatron, als Krönender
Attribute: Muschel, Pilgerstab
Patron von Spanien; der Ritter und des Feudaladels; der Arbeiter, Hutmacher, Strumpfwirker, Wachszieher, Kettenschmiede; der Pilger; des Wetters; Kinder-, Heirats-, Viehpatron — angerufen bei Trunksucht, gegen Zank und Streit, bei allgemeinen Anliegen; für das Gedeihen der Äpfel und Feldfrüchte; gegen Rheumatismus und körperliche Gebrechen; bei Todesgefahr und Glaubenszweifeln

1 Vita

Jakobus der Ältere war der Sohn des Fischers Zebedäus und der Salome sowie der ältere Bruder des Jüngers Johannes (Markusevangelium 1,19 f.). Jesus gab den zwei Brüdern wegen ihres Eifers den Beinamen *Donnersöhne* (Markus 3,17). Der Überlieferung nach verkündete Jakobus in Jerusalem und Umgebung das Evangelium, bis er durch König Herodes Agrippa I. von Judäa im Jahr 43 geköpft wurde. Seine Gebeine gelangten der Tradition zufolge im 7. Jahrhundert nach Spanien und werden in der Basilika von Santiago de Compostela verehrt.

2 Pilgerfahrt im Mittelalter: Pilgerzeichen, -herbergen, -pass, -segen, -krönung

Seit der Auffindung des Jakobusgrabes um 813 ist Santiago de Compostela Ziel der Jakobuspilger. Im 9. Jahrhundert kamen sie fast ausschließlich aus dem spanischen Norden; in Deutschland setzte der Jakobuskult im 11. Jahrhundert ein.

Das ursprüngliche Mitbringsel und Abzeichen der Santiagopilger waren Schalenklappen atlantischer Kammmuscheln. Schon bald verloren sie ihren spezifischen Charakter und wurden zum Symbol der Pilgerschaft schlechthin. Die typische Ausstattung des mittelalterlichen Pilgers war: Stab, Hut, knielanges Gewand, Pilgerflasche, umgehängte Tasche, applizierte Muscheln auf der Hutkrempe und auf der Tasche.

Ohne eine hinreichende Infrastruktur an Beherbergungsmöglichkeiten wäre die Entwicklung der Santiagofahrt zu einem Massenphänomen undenkbar gewesen. Auch im Rheinland fand der Pilger zahlreiche Herbergen oder Hospitäler vor. In Köln beispielsweise gab es eine Vielzahl von Spitalgründungen. Das Hospital Ipperwald, 1349 als Pilgerherberge gegründet, war eine der größten Institutionen ihrer Art im Deutschen Reich. Als weitere Hospitalorte im Kölner Umkreis sind Bonn, Euskirchen, Bad Münstereifel (Kreis Euskirchen) oder auch das Kloster Marienstern in Essig (Rhein-Sieg-Kreis) bezeugt.

Der Pilger ließ sich vor Antritt der Reise einen Ausweis ausstellen, der ihn nach Vorlage in Santiago de Compostela offiziell zum Jakobspilger machte. Solche Pilgerausweise gehören zur Tradition der mittelalterlichen Santiagofahrt.

In der Vergangenheit stellten weltliche Herrscher und kirchliche Stellen die Pilgerbriefe aus, heute sind es die Jakobusbruderschaften und -vereinigungen. Die Stempel der Herbergen, Kirchen und Klöster weisen am Ende im Pilgerbüro von Santiago de Compostela die zurückgelegte Strecke nach. Daneben gab es früher auch Geleit- und Schutzbriefe, die den Pilgern in der Not helfen und Unterstützung verleihen sollten.

Der Pilger erhielt in einem feierlichen Gottesdienst den Pilgersegen der Kirche. Nachdem der Ehepartner sein Einverständnis zur Reise gegeben hatte, alle häuslichen Angelegenheiten bis hin zur Versöhnung mit den Feinden und zum Testament geordnet waren, erbaten die Pilger in einem feierlichen Gottesdienst den Segen der Kirche. Am Ende der Messe legten sie Stab und Tasche vor dem Altar ab, und der Priester sprach die Gebete. Den Höhepunkt bildete der Segen über die vor dem Altar niederknienden Pilger. Heute brechen die Pilger meist versehen mit dem Pilgersegen durch den Ortsgeistlichen auf.

Die älteste Darstellung der Pilgerkrönung durch den heiligen Jakobus befindet sich in der St.-Martins-Kirche in Linz (Kreis Neuwied). Auf dem Westpfeiler der Südwand ist eine Frontalabbildung des heiligen Jakobus zu sehen, zu dem die Pilger streben. Der Apostel setzt den durch Stab und Rucksack als Pilger gekennzeichneten Erstankömmlingen in der Basilika von Santiago eine Krone auf: Der Heilige verleiht den Pilgern die Krone des ewigen Lebens. Nach Robert PLÖTZ kann die Krönung auch vor dem historischen Hintergrund des Investiturstreits zwischen Papst und Kaiser (politischer Konflikt im mittelalterlichen Europa zwischen geistlicher und weltlicher Macht um die Amtseinsetzung von Geistlichen, *Investitur,* 1076–1122) gedeutet werden: Der Apostel zwingt stellvertretend für Christus und damit auch für den Papst die deutschen Pilger unter die kaiserliche Krone.

3   GALGENWUNDER UND KARLSLEGENDE

Geschichten über den Heiligen trugen maßgeblich zur Ausbreitung des Jakobuskults und zur Pilgerfahrt nach Santiago bei und bildeten die Grundlage für bildliche Darstellungen. Darunter befinden sich auch der Wunderbericht vom Pilger, den Jakobus rettete, sowie die legendarische Erzählung um Kaiser Karl den Großen.

Das im Rheinland beliebteste Jakobusmirakel ist das Galgen- oder Hühnerwunder:

Auf ihrer Pilgerreise zum heiligen Jakobus kehren ein Vater und sein Sohn bei einem Gastwirt ein. Dieser steckt den Pilgern, nachdem er sie trunken gemacht hat, heimlich einen silbernen Becher ins Gepäck. Da der Becher bei den Reisenden entdeckt wird, schleppt man die beiden vor den Richter und der Sohn wird zur Strafe gehängt. Der Vater zieht weiter nach Compostela und kehrt nach 36 Tagen zurück zum Galgen, wo er seinen Sohn lebendig vorfindet. Der Sohn berichtet, dass der Heilige Jakobus ihn vor dem Tod bewahrt habe. Der Vater läuft in die Stadt und holt das Volk zum Galgen. Man befreit den Sohn und hängt den Wirt an seiner Statt. (JAKOBSWEGE)

Im Laufe des Mittelalters wurde die Wundererzählung nach und nach erweitert:

Nun pilgert eine ganze Familie, und der Richter, der gerade gebratene Hühner isst und dem man vom lebenden Jüngling berichtet, spottet: ,So wenig lebt der Gehenkte als diese Hühner hier'. Da fliegen ihm die gebratenen Hühner vom Spieß und überführen so den Bösewicht. Als Ort des Wunders wurde nun Santo Domingo de la Calzada östlich von Burgos festgelegt, wo heute noch lebendige Hühner in der Kirche zu bewundern sind. (JAKOBSWEGE)

Juli

Das Galgen- und Hühnermirakel diente als Beweis für die Wundermacht des Heiligen, aber auch als Warnung vor den Gefahren des Wegs. Es findet sich auf mehreren bildlichen Darstellungen, u. a. in Sankt Peter in Herchen an der Sieg (Rhein-Sieg-Kreis) und in Gielsdorf (Rhein-Sieg-Kreis).

Eine Legende um Jakobus, die eng mit dem Rheinland verbunden ist, entwickelte sich in der Zeit der Staufer im Zuge der Heiligsprechung Karls des Großen durch den Gegenpapst Paschalis III. (1165):

Der heilige Jakobus sei Karl dem Großen im Traum erschienen und habe ihn aufgefordert, dem Sternenweg zu folgen, das Apostelgrab in Galicien aufzusuchen und die Iberische Halbinsel von den Sarazenen, den muslimischen Arabern, zu befreien. Mit himmlischem Lohn und der Krone des ewigen Lebens werde der Heilige Karl belohnen. Daraufhin habe der karolingische Herrscher sich mit seinen Mannen auf den Weg gemacht und im erfolgreichen Kampf – der ja der Geschichtsschreibung nach mit einer Niederlage in Roncesvalles endete – die Halbinsel zurückerobert. Anschließend habe er das Grab des Apostels aufgesucht und die Kirche von Compostela, die er mit einem Teil der Kriegsbeute ausstattete, zur wichtigsten des Reiches erhoben. (JAKOBSWEGE)

Diese Geschichte bildete auch die Vorlage für die Dachreliefs des Aachener Karlsschreins, der zwischen 1182 und 1215 entstand.

4   JAKOBSWEGE IM RHEINLAND

Aufgrund seiner verkehrsmäßig günstigen Lage hat das Rheinland schon sehr früh am Kultgeschehen um den heiligen Jakobus teilgenommen. Der niederrheinische Adlige Arnold von Harff befand sich im Alter von 25 Jahren am Apostelgrab in Compostela. Der Bericht über seine Pilgerreisen (1496–1498) gehörte zu den meistgelesenen handgeschriebenen Büchern in rheinischen Adelskreisen.

Seit 1999 erschließt der Landschaftsverband Rheinland gemeinsam mit der Deutschen Jakobus-Gesellschaft das Wegenetz der Jakobuspilger. Das Pilgern auf Jakobs Wegen erfährt unzweifelhaft eine Renaissance. Zur Pilgerreise gehören auch in heutiger Zeit der Pilgersegen sowie der Pilgerpass mit dem begehrten Stempel, der die besuchten Etappenstationen im Rheinland und auf den europäischen Wegen nach Santiago nachweist.

Die Jakobspilgerschaft hat eine in beiden Konfessionen vermittelte Bedeutung der Suche nach religiöser Erfahrung. Sie hat starke spirituelle, bis in soziale und therapeutische Ansätze reichende Kräfte, die auch von nicht kirchlich gebundenen Pilgerinnen und Pilgern erfahren werden. Im Rahmen der kirchlichen Jugendarbeit, des Kulturtourismus, der Therapie psychisch Kranker, der Bewährungshilfe, der Feriengestaltung Behinderter sowie der Wiedereingliederung von Langzeitarbeitslosen sind die unterschiedlichsten Gruppen auf den Wegen der Jakobspilger unterwegs. Darüber hinaus verheißen die alten Routen auch einen sanften, ökologisch verträglichen Tourismus.

5 JAKOBUSBROT UND BROTSPENDEN

Wie an anderen Heiligenfesten kannte die Kirche auch am Jakobustag Brotsegnungen und Brotspenden. Die Rechnungen des Trierer Jakobushospitals belegen erstmals 1562, dass ein eigenes *Jacobs broyt* für das Hospital gebacken wurde – vermutlich für ein Festessen am Jakobustag. Im 17. Jahrhundert gab man das Jakobusbrot im Spätherbst oder Winter als Spende, wenn die Hospitalrechnungen dem Stadtrat zur Genehmigung vorgelegt wurden. Auch ist *auff Jacobi abent ... wie auf Martini außgetheilet und zerschnitten worden 20 brodt* für die Armen. Brot als Vergütung erhielten die *Himmelsträger* bei den prozessionsartigen Umzügen am Jakobsfest in Trier.

In der Aachener Pfarrei Sankt Jakob wurden im 16. Jahrhundert in der Fastenzeit Erbsen, am Karfreitag ein *Weißfreitagsbrot,* an Ostern ein Geldgeschenk und später regelmäßig ein *Poschweck* (Süßbrot) an Arme verteilt. Sie erhielten die Gaben gegen Vorweisen eines Bleizeichens, das neben dem Aachener Stadtwappen die Buchstaben *SJ* (Sankt Jakob) trug und auf der Rückseite eine Jakobsmuschel aufwies.

6 PROZESSIONEN

In vielen Pfarren des Rheinlandes fand (und findet) am Tag des Kirchenpatrons eine feierliche Prozession durch die mit Fahnen, Blumen und Stationsaltären geschmückte Pfarrei statt. Zur Jakobuskapelle auf dem Jakobsberg bei Rhens (Kreis Mayen-Koblenz) wurde am 25. Juli 1643 von den Koblenzer Jesuiten ein Jakobus-Bittgang wiederbelebt, über den das Archiv des Ordens berichtet:

Zunächst wurde von Koblenz aus in Prozession, der sich die Rhenser Bürger anschlossen, das Allerheiligste auf den Berg gebracht. In Rhens begrüßten die Kinder die Prozession so: Dem Berg zu wollen wir wenden das Gesicht von dannen uns Hülf kompt und geschicht, dass Sankt Jakob uns bei Gott dem Herrn erhalten wird – was wir begern – an Leib und Seell. Wir wollen es wagen und lassen jedermann auch sagen, dass wir setzen unser Vertrauen darauff. Nun weiter fort mit einem Hauff! Sankt Jakob unser Geleitsmann sey, damit wir bleiben aller Gefahren frey. (JAKOBSWEGE)

Die Prozession zu der aus der zweiten Hälfte des 17. Jahrhunderts stammenden Jakobuskapelle in Spitze (Rheinisch-Bergischer Kreis) wurde im 19. Jahrhundert mit der Feier einer Oktav wiederbelebt. In einer festlichen Sakramentsprozession ziehen auch heute noch einige hundert Katholiken aus der Umgebung nach Spitze.

7 JAKOBUSKIRMES, -SCHÜTZENFEST

Um das Jahr 1600 taucht in den Rechnungen des Trierer Jakobushospitals der Name *Jacobi-Kirmes* auf. Die Kirmes am Jakobusfest wurde im 18. Jahrhundert mit groß angelegten kirchlichen und weltlichen Feiern gestaltet: Hochamt mit Predigt, Ausstellung von Heiligtümern (Reliquienschätzen oder Heiligendarstellungen), Prozession, Festessen, Herstellung und Ausgabe besonderer Brotspeisen (*Bolchen:* mit Rosinen belegte, zusammengerollte Teigstreifen, die zur Kirmes hergestellt wurden). Zum Kirmesfest strömten die Bewohner des Trierer Umlandes in die Stadt. Die Stadtarmen fanden sich ein, um an einem Essen teilzunehmen oder zumindest mit Brot und Wein bewirtet zu werden. Armen oder Bettlern vom Überfluss der reichlich gedeckten Tafel abzugeben ist für Dorfkirmesse im Trierer Land noch bis in das 20. Jahrhundert bekannt.

Während die Trierer Jakobikirmes der Vergangenheit angehört, feiern beispielsweise die Gemeinden Hersdorf (Kreis Bitburg-Prüm), Fisch (Kreis Trier-Saarburg), Stromberg (Kreis Bad Kreuznach) oder Spitze (Rheinisch-Bergischer Kreis) ihre Dorfkirmes zu Ehren des Pfarrpatrons. Am letzten Juliwochenende findet in Kaimt an der Mosel (Kreis Cochem-Zell) eine St.-Jakobus-Weinkirmes statt.

Die Neusser Scheibenschützengesellschaft von 1415, zunächst als Sebastianusbruderschaft gegründet, steht seit 200 Jahren unter dem Patronat des heiligen Jakobus. 1804 richtete die Gesellschaft erstmals „auf Jacobitag" ihr Hauptschießen aus. Im Mittelpunkt des alljährlich am 25. Juli stattfindenden Patronatstages steht das Bruderschießen um die Würde des Schützenkönigs.

8   BAUERNREGELN

Dem Jakobustag kam in Bauernregeln eine besondere Bedeutung zu. Um 1930 galt dieser Termin vor allem im Siegkreis und im südlichen Rheinland als Schlüsseltag für eine gute Apfelernte. Die häufigste Redensart lautet: *Jakobus salzt die Äpfel.* Das bedeutet, dass die Äpfel am Jakobstag ihren rechten Geschmack erhalten. Anstelle *salzen* kann auch der kirchliche Begriff *segnen* treten, zum Beispiel: Jakobus *soll die Äpfel segnen* (Oberbohlscheid, Rhein-Sieg-Kreis). Gelegentlich wurde Jakobus auch als Ernteheiliger *für das Gedeihen der Feldfrüchte* verehrt. Naheliegend ist das Wetterpatronat. In Kliding (Kreis Cochem-Zell) wurde der Heilige bei Trockenheit angerufen.

Allgemein gilt der 25. Juli als Tag der Fruchtbarkeit. Um diese Zeit begann die Ernte beziehungsweise mussten bestimmte Erntearbeiten abgeschlossen sein:

Et wittert wie et wittert, Jakobi wird geschnittert. (Dinslaken, Kreis Wesel)

Jakobus helt (holt) weg alle Nut, brengt nei Grumbern (Kartoffeln) on fresch Brut. (Strotzbüsch, Kreis Daun)

Sent Stinn (24. VI.), sent Köb (25. VI.), sent Ann (26. VI.), dij suppe (saufen) alle drij üt en Kann. (Schravelen, Kreis Kleve) (RHEINISCHES WÖRTERBUCH)

QUELLENNACHWEIS

JAKOBSWEGE; RHEINISCHES WÖRTERBUCH

ANNA

150

26. Juli

MUTTER DER GOTTESMUTTER MARIA
† VOR 1 N. CHR. (?)
DARSTELLUNG: MEIST ALS „ANNA SELBDRITT" (ANNA MIT MARIA UND JESUSKIND)
PATRONIN DER STADT DÜREN; DER MÜTTER UND DER EHE, DER HAUSFRAUEN, HAUSANGE-
STELLTEN, WITWEN, ARMEN, ARBEITERINNEN, BERGLEUTE – ANGERUFEN FÜR EINE GLÜCK-
LICHE HEIRAT, FÜR KINDERSEGEN UND GLÜCKLICHE GEBURT, FÜR DAS WIEDERAUFFINDEN
VERLORENER SACHEN

1 VITA

Anna und ihr Ehemann Joachim waren nach apokryphen Evangelien des 2. bis 6. Jahrhunderts die Eltern der Maria und somit die Großeltern Jesu. Die legendäre Lebensgeschichte ist dem alttestamentlichen Vorbild von Hanna und ihrem Sohn Samuel (1. Samuelbuch 1–2) nachgezeichnet: Erst nach zwanzigjähriger kinderloser Ehe gebar Anna ihre Tochter Maria. Das Fest *Mariä Opferung* (→ Maria) erinnert an den Tag, an dem Anna und ihr Mann das Kind Maria im Tempel Gott weihten.

Seit dem 6. Jahrhundert wird Anna als Marias Mutter verehrt. Der Annakult erreichte in Europa im 15. und 16. Jahrhundert Höhepunkte: 1481 nahm Papst Sixtus IV. (1471–1484) den Annatag in den römischen Festkalender auf. Seit 1500 liegen angebliche Reliquien von Anna in Düren, Wien und anderen Städten.

2 ANNAVEREHRUNG IN DÜREN

Jedes Jahr findet die kirchliche Verehrung ihren Höhepunkt am Festtag der Heiligen mit anschließender Oktav, von der Kirchengemeinde St. Anna veranstaltet; dabei wird die Annareliquie den Gläubigen gezeigt. Im Laufe der Jahrhunderte entwickelte sich neben der Annaoktav die neuntägige Annakirmes – eine der größten Kirmessen im Rheinland.

Am Sockel des Büstenreliquiars (Annenhaupt) befindet sich der fast ein Meter lange Annagürtel; er besteht aus sieben mit dreiteiligen Scharnieren versehenen Gliedern und einer sechseckigen Schließe. Der kurz nach 1500 entstandene Gürtel mit der Schließe aus der Mitte des 16. Jahrhunderts wurde 1667 von dem Sohn des Dürener Bürgermeisters Franz Meckel gestiftet. *Der Annagürtel wurde Frauen in gesegneten Umständen, vornehmlich Frauen des hohen Adels, umgelegt.* (WALLFAHRTEN AM NIEDERRHEIN)

S. M. ANNA.

Michael Gleich A. V.

Heilige Anna mit ihrem
Kind Maria. Andachts-
bild 19. Jahrhundert,
kolorierter Kupferstich.

Anna

Der Ursprung der Annaverehrung reicht in das frühe 16. Jahrhundert zurück. Im Jahre 1501 hatte der Steinmetz Leonhard aus Kornelimünster eine Annareliquie *(Annahaupt)* in Mainz entwendet, nach Düren gebracht und den dortigen Franziskaner-Mönchen überlassen. Abgesandte der Mainzer Stephanskirche brachten die Reliquie zwischenzeitlich wieder in ihren Besitz, gaben sie aber – *von Dürener Landfrauen gezwungen* – zurück.

Hans DOMSTA führt über den jahrelangen Rechtsstreit zwischen Düren und Mainz aus:

In der Stadt wurde dies rasch bekannt, das Heiligtum kam in die Martinskirche – die heutige Annakirche – und der Dürener Magistrat und der Herzog von Julien setzten alles daran, die wundertätige Reliquie, die bald riesige Pilgermassen anzog, in der Stadt zu behalten. Um den Besitz der Reliquie entspann sich der größte Sensationsprozeß des späten Mittelalters, in den zwei Päpste, Alexander VI. und Julius II., der deutsche König und spätere Kaiser Maximilian sowie zahlreiche geistliche und weltliche Fürsten eingriffen und der 1506 März 18 durch Papst Julius II. zugunsten von Düren entschieden wurde.

Als nach 1501 der Ansturm der Pilger zur heiligen Anna in Düren begann, entstanden auch Pilgerzeichen, deren Darstellung sich am Original des Kopfreliquiars der Heiligen orientierte.

3   PATRONIN DES BERGBAUS

Schutzpatronin des Bergbaus ist traditionell die heilige → Barbara, die Verehrung der heiligen Anna durch Bergleute ist weniger bekannt. Zeugen der Annaverehrung findet man in und um Aremberg (Kreis Ahrweiler), ein Zentrum der Eisenverhüttung der nördlichen Eifel. Die Grafen von Aremberg betrieben Bergbau auf einem Silbererzgang, von dessen Ausbeute sie eigene Münzen prägten.

Die Knappen des Silber-Bleibergwerks in Bernkastel (Kreis Bernkastel-Wittlich) hatten ihre eigene Annabruderschaft. Zahlreich sind die Seitenaltäre zu Ehren der Heiligen in den Pfarrkirchen des Basalt-Bergbaugebiets im Westen und Süden des Laacher Sees. Die Annabruderschaften in Niedermendig (Kreis Mayen-Koblenz) und Ettringen (Kreis Mayen-Koblenz) waren mit Ablassprivilegien ausgestattet. Die heilige Anna prangt auch auf einer berühmten Takenplatte im Eingang des Bergmannsklosters Steinfeld (Kreis Euskirchen).

4   BAUERNREGELN

Wie das RHEINISCHE WÖRTERBUCH überliefert, rief man die Heilige bei Blitz und Gewitter an: *Hellige Modder Ann, bewahr min Hus för Für en Flamm, jag de Deive van de Dör en setz en hellig Engelche deför.* (Aachen)

Frauen flehten sie um Regen an, kam aber Hagel, beteten sie: *Heilige Motter Annen, dau has us net verstannen; mir hatten um Ren gebet un dau has us Kiselsten gescheckt.* (Daun)

Der Annentag war auch in Verbindung mit dem vorhergehenden → Jakobusfest für die Landwirtschaft bedeutsam:

Jacob salzt de Äbbel, Anna schmalzt se. (Zell, Kreis Cochem-Zell)

Sent Anna warden de Appeln gesalten. (Moers, Kreis Wesel)

Aus dem Aachener Raum ist folgende Redensart überliefert:

Doröm sölle sich de Köüh us zent Anna (Kloster in Aachen, ihr geweiht) auch net stösse — um Kleinigkeit wird auch kein Streit sein; die Nonnen dieses Klosters hatten nämlich keine Kühe.

QUELLENNACHWEIS

DOMSTA: Annahaupt; RHEINISCHES WÖRTERBUCH; WALLFAHRTEN AM NIEDERRHEIN

Annaselbdritt: Die Heilige mit Maria und dem Jesuskind. Andachtsbild 17. Jahrhundert, kolorierter Kupferstich.

Statue des seligen
Gezelinus mit
Hirtenstab.
Kirche St. Andreas,
Leverkusen.

AUGUST

GEZELINUS VON SCHLEBUSCH

6. August

LAIENBRUDER, HIRTE
† 29. JULI 1149 (?) IN ALTENBERG BEI LEVERKUSEN
DARSTELLUNG: ALS EINSIEDLER NEBEN EINEM BRUNNEN
ATTRIBUTE: SCHAFE, SCHÄFERSTAB
PATRON FÜR KINDERSEGEN — ANGERUFEN GEGEN EPILEPSIE, AUGENLEIDEN UND KOPF-
SCHMERZEN

1   VITA

Gezelinus war der Legendenüberlieferung nach Laienbruder im Zisterzienserkloster Morimond (Frankreich). Um 1135 soll er in die Zisterzienserabtei Altenberg
geschickt worden sein und dort als Schafhirte gelebt haben. Schon zu Lebzeiten verbreitete sich die Nachricht von wunderbaren Taten; so habe sein Gebet während einer
Dürre eine Quelle entspringen lassen.

Die heutige Gezelinuskapelle im Leverkusener Stadtteil Alkenrath wurde 1868
über der Gezelinusquelle errichtet. Sie gehört zur Pfarrei Sankt Andreas im Pfarrver-
band „Leverkusen – Rund um die Gezelinquelle". Schädel und Gebeine ruhen im Reliquienschrein in Sankt Andreas; im Sommer 2000 wurde ein Teil der Gebeine nach Altenberg überführt.

2   DIE QUELLE: *WUNDERTHÄTIGER BRUNN*

Über den Ursprung der noch viel besuchten Gezelinusquelle erzählt die Legen-
de: *Bei anhaltender Dürre, als alle Brunnen versiegten, erweckte Gezelinus durch die Kraft seines
Glaubens und den Stoß seines Schäferstabes in der Nähe von Morsbroich eine frische Quelle.*

Der Quelle wird Heilkraft bei Augen- und Kopfleiden zugeschrieben. So heißt es
1668:

*Haben hier beim Haus keine Pharr, sondern nur eine Hauscapel und noch eine neue Capell, so
der Herr Landcomtur anno 59 erbauet in honorem Sti. Giselini, woselbsten unter dem Altar ein
Heylbronnen entspringet und viele Leuht miraculose sollen durch dieses Wasser curiret worden
sein.* (DÖRING)

Wie eh und je wird das Gezelinuswasser gebraucht. Jakob SCHLAFKE vermerkt:

*Wer in Leverkusen nicht weiß, wo sich die Gezelinusquelle befindet, kann sich am späten Nach-
mittag oder Abend im Stadtteil Alkenrath an den Frauen und Männern, oft auch Kindern, orien-
tieren, die, mit Kannen und Kanistern bepackt, Richtung Kapelle ziehen, um sich dort mit fri-*

schem Quellwasser zu versorgen. Gastarbeiter aus Anatolien haben entdeckt, daß das klare Wasser dieser Quelle an die Brunnen der Heimat erinnert. (In Köln soll es sogar ein bekanntes Cafe geben, das mit diesem Wasser seine Getränke kocht …).

Da Wasser Leben spendet, ist der selige Gezelinus der Patron für Kindersegen und seine Quelle, der *Jesselinespötz*, ein Ort, *aus dem die Ammen die neugeborenen Kinder fischen* können. Noch heute werden die Kinder der Sankt-Andreas-Gemeinde in Schlebusch mit Gezelinuswasser getauft.

Das Wasser der Quelle wird heute mit moderner Technik zu Tage gefördert. Während der Bauarbeiten für den 1957 errichteten Stadtteil Alkenrath wurde der natürliche unterirdische Zufluss gestört, die Quelle versiegte. Seither wird eine Pumpe mit Filteranlage eingesetzt, um das Wasser fließen zu lassen. Auch wenn es behördlich wegen zu hohen Kohlensäuregehalts als *kein Trinkwasser* eingestuft wird, ist es laut Gutachten von bester Qualität und aufgrund seines hohen Borgehalts gut bekömmlich.

QUELLENNACHWEIS

DÖRING: Heiliges Wasser; SCHLAFKE: Wallfahrt Köln

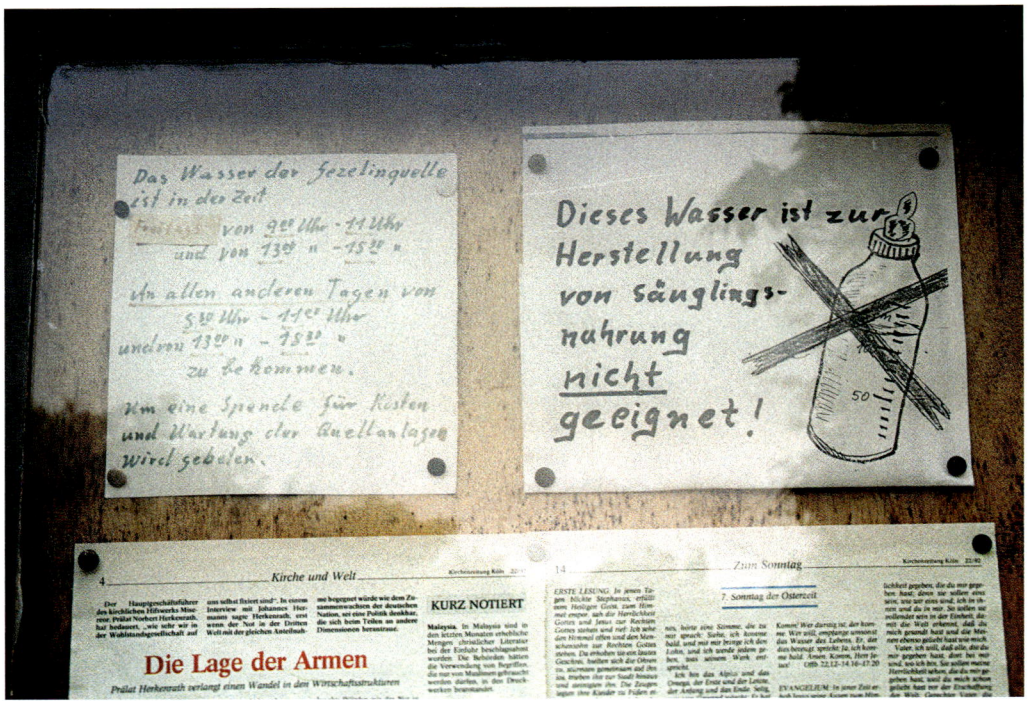

Hinweis zum Gebrauch des Wassers aus
der Gezelinusquelle, Leverkusen.

August

LAURENTIUS

10. August

DIAKON, MÄRTYRER
* IN SPANIEN (?)
† 258 IN ROM
DARSTELLUNG: IM DIAKONSGEWAND (DALMATIKA); AUF DEM ROST
ATTRIBUTE: ROST, GELD, BROTE
PATRON DER ARMEN, KÖCHE, KONDITOREN, WIRTE; DER WEINBERGE; DER ARMEN SEELEN
— ANGERUFEN GEGEN FEUERSBRUNST, BRANDWUNDEN, PEST, FIEBER; BEI AUGENLEIDEN

1 VITA

Über die Herkunft von Laurentius weiß man so gut wie nichts. Der Legende nach ist er aus Spanien nach Rom gekommen. Dort ließ Kaiser Valerian den *unerschütterlichen Christen* mit Bleiklötzen schlagen, zwischen glühende Platten legen und schließlich auf einem Rost zu Tode martern. Selbst in diesen Qualen soll Laurentius seinen Humor bewahrt und den Henker geneckt haben: „Der Braten ist schon auf der einen Seite gar, dreh mich um."

2 LAURENTIUSVEREHRUNG

Vielfältig sind die Formen der Laurentiusverehrung. Gesegnetes *Laurentiusbrot* wurde an Arme verteilt oder auch dem Vieh als Futtermittel gegeben. Die meterhohe, gelbblütige Goldrute *Laurenzilorbeer* galt als Heilmittel für verschiedene Krankheiten. Gesegnete *Laurenzikohlen* sollten vor Feuer schützen, der *Laurentiussegen* bei seelischen Qualen oder bei Verbrennungen helfen.

Aus Simmern (Rhein-Hunsrück-Kreis) ist ein Heilsegen im Namen des Heiligen überliefert: *Unser Herr lieber Jesu Christ ging über Land; da sah er brennen einen Brand; da lag sant Lorenz auf einem Rost; da kam ihm unser lieber Herr Jesus Christ zu Hülf und Trost.* (RHEINISCHES WÖRTERBUCH)

Die Winzer bringen dem heiligen Laurentius an seinem Festtag ihre Erstlingstrauben dar. Für Köln bezeugt Hermann WEINSBERG den Brauch, vor dem Bild des Heiligen reife Trauben aufzuhängen:

S. Laurentz truben. Anno 1580 den 10. Augusti hat S. Laurentii bilt in Sant Laurentz kirspel diß jar etliche reife truben an sich hangen, daß man gern hat und hofft, dan sulten die truben froe gnoig reif werden und gut wein wassen, und deste mehe, dweil das forige jar keinen dranckbarn wein geben hat.

Hinweistafel beim
Laurentiusbrunnen in
Niederkastenholz.

Bis zum Ersten Weltkrieg soll im Kölner Dom folgender Brauch üblich gewesen sein: Am 10. August wurde alljährlich das Reliquiar des Heiligen mit der ersten reifen Traube geschmückt und ausgestellt.

Mit dem Wasser der Laurentiusquelle in Hülzweiler (Kreis Saarlouis) versuchte in den 1950er Jahren ein Sprudelfabrikant vergebens sein Glück. Eine moderne Brunnenanlage mit Leitungswasser erinnert an die alte, mit der Kanalisierung verschwundene Heilquelle und die erloschene Wallfahrt, die dem heiligen Laurentius bzw. den „Drei Marien" galt. Über den Quellenkult schreibt Christoph Brower im 17. Jahrhundert: *Nahe bei Fraulautern an der Saar ist eine Quelle den Drei Marien geweiht. Dort werden Kranke mit den unterschiedlichsten Leiden geheilt, in der Kapelle daneben legen sie Zeugnisse ihrer Genesung und aus Dankbarkeit Geschenke nieder.* (OBERHAUSER)

In Grefrath (Kreis Viersen) wurde einst das *Laurentiuswasser* gesegnet, dem bei Augenleiden und den *Laurentiusblasen* (Blattern) besondere Heilkraft zugesprochen wurde. Der Brauch soll hier bis 1875 lebendig gewesen sein.

Bei Eschringen (Stadtverband Saarbrücken) steht eine Lorenzkapelle, bei der nahe gelegenen Mühle sprudelt der *Lorenzenborn*. Inmitten der barocken Kapellenausstattung befindet sich eine gotische Laurentiusstatue aus dem 14. Jahrhundert, in einer bis zu den Füßen reichenden Dalmatika, mit Buch und Rost. Die Holzskulptur habe die Zeit der Reformation und der Rekatholisierung im Brunnen bei der Mühle überdauert, wie wir von Gabriele OBERHAUSER erfahren:

Die fast erblindete Müllersfrau genas, als sie sich mit dem Brunnenwasser die Augen wusch. ‚Man untersuchte den Quell und zog aus dem Schlamm heraus das Bild des hl. Laurentius und brachte es zur Kapelle.' Seither wurde Laurentius in Eschringen als Helfer bei Augenkrankheiten verehrt. Doch damit nicht genug: ‚Durch das Bildnis war der Brunnen ein Heilwasser für vielerlei Leiden geworden.'

Und auch das gibt es: Ein alljährlich in der ersten Augusthälfte wiederkehrender Meteoritenstrom mit einer Vielzahl an Sternschnuppen sind die Perseiden. Da deren Erscheinen zuweilen mit dem Festtag des Laurentius zusammenfällt, werden sie *Laurentiustränen* beziehungsweise *Tränen des Laurentius* genannt. Dieses Himmelsphänomen suchte man legendarisch zu begründen: In der Nacht nach dem Martyrium des Heiligen seien so viele Sternschnuppen gefallen, dass man glaubte, sogar der Himmel weine um den Toten.

Der Laurentiustag ist auch der Festtag der Köche, der u. a. mit einem traditionellen Festzug begangen wird. Im August 2009 traf man sich zum Welt-Köche-Tag in Köln.

3   MÖNCHENGLADBACHER HEILIGTUMSFAHRT

Neben einer Vitusreliquie und den *Großen biblischen Heiligtümern* (ein Stück Stoff, das als Teil vom Tischtuch des Abendmahlsaals gilt; ein Stück, das als Teil des Purpurmantels Jesu verehrt wurde; verschiedene Bruchstücke von Geschirr, das beim Abendmahl verwendet worden sein soll; Teile von Gewändern Mariens und des Evangelisten Johannes) gehört eine Laurentiusreliquie zu den Mönchengladbacher Heiligtümern, die alle sieben Jahre gezeigt werden. Schon im Jahre 1456 erhielt die damalige Benediktinerabtei St. Vitus – die heutige Münsterkirche – die kirchliche Erlaubnis, die Reliquien jährlich den Gläubigen zur Verehrung zu zeigen. Ende des 16. Jahrhunderts hat sich der Turnus von sieben Jahren herausgebildet. Zuletzt fand die *Mönchengladbacher Heiligtumsfahrt* im Jahre 2007 statt.

4   BAUERNREGELN

Aus dem RHEINISCHEN WÖRTERBUCH:
L. brengt en Säng oder en Sprenz – es ist dann entweder sehr heiss oder es regnet. (Westeifel)
Acht Dag för äf acht Dag no zint L. gef et ärge Wänd (Wind). (Dremmen, Kreis Heinsberg)
Wann der L. hät ken Sonn, göfft et schleite (schlechten) Win (Wein) en de Tonn. (Mönchengladbach).

QUELLENNACHWEIS

BUCH WEINSBERG; OBERHAUSER: Wallfahrten; RHEINISCHES WÖRTERBUCH

Rochus

16. August

Pilger
* 1295 in Montpellier (Frankreich)
† 1327 daselbst
Darstellung: als Pilger; mit Pestbeule am Oberschenkel
Attribute: Hund mit Brot im Maul
Patron von Montpellier; der Gefangenen, Kranken, Kranken- und Siechenhäuser, Ärzte, Chirurgen, Gärtner, Schreiner; des Viehs – angerufen gegen Pest und Cholera, Seuchen, Tollwut; bei Fuss-, Bein- und Knieleiden sowie Unglücksfällen

1 Vita

Der Legende nach verlor Rochus früh beide Eltern, schenkte sein Vermögen den Armen und begab sich 1317 auf Pilgerfahrt nach Rom. Unterwegs half er bei der Pflege von Pestkranken. Auf der Rückreise wurde er in Piacenza selbst von der Pest befallen; er zog sich in eine Hütte vor den Stadttoren zurück. Da erschien ein Engel zu seiner Pflege, und der Hund eines benachbarten Edelmanns brachte ihm Brot und Speise, bis er genesen war. 1322 kehrte er in seine Heimat zurück, aber man erkannte ihn nicht, hielt ihn für einen Spion und warf ihn ins Gefängnis. Dort blieb er fünf Jahre, ehe er starb. Seine Gebeine ruhen seit dem 15. Jahrhundert in der Kirche S. Rocco in Venedig.

2 Vieh- und Pestheiliger

Die Rochusverehrung nahm im 15. Jahrhundert in Südfrankreich großen Aufschwung. Nach der Übertragung der Gebeine nach Venedig verbreitete sich von dort aus der Kult weithin. In Südfrankreich werden bis heute an Häusern die Buchstaben *VSR (Vive Saint Roche – es lebe der heilige Rochus)* angebracht. In Rheinhessen gibt es seit 1666 die – auch von Johann Wolfgang von Goethe („Sankt-Rochus-Fest zu Bingen. Am 16. August 1814") geschilderte – Wallfahrt auf den Rochusberg bei Bingen. Die dortige Rochusbruderschaft trug wesentlich zur Verehrung des Heiligen bei Pest und Vieherkrankungen bei.

Die St.-Rochus-Kapelle von Ahrbrück (Kreis Ahrweiler) steht seit 350 Jahren im Dennental. Noch 1769 kamen Prozessionen und Pilger am 16. August. Bis 1836 fand an diesem Tag ein feierliches Amt mit Predigt und Aussetzung des Sanctissimum für

Heiliger Rochus als Pilger, mit Pestbeule
am Oberschenkel. Andachtsbild um 1700,
kolorierter Kupferstich.

die Pilger statt. Um die Kapelle ist es heute still geworden. Alljährlich hält eine Pilger-
gruppe auf ihrem Weg zum Apostelgrab des heiligen Matthias in Trier Einkehr.

In Düsseldorf hat sich die Wallfahrtsprozession von Lohausen zum heiligen Rochus
in Pempelfort erhalten. Der Brauch geht auf ein Gelübde der Lohausener Bevölkerung
aus dem Jahre 1797 zurück, in dem weite Teile des Rheinlands unter einer Hornvieh-
seuche litten. Die Bevölkerung suchte Schutz und Hilfe bei den Heiligen der Kirche;
Ulrich BRZOSA teilt Auszüge aus einem Bericht von 1797 mit:

*So wenig nun auch die Bewohner dieser Kirchspiele die im Unterricht eröffneten Bewahrungs-
und Heilmittel verachteten, so waren sie doch überzeugt, daß ohne Hilfe des Himmels der Gebrauch dieser Arznei nicht anschlagen würde. Sie nahmen daher ihre Zuflucht zu Gott und besuchten fleißig die zu Pempelfort vor der Stadt Düsseldorf … zu Ehren des heiligen Rochus gebau-
te und gestiftete Kapelle … An bestimmten Tagen predigte dort der Pfarrer des Kirchspiels
Derendorf, oder andere Welt- und Ordensgeistliche. Sie bestrebten sich, dem Volke einzuprägen,
daß die von Gott über ein Land geschickten Plagen und Übel durch Bekehrung zu ihm, durch Ver-
laßung der bösen Wege, worauf es bisher wandelte, durch Anbetung in Geist und Wahrheit abgewendet werden könnten.*

Rochus

Auf die Fürsprache des heiligen Rochus wurde Lohausen von der Seuche befreit: *Das heiße Flehen der so hart Bedrängten wurde erhört, die Pest war so plötzlich verschwunden, daß sogar das eine Rind, welches im Stalle auf Haus Leuchtenberg, neben den von der Pest befallenen und verendeten Stücken gestanden hatte, gesund blieb.* (BRZOSA)

Eine besondere Verehrung hat der Heilige in Kalkar (Kreis Kleve) erfahren. Die Pest hatte in der zweiten Hälfte des 15. Jahrhunderts und zu Beginn des 16. Jahrhunderts Verderben über den Niederrhein gebracht, auch Kalkar hatte furchtbar gelitten. Zu Ehren des Pestpatrons findet seit 1510 jährlich eine Prozession statt. Auch wird Weinlaub auf die Fensterbänke gelegt, da Rochus auch als Schutzpatron gegen die im 19. Jahrhundert eingeschleppte Reblaus gilt.

Die Fürsprache des heiligen Rochus ruft ein Mundartgedicht an:

Sent Rochus hilp ons Stadt

Windrüwe-Loov hengt överall / An Fenster, Döre, Mure / Van Hüs än Schopp än Hunderstall / Bej Börgers än bej Bure. / Vandaag es en besonder Fäst, / Ek hört al dorvan proote, / Et trekt den Hellege van de Päst / Sent Rochus dör ons Stroote. / As ens bej ons den schwarten Dood / Liet düsend Menße stärwe, / Dor bäjde Kalker in sin Nood: / Löt ons doch niet verdärwe! / Sent Rochus hilp ons Stadt, än wat / Versprooke öm dij Alde, / Die Bäjprozessij dör de Stadt / Wej ok vandaag noch halde. / Sent Rochus, ok in onsen Tit / Et Bäje wej nit loote, / Dat gej för ons, es et so witt, / Met Onsen Heer düt proote. (DISTELKAMP)

QUELLENNACHWEIS

BRZOSA: Katholische Kirche Düsseldorf; DISTELKAMP: Vor 375 Jahren in Kalkar; SIEMES: Durch das Jahr

Skulptur des Pilgerpatrons Rochus.
Rochuskirche, Düsseldorf.

Rochus

BARTHOLOMÄUS

24. August

APOSTEL, MÄRTYRER

* ANFANG DES 1. JAHRHUNDERTS IN KANA (HEUTE ISRAEL)

† 1. JAHRHUNDERT IN SYRIEN (?)

DARSTELLUNG: ALS APOSTEL, MIT ABGEZOGENER HAUT

ATTRIBUTE: BUCH, MESSER

PATRON DER BAUERN, WINZER UND HIRTEN, DER LEDERARBEITER, GERBER, SATTLER UND SCHUHMACHER, DER METZGER – ANGERUFEN GEGEN HAUT- UND NERVENKRANKHEITEN, ZUCKUNGEN

1   VITA

Bartholomäus war einer der zwölf Apostel Jesu. Seit dem Mittelalter wurde er mit Nathanael gleichgesetzt, den ein anderer Apostel, Philippus, zu Jesus brachte; dieser erkannte ihn als Mann, *in dem kein Trug ist*, d. h. als einen, der schon einen hohen Grad der Weisheit erreicht hat (Johannesevangelium 1,45–47). Bartholomäus verkündete der Überlieferung nach den Glauben in Persien, Armenien und Indien. *Den Tod fand er vermutlich in Syrien, wo man ihm erst bei lebendigem Leib die Haut abzog und ihn dann kreuzigte. Nach anderen Quellen kam er durch eine Enthauptung zu Tode.* (HEILIGENKALENDER)

Die Gebeine des Märtyrers befinden sich seit 983 in San Bartolomeo in Rom, die Hirnschale wird im Frankfurter Dom aufbewahrt.

2   BARTHOLOMÄUSFEST IN WIESENBACH

Aus der Kapelle Wiesenbach bei St. Vith (Belgien) ist folgender Brauch für das Jahr 1879 überliefert:

Am 24. August eilen die Landbewohner aus einem Umkreis von 12 bis 15 km herbei, um diesem Heiligen Hähnchen zu schenken. Mit diesem Geflügel betreten sie die Kirche, machen dort dreimal die Runde und jedesmal, wenn sie an der Statue des heiligen Bartholomäus vorbeikommen, kneifen sie die Hähnchen, um sie zum Schreien zu bringen. Die Klagelaute der Opfer vermögen den die Messe zelebrierenden Priester nicht im geringsten abzulenken, der an diesem Tage einen reichlichen Vorrat an Hähnchen einheimst. (HANF) Um die Zeit des Ersten Weltkriegs ist der Brauch aufgegeben worden.

3   BAUERNREGELN

Das Fest des heiligen Bartholomäus, der 24. August, markiert das Ende der Schon- und Laichzeit der Fische und eröffnet den Fischfang in den Binnengewässern. Gefeiert wurde dies früher mit Fischessen, Prozessionen und Fischzügen. Fischerkönig wurde der, der den reichsten Fang vorweisen konnte.

Der heilige Bartholomäus ist sprichwörtlich geworden. *Wissen, wo Barthel den Most holt* meint, sich zu helfen wissen, schlau und verschlagen sein. Belegt ist die Redensart seit der zweiten Hälfte des 17. Jahrhunderts, zum Beispiel in Grimmelshausens „Simplicissimus".

Der Bartholomäustag markierte als Lostag im bäuerlichen Kalender den Herbstanfang. Die drängende Erntearbeit bei stets kürzer werdenden Tagen beispielsweise verbot den Bauern die Mittagsruhe und das Vesperbrot, wie in mannigfach wechselnden Bauernregeln ausgedrückt. Auch pflegten am Bartholomäustag die Landwirte an die Bestellung der Äcker für die Wintersaat zu gehen. Das RHEINISCHE WÖRTERBUCH teilt die Bauernregeln mit:

B. verbeit de Botter un de Käs, St. Plein darf et noch e Pannekechelche sein. (Oberemmel, Kreis Trier-Saarburg)

Wenn et B. reəngert, wörd de Herfs drüg, on de Erdäppel geroane gout. (Dülken, Kreis Viersen)

För der 24. Aug. mott der Haver af sin, anders helt se B. fort. (Kranenburg, Kreis Kleve)

Heit is Bartlomä; wer Kore hot, der säh; wer Hawer hot, der räff; wer Äbbel hot, der brech! (Hunsrück)

QUELLENNACHWEIS

HANF: Heilige; HEILIGENKALENDER; RHEINISCHES WÖRTERBUCH

Martyrium des heiligen Bartholomäus. Andachtsbild 17. Jahrhundert, kolorierter Kupferstich.

HERIBERT (HERIBERTUS) VON KÖLN

30. August

ERZBISCHOF VON KÖLN
* UM 970 IN WORMS
† 1021 IN KÖLN
DARSTELLUNG: IN ERZBISCHÖFLICHEN GEWÄNDERN, DURCH SEIN GEBET REGEN HERABFLEHEND
ATTRIBUTE: MITRA, BISCHOFSSTAB, BUCH
PATRON DER STADT KÖLN, WETTERPATRON – ANGERUFEN UM REGEN

1 VITA

Heribert war der Sohn des Grafen Hugo von Worms und wurde an der Domschule zu Worms und im Kloster Gorze in Lothringen erzogen. In jungen Jahren lernte er Kaiser Otto III. kennen, dessen Freund und Berater er wurde. Im Jahr 999 wurde Heribert zum Erzbischof von Köln gewählt. 1002 gründete der Bischof die Benediktinerabtei Deutz sowie das Kanonikerstift zu den heiligen Aposteln in Köln. Seine Biographen beschreiben ihn als einen Mann von außergewöhnlicher Frömmigkeit und Freigiebigkeit gegenüber Armen. Seine Gebeine sind in einem prachtvollen Schrein in der Köln-Deutzer Heribertkirche beigesetzt.

2 HEILIGER DES MITTELALTERS

Bereits kurze Zeit nach Heriberts Tod setzte an seinem Grab in der Abtei Deutz (Köln) die Verehrung als Heiliger ein, die zunächst nur lokales Ausmaß hatte. Bereits zwischen 1046 und 1060 fand sie literarischen Niederschlag im Werk Lantberts von Deutz, der neben einer „Vita sancti Heriberti" mit den „Miracula sancti Heriberti" – einer Sammlung von Wundern, die Heribert zu Lebzeiten und nach seinem Tod gewirkt haben soll – liturgische Texte und geistliche Lieder über Heribert verfasste.

Nach Deutz kamen, wie Lantbert angibt, viele Pilger aus Köln und dem Umland, jedoch auch aus Trier und den Ardennen, aus Mainz, Worms und Sachsen. Aus der Nachbarschaft zum viel besuchten, *kirchen- und heiligenreichen* Wallfahrtszentrum Köln Nutzen ziehend, muss Deutz innerhalb weniger Jahre einen festen Platz auf der Karte der Pilgerstätten der Zeit eingenommen haben. Als König Knut der Große (von Dänemark, † 1035) im Jahre 1026 auf dem Weg nach Rom berühmte Heiligtümer in Lothringen, Burgund und Frankreich aufsuchte, machte er auch in Deutz Station.

3   WETTERPATRON

Wie → Severinus von Köln wurde auch der heilige Heribert als Wetterpatron angerufen. Prozessionen zu dem Heiligen waren an das Wetterpatrozinium geknüpft. Erzbischof Pilgrim (1021–1036) ordnete in einem Jahr, als eine große Dürre die Ernte zu vernichten drohte, ein Fasten und eine anschließende Bittprozession an. Uta KLEINE gibt den Bericht der „Miracula Heriberti" wieder:

Er ließ ein dreitägiges Fasten anordnen, damit derjenige, der sich [der] erniedrigten Bürger von Ninive erbarmt hatte, sich auch gegenüber den neugeborenen Büßenden barmherzig und sanftmütig erzeige. Dies wurde angeordnet, und auf den Befehl hin formierte sich eine Bittprozession: Die Leiber der Heiligen wurden herausgetragen, ihre Reliquien hervorgeholt; barfüßig warfen sie allen Kleiderprunk von sich, eifrig erbaten sie die Wohltat der höchsten Gnade. Zum Abschluss der Prozession wurde der Leib des heiligen Severin über den Rhein zum heiligen Heribert nach Deutz gebracht. Es ereignete sich das erhoffte Wunder: Auf dem Rückweg nach Köln fiel Regen in großen Mengen.

Eine ähnliche Prozession hatte bereits Heribert zu seinen Lebzeiten angeordnet. Die Legende besagt, *dass er in Zeiten einer lang anhaltenden Dürre und Hungersnot sein Brot teilte, die Kranken besuchte und die Niedergeschlagenen wieder aufrichtete.* In einer großen Not ordnete er eine Bittprozession an. Als nach dem Ende des Gebets noch immer kein Regen fiel, flehte er den Himmel um Erbarmen an. Die „Vita Heriberti" berichtet weiter: *Während die Prozession am zweiten Tag von der Severinskirche zum Pantaleonkloster zog, sahen einige über dem Haupt Heriberts eine weiße Taube kreisen … Als er die Hände zum Himmel erhob, fiel der ersehnte Regen und machte die Saat fruchtbar.* (KLEINE)

Mitte des 12. Jahrhunderts vermerkt der Deutzer Küster in einem Register der Kircheneinkünfte, Pfarreien *pflegten dem hl. Heribert ihre Kollekten und Almosen jährlich zum Schutz der Frucht darzubringen, damit Gott durch dessen Fürbitte ihre Saat vor Donner, Blitz, Hagel und Unwetter verschone.* (KLEINE)

QUELLENNACHWEIS

KLEINE: Gesta, Fama, Scripta

Heribert von Köln

Gebet zur heiligen Irmgardis.
Andachtsbild um 1910, Farb-
lithographie.

Gebet.

O Gott, der Du siehest, daß
wir schwache und elende Geschöpfe
sind, die aus eigenen Kräften nichts
vermögen, verleihe gnädigst, daß
wir durch die Fürbitte der heiligen
Irmgardis vor aller Sünde,
Not und Widerwärtigkeit bewahrt
werden, durch Jesum Christum,
unsern Herrn. Amen.

———

Aus dem kirchl. approb. Irmgardis-Büchlein.

———

SEPTEMBER

Irmgard (Irmgardis) von Süchteln/von Köln

4. September

Wohltäterin
* um 1020
† um 1075 (?) in Köln
Darstellung: als Pilgerin
Attribute: Stab und blutiger Handschuh
Patronin des Obstbaus – angerufen bei Bruchleiden und Fieber, Viehseuchen

1   Vita

Der Legende nach soll die heilige Irmgardis drei Pilgerreisen zu den heiligen Stätten in Rom unternommen und anschließend als Wohltäterin der Kölner Abtei St. Pantaleon sowie der Armen der Stadt gewirkt haben. Einige Jahre habe sie in Süchteln (Kreis Viersen) als Einsiedlerin gelebt – es gibt allerdings keinen historischen Beweis für diesen Aufenthalt.

Arie Nabrings kommt nach kritischer Würdigung der historischen Überlieferungen zu dem Ergebnis:

Zu den weithin geläufigen Kennzeichen Süchtelns gehört die Irmgardis-Kapelle auf den Süchtelner Höhen. Dort soll die Heilige zu Anfang des 11. Jahrhunderts nach dem Tod ihrer Eltern gelebt haben, bevor sie sich zur weiteren Vervollkommnung ihrer Frömmigkeit nach Köln begab. An ihren Süchtelner Aufenthalt knüpften sich später zahlreiche Legenden ... Trotz aller Hochschätzung der Irmgardis in Süchteln und der näheren Umgebung bleibt festzuhalten, daß es bis auf die Legenden keinerlei historischen Beweis für einen Aufenthalt der Heiligen hier gibt. Selbst ihre Verehrung läßt sich erst viel später (Ende 15. Jahrhundert) als zu ihrer Lebenszeit (11. Jahrhundert) nachweisen.

Irmgardis wurde im Kölner Dom beigesetzt. Ihre Gebeine ruhen in der Agneskapelle. Im Jahre 1864 wurde der Reliquienbehälter der Heiligen im Kölner Dom geöffnet. Der Ortspastor Lambertz erhielt für Süchteln ein hölzernes Schüsselchen sowie einen Wirbelknochen.

2   Irmgardisfeier, -oktav und -jahrmarkt

In Süchteln erinnern Irmgardiskapelle, -oktav und -brunnen auf dem Heiligenberg an die Heilige. Über die Irmgardisfeiern berichtet das Tagebuch des Süchtelner Pfarrers Arnold Wilmius (1702–1725). Nabrings teilt auszugsweise mit:

Irmgard von Süchteln

Wallfahrtsandenken. Papierfähnchen,
20. Jahrhundert.

    Seinen Aufzeichnungen zufolge begann die Irmgardis-Feier am Abend des 3. September mit Glockengeläut. Am folgenden Morgen wurde um 6 Uhr eine Messe in der Kapelle gelesen, der um 8.30 Uhr ein Hochamt in der Pfarrkirche folgte. Danach zog eine Prozession zum Heiligenberg, wie er nun heißt, wo eine zweite Messe gelesen wurde … Man betete die Muttergottes- und Allerheiligenlitanei mit dem dreimaligen Da pacem. Der Schlußsegen wurde nach dem Rückweg in der Pfarrkirche erteilt. Fiel das Irmgardis-Fest auf einen Wochentag, arbeitete man vormittags nicht.

    1746 äußert sich der Süchtelner Pastor Quirinus Froitzheim über die Heilige und deren Verehrung:

    Ich weiß nicht mehr zu schreiben, als daß in der hier benachbarten Stadt Süchteln, wo eine Kapelle zu Ehren der heiligen Irmgardis errichtet [und] wo auch der Ursprung einer Quelle ist, an dieser Stelle, sage ich, Berg der heiligen Irmgardis genannt, ihr Fest am vierten September mit voll-

September

ständigen Ablässen gefeiert wird. An diesem Tag als auch während der gesamten Oktav herrscht ein großer Volksauflauf. Verschiedene Kranke schreiben bei unterschiedlichen Leiden die Wiederherstellung der Gesundheit nach dort gehaltener Andacht der Fürsprache der heiligen Irmgardis zu. In jeder Woche wird dienstags und freitags ebendort zur festgesetzten Stunde Messe gelesen. (NABRINGS)

Früher sollen junge Frauen vielfach auf den Heiligenberg gewallfahrtet sein, um den Segen für eine gute Ehe zu erflehen. Dabei tranken sie aus dem Irmgardisbrunnen. Der 1664 erstmals erwähnte Brunnen wurde insbesondere bei Bruchleiden und Fieber *(contra hernias et febres)* in Anspruch genommen. Das *Irmgardiswasser* wurde auch benutzt, um den Segen Gottes auf die Fürbitte der Heiligen zu erbitten *über die Unserigen, über unsere Wohnungen, unsere Felder, unser Vieh und über all unser Hab und Gut, über alles, was wir in Andacht mit diesem gesegneten Wasser besprengen oder dem wir davon zu genießen geben.* (DÖRING)

Mit der kirchlichen Irmgardisoktav ist ein Jahrmarkt verbunden, der bis in das 16. Jahrhundert zurückreicht. Dabei wurden immer wieder Missstände beklagt. 1766 musste der zuständige Schultheiß einschreiten, um die religiöse Andacht der Irmgardispilger nicht durch das Marktgeschehen stören zu lassen:

Aus befehll eines zeit[lichen] *Schultheißen wird hierdurch verkündigt, daß auf st. Irmgardistag die krähm nicht zu nahe ahn die capell gestellet werden, damit die umgehenden freyen gang haben können, die betteler auch vor der capelle ohne schreyen und rufen endtfernet seyn sollen, damitten dardurch der gottesdienst und die andacht nicht gestöret werden. Sodan der fusellschencker und sonstige weggen und andere Verkäufer ihre krähme so weith von der capellen zu stellen, daß ahn der andacht denen vielfältigen menschen die oktav hindurch nicht hinderlich seye.* (NABRINGS)

Diese Notiz bezeugt erstmals einen Markt an der Kapelle am Irmgardistag. Der Markt lebt heute als *Appeltaat-Kirmes* weiter, deren Namen NABRINGS so erklärt: *Die Bezeichnung führt sich wahrscheinlich auf eine Bemerkung in den Acta sanctorum zurück. Sie berichtet, daß eine Apfelsorte (,quoddam pomorum genus') nach der Heiligen Irmgardis benannt gewesen.* Bei den traditionellen Süchtelner *Apeltörtsches* handelt es sich um Apfeltaschen aus dieser heute nicht mehr bekannten Apfelsorte.

QUELLENNACHWEIS

DÖRING: Heiliges Wasser; NABRINGS: Irmgardis

Irmgard von Süchteln

SUITBERTUS (SWIDBERT) VON KAISERSWERTH

4. September

* 7. JAHRHUNDERT IN ENGLAND
† 713 IN DÜSSELDORF-KAISERSWERTH
DARSTELLUNG: ALS BISCHOF
ATTRIBUT: STERN, (BISCHOFS-)STAB
ANGERUFEN GEGEN HALSSCHMERZEN

1   VITA

Suitbertus gehörte zu einer Gruppe angelsächsischer Missionare, die auf dem europäischen Festland das Evangelium verkündigten. Um 690 machte er sich gemeinsam mit → Willibrord auf ins südliche Friesland. Während einer Reise in die Heimat im Jahr 692/693 wurde Suitbert zum Wanderbischof geweiht. Zurück in Deutschland, missionierte er vor allem im Bereich des heutigen Ruhrgebiets. Sein Erfolg wurde später von den einfallenden Sachsen zunichte gemacht. Enttäuscht zog sich Suitbert auf eine Rheininsel zurück und errichtete ein Kloster. Daraus entwickelte sich der heutige Düsseldorfer Stadtteil Kaiserswerth.

2   SUITBERTUSVEREHRUNG

Erste Spuren einer besonderen Suitbertusverehrung sind außerhalb von Kaiserswerth bezeugt. So ist der Name des Missionars in den zwischen dem 9. und 11. Jahrhundert erstellten Heiligenkalendern des Stifts Essen und in einer Heiligenlitanei des Kölner Doms aus der Zeit vor der Jahrtausendwende zu finden. Erst eine Urkunde aus der Zeit um die Wende zum 12. Jahrhundert belegt, dass die Kaiserswerther Bevölkerung den Todestag ihres Kirchenpatrons in besonderer Weise beging.

Die Entstehungszeit der noch heute üblichen drei Suitbertusgedenktage – Sonntag nach dem 1. März (Todestag), Sonntag nach dem 29. Juni (Fest der Übertragung der Gebeine) und Sonntag nach dem 4. September (Tag der Heiligsprechung) – ist nicht bestimmbar, doch besaßen die Feiertage bereits im Jahre 1669 einen festen Platz im Kaiserswerther Festkalender. An den Festtagen wurde der Schrein auf dem Hochaltar zur Verehrung aufgestellt und in feierlicher Prozession durch die Stadt getragen.

Das kirchliche Leben der katholischen Gemeinde in Kaiserswerth war auch das Jahr hindurch von der Verehrung des Heiligen geprägt. Fast an allen Sonntagen ging *eine*

Menge Einwohner, nach einer Art Prozession, wobei der Leichendiener vorbetete, den sogenannten Swidbertusweg; bei besonderen Anliegen mußten auch an Werktagen sieben Kinder die Wanderung außerhalb der Stadt machen. (BRZOSA) Zu den Suitbertusfeierlichkeiten gehörte seit dem 18. Jahrhundert auch die periodische Öffnung des Schreins; am Festtag des Heiligen wurden die Reliquien zur Verehrung acht Tage lang in einem kleinen Glasschrein vor dem Hauptaltar ausgestellt.

Zu Beginn des 18. Jahrhunderts beging man in Kaiserswerth die 1000-Jahr-Feier des Suitbertus-Todesjahrs. Mit der Feier setzte eine Serie von Suitbertusjubiläen ein, so Peter DOHMS, *die bis zum Beginn des 19. Jahrhunderts alle 50 Jahre, seit dem 19. Jahrhundert alle 25 Jahre abgehalten wurden.* Außerhalb dieses Turnus beging Kaiserswerth 1998 die 1300-Jahr-Feier der Stadt, da man das Jahr 698 als das Jahr ansah, in dem sich Suitbertus in Kaiserswerth niedergelassen haben soll. Mit dieser Gedenkfeier hatte man *nicht nur die konfessionellen Grenzen überschritten, sondern auch — im Sinne eines effektvollen Happenings — den zeitgemäßen, durchaus säkularen Feierformen der Bürgerschaft Rechnung getragen.*

Eine ökumenische Wallfahrt geht seit Jahren von Ratingen nach Kaiserswerth. Im Jahr 2005 lesen wir:

Was als ‚Gemeindewallfahrt‘ von St. Josef begann, ist längst zu einer ökumenischen Aktion geworden, an der sich Menschen aus mehreren Kirchengemeinden beteiligen. Pfarrer Ludwin Seiwert lädt alle Kinder, Jugendlichen, Erwachsenen und Senioren ein: ‚Suitbertus war ein Heiliger der noch ungeteilten Christenheit. Deshalb gilt die Einladung für Christen aller Konfessionen und auch für interessierte Nichtchristen.‘ … Gemeinsam geht es durch Wald und Feld nach Wittlaer und dann am Rhein entlang bis nach Kaiserswerth, einer Gründung des berühmten Heiligen, der vor 1300 Jahren als Missionar aus England kam und als ‚Apostel des Bergischen Landes‘ gilt. (WESTFALTER)

QUELLENNACHWEIS

BRZOSA: Katholische Kirche Düsseldorf; DOHMS: Suitbertus; HEILIGENKALENDER; WESTFALTER [www. westfalter.de/pdf/001Westfalter0505.pdf]

ORANNA

15. September

EINSIEDLERIN, GLAUBENSBOTIN
* IN SCHOTTLAND (?)
† IM 6. JAHRHUNDERT (?)
DARSTELLUNG: ALS JUNGFRAU, EINSIEDLERIN
ATTRIBUTE: MIT OHR IN DER HAND
PATRONIN VON LOTHRINGEN – ANGERUFEN GEGEN OHRENLEIDEN, KOPFSCHMERZEN
UND SCHWINDELANFÄLLE; ALS „EHESTIFTERIN"

1   VITA

Oranna war der Legende nach eine schottische Königstochter, die von ihrem Vater wegen ihrer Schwerhörigkeit verstoßen wurde; andere Quellen nennen ihren Vater einen Herzog in Lothringen. Sie kam mit iroschottischen Mönchen in die Gegend von Berus (Kreis Saarlouis), wurde auf wundersame Weise geheilt und lebte dann als Einsiedlerin und Glaubensbotin im Gebiet der oberen Mosel und der Saar.

Oranna fand gemeinsam mit einer Gefährtin ihre letzte Ruhestätte in der Pfarrkirche des Dorfes Eschweiler; 1719 wurden ihre Gebeine ins benachbarte Berus überführt, dort ruhen sie in der Orannakapelle. Der Volksheiligen gilt die *von alters her* jährliche Wallfahrt der umliegenden Orte am Montag nach dem dritten Sonntag im September.

2   OHR-ANNA

Oranna wird seit dem späten Mittelalter als Nothelferin für Erkrankungen des Gehörorgans angerufen. Das erklärt sich aus der volksetymologischen Umwandlung des Namens zu *Ohr-Anna* ebenso wie aus der lokalen Legende, nach der die Heilige selbst an Schwerhörigkeit litt und einen tauben Edelmann heilte. Aus der *Ohrwehheiligen* wurde auch eine *Kopfwehheilige*.

Paulus Trontz, Abt von Wadgassen (1478–1506), berichtet über die Orannaverehrung:

Am Fest Kreuzerhöhung *ist ein großer Zulauf von Menschen, welche hierhin wallfahrten; es findet ein großer Markt statt. Viele Kranke, namentlich solche, die an Kopfschmerzen und Ohrweh leiden, werden geheilt. Es hängen eiserne Ringe darauf, die von den Kranken auf den Kopf gesetzt werden; dreimal verneigen sie sich tief und beten und gehen dann heim.* (OBERHAUSER)

Die *eisernen Ringe* waren schmiedeeiserne Reifen mit einem kleinen Kreuz an der Stirnseite. Auch gab es sogenannte *Kopfwehkronen*. Der großen Nachfrage wegen gehörten eiserne Kopfreifen zum Inventar einer Reihe von Wallfahrtsstätten an Mosel und Saar.

Die Bedeutung der eisernen Kopfringe und Kronen erläutert Gabriele OBERHAUSER:

Zunächst einmal wurden diese Eisenreifen keinesfalls immer von den Wallfahrern gestiftet, des öfteren besorgten dies die Wallfahrtsseelsorger und ‚Brüder' selbst ... Wichtig war, daß er paßte, daß er die Schläfen umfing. Denn, so hofften die Gläubigen, das Leiden werde aus dem Kopf in das Eisen abgeleitet und dort für immer festgehalten. Man darf annehmen, daß auch der Stiftung durch die Wallfahrer – ‚zum Andenken an erwiesene Wohltaten', wie es von der Oranna-Kapelle bei Berus ... berichtet wird – der Gebrauch der Reifen in der Hoffnung auf Genesung vorausgegangen war. Selbst um der Krankheit vorzubeugen, wurden sie ‚gebraucht'.

Zur Therapie gehörte es, den Kopf mit einem Band zu umgürten und zu messen:

Stimmten die Maße von der Stirn zum ersten Halswirbel und vom Kinn zum Scheitel nicht überein, so hieß das, daß der Kopf sein rechtes Maß verloren habe, folglich krank sei. Das Messen diente der Diagnose ebenso wie der Heilung. Durch wiederholtes Messen erhoffte der Kranke sein rechtes Maß, seine Gesundheit wiederzuerlangen. (OBERHAUSER)

Der Brauch wird auch heute noch in der Orannakapelle geübt, wie Gabriele OBERHAUSER aus eigener Anschauung in den 1990er Jahren schildert:

Mit der Krone auf dem Kopf verrichten die Gläubigen vor dem Altar ihr Gebet, tragen ihre Bitten vor. Am Oranna-Fest liegt eine besonders kunstvoll geschmiedete Krone auf. Das Jahr über begnügt man sich mit der traditionellen Eisenkrone. Offen bleibt, ob diese Praktik noch religiös motiviert ist, oder ob jetzt ein Kult nicht einfach als Brauch repetiert wird.

Kopfwehkronen gab es beispielsweise auch in der Valentinskapelle von Güdesweiler (Kreis St. Wendel), in der Kapelle am Vogelsborn von Eiweiler (Stadtverband Saarbrücken), in der Pfarrkirche St. Lutwinus von Mettlach (Kreis Merzig-Wadern) und in der Markus-Kapelle in Rappweiler (Kreis Merzig-Wadern).

3   EHESTIFTERIN

Dem Wasser des Orannabrunnens neben der Kapelle wird heilende Wirkung zugesprochen. Bei Ohrenleiden soll es genauso helfen wie bei *Männermangel*. Oranna wird nämlich auch als Ehestifterin angerufen. Dazu beten die jungen Frauen:

Hälig Orann, gef mer en Mann! / Kä Seffer, kä Schmesser, / känen mit em ruden Bart, / der es va kä gudder Art! – Heilige Orann', bescher mir einen Mann! / Keinen Säufer, keinen Raufbold, / keinen mit einem roten Bart, / Die sind von keiner guten Art. (IN GOTTES NAMEN)

QUELLENNACHWEIS

IN GOTTES NAMEN; OBERHAUSER: Wallfahrten; OBERHAUSER: Kopfwehkronen

KORNELIUS

16. September

PAPST
* 3. JAHRHUNDERT IN ROM
† 253 IM HEUTIGEN CIVITAVECCHIA (ITALIEN)
DARSTELLUNG: ALS PAPST MIT TIARA
ATTRIBUTE: HORN
PATRON DER BAUERN; DER LIEBENDEN; DES RINDVIEHS – ANGERUFEN GEGEN KINDER-
KRANKHEITEN, EPILEPSIE (KORNELKRANKHEIT), KRÄMPFE, NERVEN- UND OHRENLEIDEN

1 VITA

Kornelius wurde 251 zum Bischof von Rom gewählt. Der römische Kaiser Valerian (253–260) verbannte ihn zwei Jahre später nach Centumcellae, dem heutigen Civitavecchia. Die „Legenda aurea" berichtet, Kornelius sei mit Bleiklötzen geschlagen
worden, da er nicht im Marstempel opfern wollte. Er wurde in einer Katakombe bestattet. Kornelius' Martyrium ist historisch nicht verbürgt. Er zählt im Rheinland zu
den Heiligen Vier Marschällen (→ Heilige Helfer). Sein Haupt wird in Kornelimünster
(Aachen) aufbewahrt.

2 KORNELIUSBROT, -WASSER

Matthias ZENDER schreibt über die Korneliusverehrung:
*Die Verehrung der Schutzpatrone bei Fallsucht ist besonders stark mit volkstümlichem Brauch-
tum und volksgläubigen Meinungen durchsetzt, weil gerade diese Krankheit dem Volke bis in die
jüngste Zeit geheimnisvoll und von magischen Kräften verursacht erschien. Schon den Alten war
der Ausdruck morbus sacer bekannt. Auch die Bezeichnungen der rheinischen Mundarten für Fall-
sucht: die Begabung, das Leid, die Krankheit (Kränkt), neben Corneliuskrankheit, Gehansleid oder
Echternacher Krankheit zeigen den besonderen Charakter dieser Krankheit in der Meinung des
Volkes. Es sei noch vermerkt, daß dem einfachen Mann nicht bloß die Epilepsie im medizinischen
Sinne als morbus caducus erschien, sondern Cornelius für alle Krampfanfälle zuständig war bis
zu ähnlichen Krankheiten bei den Tieren und sogar dem Keuchhusten mit seinen krampfartigen
Erstickungsanfällen.*
An mehreren Wallfahrtsorten wurde das Wägen – Opfer in Gewichtsgleichheit –
praktiziert: Der Kranke opferte sein Gewicht in Roggen und anderen Naturalien, auch
in Wertmetallen. Den Roggen erbettelte der Kranke oder ein Angehöriger. Das Wägen wurde bis Anfang des 20. Jahrhunderts in Kornelimünster noch gelegentlich ge-

übt. Auch in Rödingen (Kreis Düren) war es üblich, Korn im Gewicht der erkrankten Person zu opfern.

Heute noch erhalten Pilger bei der jährlichen Wallfahrtsoktav in Kornelimünster ein kleines trockenes, ohne Salz gebackenes Weißbrötchen, das *Kornelibrötchen*, zur Stärkung. Die *Kornelibrötchen* gab man früher auch dem Vieh ins Futter.

In Kornelimünster reichte man den Wallfahrern auch gesegnetes Wasser aus dem Horn des heiligen Kornelius. Die an vielen Wallfahrtsorten des Heiligen aufbewahrten Hörner wurden benutzt, um den Kranken gesegnetes Wasser oder gesegneten Wein zu reichen. Im 16. Jahrhundert waren es in Kornelimünster die Fieberkranken, Fallsüchtigen und mit Krämpfen behafteten Menschen. Das Horn benutzte man wegen der Namensgleichheit *Cornelius / cornu*. Auch konnte das Horn als Reliquiengefäß dienen.

3   KORNELIUSWALLFAHRT UND SELIKUMER *APPELTAATE-FEST*

Bis in das 16. Jahrhundert reicht die Wallfahrt zum heiligen Kornelius in Selikum (Rhein-Kreis Neuss) zurück. Der Heilige wurde hauptsächlich angerufen bei Epilepsie, Fieberkrankheiten und Viehseuchen. Die Jahresberichte des Neusser Jesuitenkollegs vermelden beispielsweise 1656: *Am Fest des heiligen Kornelius führen wir vier Prozessionen zu der Kapelle des Märtyrers vor der Stadt. Einige ländliche Prozessionen aus den umliegenden Dörfern vereinigten sich mit ihnen und brachten ebenfalls ihre Gebete um Hilfe gegen Epilepsie und Fieberkrankheiten vor.* (LITTERAE ANNUAE)

Im Jahr 1727 lesen wir: *Die Kapelle des heiligen Cornelius in Selikum wurde nicht nur an dessen Festtag … besucht, sondern öfter, besonders als die Rur heftig wütete.* Über das Jahr 1762 steht geschrieben: *Nicht geringer war der Zustrom der Beter, Bürger und Landbewohner zur Kapelle des heiligen Märtyrers Kornelius im Dörfchen Selikum am 16. September zur Abwehr der ansteckenden Seuche, die in der Stadt, wie es heißt, mindestens 300 Stück Hornvieh weggerafft hat.* (LITTERAE ANNUAE)

Berichte über Gebetserhörungen finden sich bis in die Gegenwart. Eine Wundergeschichte aus dem 20. Jahrhundert erzählt von einer vierzig Jahre alten Frau, die schwer krebskrank war:

Da machte sie sich trotz ihres geschwächten Zustandes noch einmal auf, um zum hl. Kornelius zu pilgern und ihn um Hilfe und Heilung anzuflehen. Mit Hilfe anderer schaffte sie es auch, zur Kornelius-Kapelle zu gelangen. Danach ging sie mit ihren Helfern und Freunden wieder nach Hause. Noch unterwegs verspürte sie eine Besserung ihres Zustandes und wurde von Tag zu Tag gesünder und kräftiger … Aus Dankbarkeit für diese wunderbare Hilfe ziehen auch heute noch die Tochter und ihr Schwiegersohn jedes Jahr zum hl. Kornelius. (GODDE)

Die Wallfahrt zum heiligen Kornelius ist, *dank neuer Lieder, Gebete und eingeschobener Meditationen, ,modern' geblieben und nie in Vergessenheit geraten;* sie erfährt wieder einen Aufschwung. Verbunden mit der Selikumer Korneliuswallfahrt ist das *Appeltaate-Fest*. Am 15. September 1881 schreibt der „Niederrheinische Geschichtsfreund":

Kornelius

Weil das Fest in die Zeit der Apfelernte fällt, werden von vielen Krämern Aepfeltörtchen feilgeboten, die denn auch so zahlreich von den Pilgern gekauft und gegessen werden, daß davon das Fest im Munde des Volkes die Benennung ‚Selikumer Appeltartenfest' erhalten hat. Mancher verschmäht es nicht, solche Aepfeltörtchen als Wallfahrtsgeschenk den Seinigen nach Hause mitzubringen. (GODDE)

Auch als der Zustrom der Gläubigen am Korneliusfest abnahm, hörte der Brauch nicht auf. Am 18. September 1950 berichtet die „Neuss-Grevenbroicher Zeitung":

Aber auch die weltlichen Traditionsbräuche sind nicht ausgestorben. Zahlreiche Händler boten die herkömmliche Appeltaat zum Verkauf an. Und so sah man, wie die Mütter von ihren Kleinen gequält wurden, die nicht eher Ruhe ließen, als bis sie in die saftige Appeltaat beißen konnten. Die Mütter hatten Verständnis dafür, denn in ihrer Kindheit war die Appeltaat auch der verheißene Lohn für die unternommene Selikumwallfahrt. Auch heute noch werden die Wallfahrer mit den *Appeltaate* verköstigt. (GODDE)

4 KORNELIUSFEST IN HEUMAR

Am 16. September 1818 übertrug das Stift St. Severin in Köln eine Korneliusreliquie in die Pfarrkirche von Heumar (Köln). In einer Schrift von 1907 heißt es: *Pfarrpatron ist St. Cornelius, und alljährlich kommen noch Prozessionen an seinem Festtage zur Heumarer Kirche, um an diesem Wallfahrtsort den Heiligen zum Schutz gegen Krankheiten der Kinder anzuflehen.* (BÜSCHER) Die Gläubigen riefen den Heiligen zum Schutz gegen die Fallsucht und andere Nervenkrankheiten an. Auch galt er als Beschützer des Hornviehs.

Die Wallfahrer gaben auf die Frage nach dem Ziel ihrer Prozession an: *Mer jon de Corneliejes bütze.* Nach der Andacht oder dem feierlichen Gottesdienst in der Pfarrkirche war der traditionelle Höhepunkt die Berührung der Reliquienmonstranz.

QUELLENNACHWEIS

BÜSCHER: Chronik St. Cornelius; GODDE: Wallfahrt zur Kornelius-Kapelle; LITTERAE ANNUAE; ZENDER: Räume und Schichten

Wallfahrtspfeife für Kornelimünster mit Korneliusfigur auf dem Stiel, 20. Jahrhundert. Herstellung: Pfeifenbäckerei Hein, Hilgert.

LUTWINUS (LIUTWIN) VON TRIER

29. September

(BISTUM TRIER: 23.9.)
BISCHOF VON TRIER, LAON UND REIMS
† ZWISCHEN 717 UND 722 IN REIMS
DARSTELLUNG: ALS BISCHOF
ATTRIBUTE: KIRCHENMODELL
ANGERUFEN BEI BLINDHEIT, TAUBHEIT, STUMMHEIT; GEGEN FIEBER UND BESESSENHEIT

1   VITA

Der Adlige Lutwinus gründete 690 das Benediktinerkloster Mettlach. Er wurde Bischof von Trier und erhielt später auch die Bistümer Reims und Laon. Den Trierer Abteien St. Eucharius und St. Paulin schenkte er Land. Der Trierer Bischof Milo († 761/762) ließ die Reliquien von Reims nach Mettlach überführen, wo sie heute ruhen.

2   LUTWINUSWALLFAHRT

Zwei Wunderberichte beförderten Lutwins Ruf und stellten Mettlach (Kreis Merzig-Wadern) als auserwählten Ort heraus. Gabriele OBERHAUSER gibt die „Miracula Sti. Lutwini" wieder, die im 11. Jahrhundert aufgezeichnet worden sind:

Das Adlerwunder: Ein schwebender Adler bedeutet dem schlummernden Jäger Liutwin den Platz, wo er sein Kloster gründen soll …

Das Translationswunder: Das Schiff mit dem Leichnam Liutwins treibt, ‚einzig durch die lebendige Tugendkraft des Bischofs bewegt', von Trier aus mosel- und saaraufwärts bis Mettlach, wo Glocken die Ankunft des Leichnams einläuten. ‚An jenem Orte', endet Vita I, ‚sind nun durch seine Fürsprache die himmlischen Wohltaten so häufig, daß nirgendwo mehr vorgekommene Wunder erzählt werden. Die Augen der Blinden werden erleuchtet, die Ohren der Tauben erschlossen, der Mund der Stummen geöffnet; die Plagen aller Fieber finden ihr Heilmittel; die vom Teufel Besessenen aber empfinden so häufig die Zeichen seiner Tugendkraft, daß, wenn die Fälle alle erzählt würden, sie den Hörern vielleicht unglaublich schienen. '

Über die Lutwinuswallfahrt im 19. Jahrhundert berichtet Landrat von Briesen: *Die Pilger kommen einzeln oder truppweise, zum Teil selbst aus Frankreich bis aus der Gegend von Metz. Die Anzahl der aus dieser Veranlassung alljährlich in Mettlach zusammenkommenden Per-*

Reliquienprozession in
Mettlach, Lutwinusfest
1985.

sonen beläuft sich auf 4 000–5 000. (OBERHAUSER) An den Wallfahrtstagen fanden auch
bedeutende Jahrmärkte statt.

Die Lutwinuswallfahrt wurde 2003 auf Initiative des Lutwinuswerks neu belebt:

Noch bevor das Lutwinuswerk gegründet wurde, fanden sich zahlreiche Menschen aus allen Al-
ters- und Berufsgruppen zusammen, denen es wichtig war, mit ihren Ideen und ihrer tatkräftigen
Hilfe die Verehrung des hl. Lutwinus zu fördern und die jahrhundertealte Tradition der Mettla-
cher Wallfahrt wieder neu zu beleben. Wie eine Fügung des Himmels tauchte nach vielen Jahren
aus einem dunklen Versteck in der Lutwinuskirche die alte Wallfahrtsfigur wieder auf. Diese Figur,
die erst als einfache Gipsfigur eingeschätzt wurde, stellte sich später als über 500 Jahre alte Wall-
fahrtsfigur heraus. Nach einhelliger Meinung der Fachleute gehört die Figur mit zu den bedeu-
tendsten Kunstwerken im Saarland und in den Kirchen des Bistums Trier. (WEINER)

QUELLENNACHWEIS

OBERHAUSER: Wallfahrten; WEINER: Mettlach

SOPHIA UND IHRE TÖCHTER FIDES, SPES UND CARITAS

30. September (Sophia)
1. August (die drei Töchter)

* 1. JAHRHUNDERT VERMUTLICH IN MAILAND (ITALIEN)
† 2. JAHRHUNDERT IN ROM
DARSTELLUNG: ALS WITWE, ZU FÜSSEN DIE DREI TÖCHTER
ATTRIBUTE: KRONE, SCHWERT, BUCH UND PALME
PATRONIN/NEN DER WITWEN – ANGERUFEN IN NOT UND BEDRÄNGNIS; GEGEN PEST UND VIEHSEUCHEN

1   VITA

Die Geschichte der heiligen Sophia und ihrer drei Töchter Fides, Spes und Caritas – benannt nach den drei christlichen Tugenden *Glaube, Hoffnung und Liebe* – ist von Legenden geprägt. Demnach lebte sie in Mailand und verschenkte nach dem Tod ihres Mannes ihren Besitz an arme Menschen: *Beeinflusst durch den Wunsch, als Märtyrerin zu sterben, ging sie mit ihren Töchtern nach Rom, wo zu jener Zeit die Christenverfolgung des Kaisers Hadrian durchgeführt wurde … Zunächst wurden ihre Töchter getötet. Nachdem die Mutter diese begraben hatte,* erlitt sie drei Tage später selbst den Tod. (HEILIGENKALENDER)

Die Legende erklärt, so Manfred BECKER-HUBERTI, *was der Apostel Paulus im ‚Hohen Lied der Liebe‘ (1 Kor 13,12 f.) schrieb: In der Ewigkeit ‚werde ich völlig erkennen (‚Sophia‘, die Weisheit) … Nun aber bleiben Glaube (‚Fides‘), Hoffnung (‚Spes‘), Liebe (‚Caritas‘), diese drei‘.* Der Kult der Sophia ist in Rom bereits für das 6. Jahrhundert nachweisbar.

2   VEREHRUNG

Das Zentrum der Verehrung der drei heiligen Schwestern Fides, Spes und Caritas bildet das *Swistertürmchen* bei Weilerswist (Kreis Euskirchen). Inmitten einer Waldlichtung steht ein kleiner Kirchturm aus romanischer Zeit: *Hier fand der Jungfernpfad sein Ziel, der ab Brenig dem Verlauf des ‚Heerwegs‘, also der im Mittelalter bedeutenden Fernstraße Bonn–Aachen, folgte und der auch gerne von Jakobspilgern benutzt wurde, so dass die Wallfahrtsstätte der drei hl. Jungfrauen zudem häufig als Station auf dem Pilgerweg nach Santiago de Compostela frequentiert wurde.* (WALLFAHRT SWISTERBERG)

Die Wallfahrt zum Swistertürmchen erlebte im 16. und 17. Jahrhundert ihren Höhepunkt. Das von Pastor Johannes Bauch herausgegebene, 1715 gedruckte Büchlein

Fides, Spes und Caritas. Wallfahrtsfahne, Weilerswist.

September

„Einziger Trost des Sünders … durch die Freitagsandacht auf dem Schwister Calvarienberg" teilt mit:

Die uhralte Kirch auf dem Schwisterberg (der zu einem Creutz- und Calvarienberg auf- und eingerichtet) ist von vielen Jahren her andächtig besucht worden. In dem Wallfahrtsbüchlein folgt eine kurze Lebensbeschreibung der drei heiligen Jungfrauen mit der Bemerkung, *daß noch alljährlich die Pilger aus Bonn, Endenich, Lessenich, Lengsdorf, Hersel usw. zur einsamen Kapelle zögen, um bei den hl. Geschwistern Schutz gegen Pest und Viehseuchen zu suchen, sei doch noch im vorigen Jahre die Cholera von Weilerswist abgewendet worden.* (SIMONS)

Über die Verehrung der drei heiligen Jungfrauen Fides, Spes und Caritas auf dem Swisterberg ist bei SIMONS zu lesen:

Auf dem Geschwisterberg nahmen die hl. Schwestern im Schwisterhof daselbst Wohnung und begannen sofort, den Leuten viele Wohltaten zu erweisen. Kein Stück Vieh wurde mehr krank, und die Feldfrüchte gediehen nach Wunsch. Weit und breit nahmen daher die Landleute, um dem Unglück der Viehkrankheiten und Mißernten zuvorzukommen, ihre Zuflucht zu den hl. Schwestern, die auf diese Weise in der ganzen Gegend ein großes Vertrauen gewannen. Ja, manche Gemeinde wie Lessenich, Lengsdorf u. a. verpflichteten sich sogar, durch ein Gelübde, alle Jahre zu diesem Behuf eine Wallfahrt nach dem Geschwisterberg zu halten und den Heiligen ein Opfer zu bringen. Einst wollte sich die Gemeinde Lengsdorf, so erzählt man, über dieses Gelübde hinwegsetzen, mußte aber ihre Verwegenheit schwer büßen, indem dort Viehkrankheiten überhand nahmen und Mißwachs und Hagelschlag eintraten.

Eine Neubelebung der Wallfahrt zeichnet sich durch den 2002 gegründeten Verein „Swister Turm e.V." ab: *Nach vielen Jahrzehnten konnte 2004 mit einer hl. Messe und einem anschließenden gemütlichen Beisammensein die traditionelle Wallfahrt erneuert werden.* (SWISTERTURM)

QUELLENNACHWEIS

BECKER-HUBERTI: Kölner Vornamen; HEILIGENKALENDER; SIMONS: Weilerswist; WALLFAHRT SWISTERBERG [www.heimatfreunde-roisdorf.de/blutpfad.html]; SWISTERTURM [www.swister-turm.de]

Sophia und ihre Töchter

Reliquienbüsten der Heiligen
Cassius und Florentius,
18. Jahrhundert. Päpstliche
Basilika St. Martin
(Münsterkirche), Bonn.

OKTOBER

Heilige der Thebäischen Legion (Viktor von Xanten, Cassius und Florentius von Bonn)

10. Oktober

Märtyrer
3./4. Jahrhundert (?)
Darstellung: als Ritter oder Soldat
Attribut: Palme, Fahne
Patron/e von Xanten (Viktor)/von Bonn (Cassius und Florentius) – angerufen gegen Frauenleiden und Kinderkrankheiten; Pest und andere Seuchen

1 Vita

Thebäische Legion bezeichnet eine Gruppe von Märtyrern. Dazu zählen u. a. die Heiligen Viktor von Xanten sowie Cassius und Florentius von Bonn. Der Legende nach – „Passio sanctorum Gereonis, Victoris, Cassii et Florentii Thebaeorum martyrum" aus dem 11. Jahrhundert – sollen die Soldaten der *Thebäischen Legion* hingerichtet worden sein, da sie sich weigerten, den römischen Göttern zu opfern. Letztlich kann kein abschließender Beweis für das Martyrium erbracht werden.

Eine Märtyrerverehrung des heiligen Viktor entwickelte sich unter Bischof Evergisil von Köln (6. Jahrhundert) und wurde nachträglich mit der Legende der *Thebäischen Legion* in Verbindung gebracht. Über der vermeintlichen Grabkirche des Heiligen wurde 1263 der Grundstein zum gotischen Dom gelegt, der größten Kirche zwischen Köln und der Nordsee. In seiner Bedeutung für das Rheinland stand der Xantener dem Kölner Dom kaum nach. Die mutmaßlichen Gebeine des Heiligen werden in einem Schrein im Xantener Dom aufbewahrt.

In Bonn werden die Märtyrer Cassius und Florentius verehrt. Die vermutliche Grabstätte aus dem 4. Jahrhundert ist unter dem Bonner Münster erhalten geblieben, dessen Bau im 11. Jahrhundert begonnen wurde. *Unter großer Anteilnahme von Klerus und Volk* – so berichtet die Chronik für den 2. Mai 1166 – *erhoben Propst Gerhard von Are und Erzbischof Rainald von Dassel die Gebeine der Heiligen aus den steinernen Sarkophagen unter der Krypta und stellten sie in kostbaren Schreinen auf dem Hochaltar zur Verehrung aus.* (Stadtpatrone)

2 VIKTORMIRAKEL, -TRACHT

Arnold von Heymerick (um 1424–1491) zeichnete 24 Heilungswunder auf, die auf die Fürsprache des heiligen Viktor geschehen sind. Elf Heilungen von Frauen und vier von Kindern stehen vier von Männern gegenüber. Gynäkologische Leiden und Geburtsdefekte von Kindern sind neben Besessenheit die häufigsten Krankheiten. Die Mirakelaufzeichnungen bezeugen auch das übliche Opfer für Kinderheilungen: das Aufwiegen der Kleinen mit Wein, Weizen, Silber und Gold.

Die protokollierten Vorfälle verdeutlichen allerdings den nur beschränkten regionalen und vorwiegend ländlichen Einzugsbereich volkstümlicher Viktorverehrung im 15. Jahrhundert. Von den 19 mit Herkunftsbezeichnungen versehenen Geheilten kommen drei aus Städten der Region (Wesel und Orsoy), zehn dagegen vom Land. Die einzige Frau von weither, eine *Besessene* aus Leiden, die auf dem Weg nach Rom war, fand auf der Durchreise den Weg zum Heiligen von Xanten.

Alljährlich findet im Oktober eine sogenannte *Kleine Viktortracht* als Reliquienprozession statt. Außerdem feiert man an hohen Feiertagen oder anlässlich besonderer Ereignisse die *Große Viktortracht,* bei der der Viktorschrein – der älteste erhaltene Reliquienschrein im Rheinland – zum Fürstenberg getragen wird, wo Viktor der Legende nach das Martyrium erlitten haben soll. *Große Viktortrachten* lassen sich im Mittelalter für 1315, 1376, 1400 und 1421, 1464 und 1487 nachweisen. Die mittelalterlichen Prozessionen wurden durchgeführt, um Pest, Veitstanz und andere Seuchen abzuwehren oder auch um besseres Wetter zu erbitten.

Im Jahre 1936 wurde Xanten anlässlich der Viktortracht *Schauplatz eines Demonstrationskatholizismus* während der nationalsozialistischen Herrschaft. Die Festpredigt hielt der Münsteraner Bischof Clemens August Graf von Galen (1933–1946). Ralph TROST führt über diese *politische* Heiligenverehrung aus:

Die Xantener Viktortracht reiht sich ein in eine Vielzahl ähnlicher katholischer Veranstaltungen, bei denen frühchristliche Märtyrer und neuzeitliche Verbandgründer als Idole vor allem von der katholischen Jugend verehrt und ihre Wirkungsstätten Ziele von Wallfahrten und Kundgebungen wurden, an denen die neuen Vorbilder sprachen. ... Veranstaltungen dieser Art besaßen für die katholischen Laien große symbolische Bedeutung, konnte man sich doch bei der Verehrung von Glaubensvorbildern und ‚Blutzeugen' mit dem Papst, den Bischöfen und den Führern der katholischen Verbände identifizieren.

Die *Große Viktortracht* fand zuletzt 1991 unter dem Thema „Ihr sollt meine Zeugen sein" statt. Der Bischof von Münster, Dr. Reinhard Lettmann, erinnerte in der Festpredigt vor dem Viktorschrein *an Karl Leisner, Heinz Bello und Gerhard Storm, die sich als Niederrheiner während des Nationalsozialismus zum christlichen Glauben bekannt hatten, und die ihr Leben dafür lassen mussten.* (JANSEN, GROTE)

Seit 1966 nämlich ist die Krypta des Xantener Doms mit der Beisetzung mehrerer Opfer des Nationalsozialismus eine Gedenkstätte neuzeitlicher Märtyrer. Es handelt sich um Gerhard Storm (* 1888 in Sonsfeld bei Haldern; † 1942 im KZ Dachau),

Heinz Bello (* 1920 in Breslau; † 1944 in Berlin) und den 1996 seliggesprochenen Karl Leisner (* 1915 in Rees; † 1945 in Planegg, verstorben infolge der KZ-Haft in Dachau). Gedacht wird auch Wilhelm Fredes (* 1875 in Meiderich; † 1942 im KZ Sachsenhausen), Heinrich Maria Verweyens und des seligen Nikolaus Groß (* 1898 in Niederwenigern; † 1945 in Berlin-Plötzensee).

3   CASSIUS- UND FLORENTIUSVEREHRUNG IN BONN

Cassius und Florentius werden seit dem 7. Jahrhundert verehrt. An ihrem Fest opfert der Stadtmagistrat zu Ehren der Stadtpatrone eine Wachskerze, die am Reliquienschrein der Heiligen aufgestellt wird. Das Kerzenopfer ist seit dem Mittelalter bezeugt; eine Nachricht von 1595 spricht von sechs Wachskerzen, die der Stadtmagistrat gestiftet habe. Nach dem Zweiten Weltkrieg wurde dieser zwischenzeitlich in Vergessenheit geratene Brauch wiederbelebt. Die Oberbürgermeisterin/der Oberbürgermeister überreicht stellvertretend für Stadtrat und Verwaltung eine Opferkerze.

Seit 2004 sorgen vor dem Bonner Münster die Nachbildungen der Köpfe von Cassius und Florentius für große Aufmerksamkeit. Warum die Köpfe seitlich auf dem Boden liegen, erklärt sich aus der Legende: Der Künstler möchte auf die Enthauptung der Märtyrer hinweisen.

An die beiden Heiligen erinnert auch der *Mordkapellenpfad* am Fuße des Kreuzbergs. Am Fuß des Kreuzbergs im Stadtteil Endenich steht die Märtyrerkapelle, im Volksmund *Mordkapelle* genannt. Nach alten Überlieferungen wurden an dieser Stätte Cassius und Florentius mit weiteren sieben Gefährten hingerichtet. Beim *Marterfest* gedenkt die Endenicher Pfarrgemeinde der Stadtpatrone. Jedes Jahr zieht die Endenicher Gemeinde in einer Prozession zur Kapelle und bei Anbruch der Dämmerung zurück in die Pfarrkirche St. Maria Magdalena.

QUELLENNACHWEIS

JANSSEN, GROTE: Zwei Jahrtausende; TROST: Eine gänzlich zerstörte Stadt; STADTPATRONE [www.stadtpatrone.de]

QUIRINUS VON MALMEDY

11. Oktober

PRIESTER, MÄRTYRER
† 1. JAHRHUNDERT /4. JAHRHUNDERT (?) IN FRANKREICH
DARSTELLUNG: ALS PRIESTER
ATTRIBUTE: KREUZSTAB
ANGERUFEN BEI GICHT, FIEBERKRANKHEITEN UND BEI ANHALTENDER DÜRRE; FÜR EINE
GUTE ERNTE; GEGEN DIE NACHSTELLUNGEN DES BÖSEN FEINDES

1   VITA

Quirinus soll der Legende nach mit Gefährten enthauptet worden sein. Die Enthaupteten hätten daraufhin ihre Häupter genommen, seien zu einer Insel im Fluss Epte gegangen und dort begraben worden. Im 9. Jahrhundert wurden Gebeine von mehreren Heiligen aus der Normandie nach Malmedy übertragen, darunter auch die des legendären Quirinus. Die ersten sicheren Zeugnisse der Verehrung in Malmedy stammen aus dem 11. Jahrhundert. Der heilige Quirinus von Malmedy ist *keine historische Gestalt, sondern eine Erfindung der Mönche von Malmedy, die stark andere Heiligenlegenden kopiert. Gleichwohl mag es sich bei den drei Heiligen von Rouen um sterbliche Überreste aus den Katakomben Roms handeln.* (HÜLSHEGER)

2   QUIRINUSVEREHRUNG

Der heilige Quirinus von Malmedy wird besonders in Rott (Kreis Aachen) verehrt. Die Quirinusoktav sieht die Segnung des Quirinuswassers und den Quirinuskrankensegen vor; dazu Rainer HÜLSHEGER:

Feste Übung war es auch, dass sich nach jedem Gottesdienst der Quirinus-Krankensegen und die Verehrung der Reliquien des hl. Quirinus anschlossen, wobei damals noch die Reliquienverehrung nicht wie heute durch Handberührung, sondern durch Küssen des Reliquiars erfolgte. Bevor die Pilger schließlich ihre Heimreise antraten, versäumten sie nicht, … am Quirinusbrunnen ein Gefäß mit Quirinuswasser zu füllen. Dieses geweihte Wasser nahmen sie mit nach Hause, um es im Vertrauen auf seine heilende Kraft bei Gicht und Fieberkrankheiten in der Familie als Heilmittel zu verwenden. Der genannte Quirinusbrunnen bestand anfänglich aus einem irdenen Gefäß, aus dem das geweihte Wasser geschöpft werden konnte … In den 1930er Jahren wurde dann unter Pfarrer Hillebrand ein neues mit zwei Kränen versehenes Gefäß vor dem rechten Seitenaltar in die Mauer eingelassen, so dass man das Quirinuswasser im Vorbeigehen leichter entnehmen konnte. Hier behielt der Brunnen seinen Platz bis zum Jahre 1959, als der Innenputz der Kirche erneuert

Quirinus von Malmedy mit Kreuzstab (Vorderseite) und Fürbittgebet (Rückseite), Wallfahrtsandenken. Gebetszettel 19. Jahrhundert.

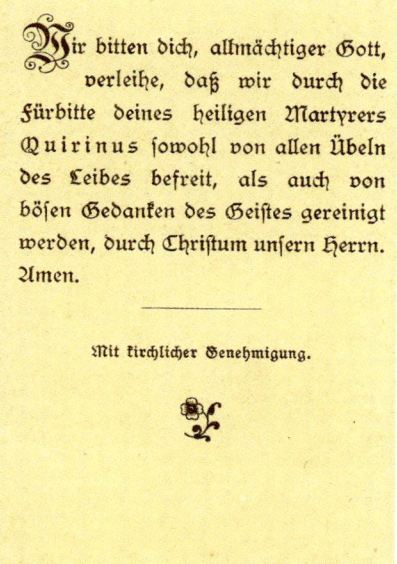

und der Brunnen aus diesem Grunde wieder aus der Mauer herausgenommen werden musste. Heute dient wieder ein irdenes, mit einem Zapfhahn versehenes Gefäß als Quirinusbrunnen, das neben dem Aufgang zur Orgelbühne aufgestellt ist. Früher war es auch üblich, dass die Gläubigen sich mit dem gesegneten Wasser *die schmerzhaften Glieder* wuschen.

Zum Quirinusfest gehörte auch ein Jahrmarkt. Dessen Angebote an religiösen Devotionalien und profanen Waren beschreibt HÜLSHEGER:

Meist war es der in der ganzen Gegend bekannte Heinrich Roelen aus Düren, der sich dann auch den besten Stand an der Quirinusstraße oder an der Lammersdorfer Straße sicherte. Seine Spezialitäten waren Honig- und Lebkuchen, Spekulatius, Stollen, Printen und ,Möppchen', die nach seinem eigenen Werbeslogan ,weit und breit bekannt im ganzen deutschen Vaterland' geschätzt und bekannt waren. Aber auch die Ankunft der ,Veteranen' des Budenmarktes, wie Robert Brüsquin mit seinen Backspezialitäten und seinem großen Spielwarensortiment und der alte ,Kaspar', Spezialist für Ouirinuspfeifen, bunte Dreiecksfähnchen und Devotionalien aller Art, wurde mit Genugtuung festgestellt. Dazu gesellten sich bis zum Sonntag noch viele andere Verkaufsstände mit Spielwaren, Stoffen, Strümpfen, Schürzen, Schreibwaren, Arbeitskleidung usw.

QUELLENNACHWEIS

HÜLSHEGER: Quirinus von Rott

Wendelinus

20. Oktober

Mönch, Einsiedler
* um 550 in Schottland
† um 617 in Tholey (Saarland)
Darstellung: als Hirte, Pilger, Einsiedler, Abt
Attribute: Stab, Buch, Schaufel
Patron der Landwirte, Felder und Wiesen, des Viehs und der bedrohten Umwelt
— angerufen gegen Viehkrankheiten und -seuchen, Gicht und Rheuma

1   Vita

Der heilige Wendelinus lebte als Mönch und Einsiedler im Waldgebiet zwischen Saartal und Hunsrück. Die Legende sieht ihn als Gründer der Abtei Tholey:

Er lebte bis zu seinem Tod unter den Brüdern in der Abtei. Als man ihn beigesetzt hatte, fand man der Legende nach seinen Leichnam unversehrt am nächsten Tag neben dem Grab liegen. Die Mönche spannten daraufhin die Ochsen an und ließen sie nach ihrem Willen den Karren mit dem Leichnam darauf ziehen. Als ob man sie gelenkt habe, schlugen die Ochsen den Weg zu genau jenem Berg ein, an dem Wendelin so oft in Stille gebetet hatte. Dort nun bestatteten die Mönche ihren Abt endgültig, und aus der Begräbnisstätte entwickelte sich nach und nach der Wallfahrtsort Sankt Wendel. (Heiligenkalender)

Die Reliquien des Heiligen befinden sich in der Basilika von St. Wendel.

2   Wendelinuswallfahrt und -wasser

Für viele Gläubige ist die Kapelle in St. Wendel erstes Ziel, ehe sie die Gebeine des Heiligen in der Basilika aufsuchen. In einem überdachten Vorhof entspringt der *Wendelsborn*. Das mit Sandsteinquadern eingefasste Becken, neben dem ein Zinnbecher an einer Kette zum Wasserschöpfen einlädt, wurde bis vor einiger Zeit von einem Kruzifix überragt, zu dessen Füßen Wendelin mit seinem Hirtenstab stand, durch den der Heilige die Quelle der Legende nach zum Sprudeln gebracht hat. In früheren Zeiten gab es viele, die aus dem Wendelinusbrunnen tranken und dort ihre Pilgerflasche, die das Bild des Heiligen zierte, füllten. An Wallfahrtstagen wurden auch Tierfiguren aus Wachs verkauft. Die Pilger tauchten sie in den Brunnen und nahmen sie mit nach Hause, um sie im Stall aufzubewahren. Auch heute noch benetzen Wallfahrer ihre Augen mit *Wendelinuswasser* oder füllen Becher und Flaschen.

Über die Pilgerbräuche in St. Wendel ist ferner zu lesen:

Pferdeprozession mit Pferdesegnung am
Wendelinusfest. Sankt Wendel, 2002.

Das wallfahrende Volk schreibt dem Wasser des immerfließenden Brunnens Heilkraft zu, weshalb es mit Vertrauen geschöpft und genutzt wird. An Wallfahrtstagen brachten Pferdebauern aus Lothringen große Kannen mit und füllten diese. Und der Sohn des ehemaligen Klausners Rebmann berichtet, daß an einem Wallfahrtstag 2 000 Flaschen verkauft wurden, welche die Leute am Brunnen füllten und mit nach Hause nahmen. (DÖRING)

3   WENDELINUSSEGNUNGEN UND –FEIERN

Die Wendelinsverehrung kennt einen Viehsegen sowie Brot-, Salz- und Futtersegnungen. Seit 1925 gibt es an Pfingstmontag eine Reiterwallfahrt ins Wendelstal. Dort segnet der Priester die geschmückten Tiere mit Wasser aus dem Wendelinusbrunnen. An das Viehpatronat des Heiligen knüpfte das gesegnete Wendelinusbrot an. Als Heilbrot wurde es den Tieren gegeben, um sie vor Krankheiten und Seuchen zu schützen.

Jedes Jahr am Wendelstag findet sich die Stetternicher Gemeinde in ihrer Wendelinskapelle zu Wolfshoven (Kreis Düren) zusammen, um zuerst Brot und Wein und danach auch noch die Tiere zu segnen. Den Segens- und Gebetsformeln nach zu urteilen wird dort der heilige Wendelin als Patron der Bauern und Kinder sowie als Schützer des Viehs verehrt, und Felder und Wiesen werden unter seinen Schutz gestellt.

Wendelinus

Mitten im Dorf Krankel (Kreis Neuwied) steht die Wallfahrtskapelle zum heiligen Wendelinus aus dem Jahre 1903. Bis zu diesem Zeitpunkt ging jährlich eine Prozession um den 20. Oktober, also nach der Erntezeit, nach Sechtem (Rhein-Sieg-Kreis), wo der Heilige ebenfalls verehrt wurde. Mit dem Kapellenbau stieg Krankel selbst zum Wallfahrtsort auf und empfing jährlich zum Fest des St. Wendelin Wallfahrer aus Neustadt und aus dem Eitorfer Raum.

Zur Wendelinuskapelle in Sechtem kommen seit 1990 wieder am Sonntag nach dem 20. Oktober Wallfahrer aus den umliegenden Ortschaften. In den 1920er Jahren wurde der Heilige in Sechtem von den Gläubigen angerufen *für Vieh und bei Gicht, bei Viehseuche, um Abwendung von Viehkrankheiten, Schutz gegen Viehseuchen, als Helfer bei Krankheiten der Schafe und des Viehs, um Heilung von Krankheiten.* Während der Festoktav wurde die Sechtemer Großkirmes abgehalten, auf der *Wendelinusbrezeln in Kreuz- und Achtelform* den Wallfahrern zum Kauf angeboten wurden. (BEITL)

Andreas HEINZ stellt die Wendelinusfeiern in der Eifel dar:

Kirchlich gebotener Feiertag war das Wendelsfest nie. Es spricht aber für die Hochschätzung unseres Heiligen, daß manche Eifeldörfer spontan, aus besonderer Verehrung für den Schutzpatron der Schafe, den Wendelstag wie einen Sonntag begingen. So war es zum Beispiel in Dahnen (Kreis Bitburg-Prüm). Das ganze 18. Jahrhundert hindurch war der Wendelstag dort ausgezeichnet durch feierliches Hochamt mit Predigt, woran sich eine stille heilige Messe für die Verstorbenen anschloß, an deren Ende der Priester an der Tumba das „Libera" sang und Gebete für die Seelenruhe der Toten sprach. Nach dem Gottesdienst erhielten die Armen eine Brotspende. 1728 wurden 82 Pfund Brot verteilt.

Auch in den Pfarrorten Niederlauch, Schwirzheim und Großkampen im Kreis Bitburg-Prüm kamen am Wendelinsfest Beter aus der ganzen Umgebung. In Krautscheid (Kreis Bitburg-Prüm) *wurde der Wendelstag noch 1857 als örtlicher Feiertag gehalten. Beim Opfergang des Festhochamtes opferten die Leute außer Geld auch Korn in die bereitgestellte Kornkiste; manche legten sogar geräucherte Schweineköpfe als Opfergabe auf den Altar. In der Dorfkapelle steht noch heute eine Figur des heiligen Wendelinus.* (HEINZ)

4   VOM VIEHPATRON ZUM UMWELTPATRON

Die Wendelinuswallfahrt in St. Wendel hat in den vergangenen Jahrzehnten einen tief greifenden Bedeutungswandel erfahren, resümiert Gabriele OBERHAUSER:

Aus den Bauernwallfahrten sind Pferde- und Traktorenprozessionen geworden, wurde der Vieh- und Seuchenpatron zum Schutzheiligen für Reit- und Kleintiere umfunktioniert. Diese Veränderung trägt dem Wandel in der Bevölkerungsstruktur Rechnung: das immerhin noch zu 60 % landwirtschaftlich genutzte St. Wendeler Land wird heute nur noch von wenigen Vollbauern bestellt.

Inzwischen gewinnt Wendelin als *Anwalt des Lebens,* wie man ihn sich aktuell nicht vorstellen kann, eine weltweite Anhängerschaft. Der ,absonderliche Patron des Ackerbaus', der ,Beschützer der Wiesen, Wälder und Äcker' wird folgerichtig zum ,Umweltpatron'. Der ,Tierschützer' *war als ‚Beschützer des lieben Viehs‘ längst vorgegeben.* Die alten Texte sagen das deutlich: *Ein ‚Gebett zu S. Wendel in gemeiner Noth‘ von Pfarrer Keller legt eine Viehseuche aus als Strafe Gottes für ‚unsere Verbrechen an dem Armen Viehe‘.*

Das neue *Wendelin-Lied (Lothar Zenetti, 1972)* knüpft an alte Überlieferungen an; eine Strophe lautet:

Grüne Wiesen, Wald und Wind, schön ist es zu leben. / Schmetterling und Fisch und Hund hat uns Gott gegeben. / Hilf, guter Hirt, Sankt Wendelin, / daß wir gut zu Tieren sind und zu allen Wesen. / Doch die Welt ist heut bedroht, Wasser, Luft und Leben. / Achtlos richten wir zugrund, was uns Gott gegeben. / Hilf, guter Hirt, Sankt Wendelin, / daß wir schützen, was da lebt, und die gute Erde. (OBERHAUSER)

5   WENDELINUSPILGERWEG

Nach dem Vorbild der neu eingerichteten Jakobuspilgerwege (→ Jakobus) gibt es auch einen Wendelinuspilgerweg. Er befindet sich in der Region Sankt Wendeler Land im Saarland. An den mit dem Symbol eines Abtsstabes ausgeschilderten Hauptweg schließen drei Rundwege an: der *Wendelinus-Rundweg* um St. Wendel, der *Marien-Rundweg* um Marpingen und der *Mauritius-Rundweg* um Tholey im Kreis St. Wendel. Der Weg beginnt an der Basilika in St. Wendel, der Endpunkt ist die Abteikirche St. Mauritius in Tholey.

QUELLENNACHWEIS

BEITL: Wallfahrtsorte; DÖRING: Heiliges Wasser; HEILIGENKALENDER; HEINZ: St. Wendel; OBERHAUSER: Wallfahrten

Wendelinusprozession. Sankt Wendel, 2002.

Wendelinus

URSULA (UND IHRE GEFÄHRTINNEN)

21. Oktober

MÄRTYRERIN
* IN ENGLAND (?)
† 4. JAHRHUNDERT (?) IN KÖLN
DARSTELLUNG: IM GEWAND EINER FÜRSTIN
ATTRIBUTE: KRONE, PALME, PFEIL, TAUBE, SCHIFF
PATRONIN VON KÖLN; DER JUNGFRAUEN; DER JUGEND, DER LEHRERINNEN, ERZIEHERINNEN
— ANGERUFEN FÜR EINE GUTE EHE, EINEN RUHIGEN TOD; GEGEN KINDERKRANKHEITEN

1   VITA

Die heilige Ursula war der Legende nach eine britannische Königstochter, die ihr Leben Christus geweiht und Jungfräulichkeit gelobt hatte. Bei Manfred BECKER-HUBERTI lesen wir die Zusammenfassung der legendarischen Vita:

Als der heidnische König von Anglia sie als Frau für seinen Sohn Aetherius will, geht sie zum Schein auf den Antrag ein, stellt jedoch die Bedingung, dass ihr Bräutigam zum Christentum übertreten muss und ihr bis zur Hochzeit noch eine dreijährige Frist gewährt. In dieser Zeit begibt sie sich mit einigen Begleiterinnen auf eine Schiffsreise. In Köln hat Ursula eine Erscheinung. Ein Engel weist sie an, nach Rom zu pilgern, und prophezeit ihr, dass sie das Martyrium erleiden wird. Ursula und ihr Gefolge reisen über den Rhein bis nach Basel und legen dann den restlichen Weg zu Fuß zurück. Auf der Heimreise landen sie wieder in Köln. Seit längerer Zeit leidet die Stadt unter der Belagerung der Hunnen, und die wilden Horden ermorden Ursulas Begleiterinnen auf brutale Weise. Als sich Ursula dem Hunnenfürsten verweigert, wird auch sie selbst getötet. Darauf erschien eine Schar von elftausend Engeln, die die Hunnen in die Flucht schlug. Zum Dank für die Befreiung errichten die Bürger Kölns der heiligen Ursula eine Kirche und machen sie zu ihrer Schutzpatronin. Reliquien der Heiligen befinden sich in der Kirche Sankt Ursula in Köln und im ehemaligen Zisterzienserkloster Altenberg (Rheinisch-Bergischer Kreis).

Die Auffindung des Grabes der heiligen Ursula wurde Erzbischof Kunibert (* um 600; † ca. 663) zugeschrieben. In dessen Vita heißt es: Eine Taube, die sich dem zelebrierenden Kölner Erzbischof aufs Haupt gesetzt hatte, sei vor den Augen aller Anwesenden zum Grab einer heiligen Jungfrau geflogen.

Ankunft der heiligen Ursula in Köln. Ausschnitt aus der Legendentafel, 1456. Sankt Ursula, Köln.

2   URSULAKULT IM MITTELALTER

Im 4. oder 5. Jahrhundert wurde am Ort ihres Martyriums die erste Basilika zu Ehren der heiligen Jungfrauen errichtet, die bis ins 17. Jahrhundert „Kirche der heiligen Jungfrauen" genannt wurde. Nach der Entdeckung eines Gräberfeldes mit den vermeintlichen Gebeinen der Märtyrerinnen im Jahre 1105 begann man mit dem Bau einer neuen, 1135 fertiggestellten romanischen Basilika. Im 13. Jahrhundert wurde der romanische Chorraum durch einen gotischen ersetzt. Im Stadtwappen von Köln erinnern bis heute die elf schwarzen Flämmchen bzw. Blutstropfen auf weißem Grund an die heiligen Jungfrauen.

Unmittelbar nach dem Ausgraben des Gräberfeldes setzte zu Beginn des 12. Jahrhunderts der Kult der heiligen Ursula und ihrer Gefährtinnen ein. Pilgerzeichen des 15. Jahrhunderts weisen aus, dass die Kölnpilger die Dreikönigsverehrung und die Pilgerreise zur heiligen Ursula miteinander verbanden.

Der Metzer Bürger Philipp von Vigneulles suchte 1510 die „Stadt mit den Dreikönigen" auf und ließ sich in einer ganzen Reihe Kirchen deren Heiltümer zeigen. Von ihm erfahren wir einen besonderen Pilgerbrauch. Auf den Heiligengräbern um Sankt Ursula wurden Kräuter gepflanzt, die man den Pilgern mitzugeben pflegte: *Um die Kirche herum liegt ein großer Begräbnisplatz, in welchem zahlreiche Grabstätten der heiligen Jungfrauen sind. Die Kirchendiener haben dort wohlduftenden Rosmarin, Gelbveigelem, Lebensbäume gepflanzt, und unter diesen wachsen Masliebchen und Lavendel.* (LEGNER)

Ursula (und ihre Gefährtinnen)

3   Ursulaprozession

In Köln wird jährlich die Reliquienprozession von St. Ursula begangen. Sie ist die älteste und eine der bedeutendsten Bittprozessionen in Köln. Sie findet im Rahmen der Ursulafestwoche am Sonntag nach dem Ursulatag statt:

Nachmittags zieht die Gemeinde, nach einer kurzen Festandacht, in einer Lichterprozession über den früheren ager Ursulanus. Dabei werden der Ursulaschrein und das Ursulinische Schiffchen mitgeführt. Die Häuser am Prozessionsweg sind mit Lichtern geschmückt. Während des Umzugs über Ursulaplatz, Ursulakloster, Eintrachtstraße, Ursulagartenstraße und wieder zurück zur Kirche singt die Gemeinde traditionelle Ursulalieder. (Becker-Huberti)

4   Ursulabruderschaften (*Ursula-Schifflein*)

Vom 13. bis 15. Jahrhundert entstanden in Köln, Straßburg, Krakau und anderen Städten die *Ursula-Schifflein*. Das waren Bruderschaften, die sich unter den Schutz der heiligen Ursula stellten. An das legendarische Schiff der heiligen Ursula knüpfte sich die Idee des Lebens als irdische Pilgerfahrt. Manfred Becker-Huberti erläutert:

Das Motiv des Schiffs verbindet ein Element der Ursula-Legende mit der Hoffnung auf einen ‚sicheren Hafen‘ im Jenseits. Gebete, Messopfer, Almosen und gute Werke dienten dabei sozusagen als ‚Fahrpreis‘. Man hielt Versammlungen zu Ehren der Patronin ab, stiftete Gottesdienste und beging natürlich vor allem ihren Gedenktag mit großer Feierlichkeit.

In Köln gab es fünf verschiedene Ursulabruderschaften: Der Patrizierbruderschaft von St. Ursula gehörten Bürger der städtischen Führungsschicht an, der *ehrwürdigen und löblichen Gesellschaft s. Ursulae* nur weibliche Mitglieder. Dann gab es noch eine Priesterbruderschaft von St. Ursula und eine Ursulabruderschaft der Dachdeckerzunft. Heute besteht nur noch die ca. 1445/1456 entstandene allgemeine Ursula-Bruderschaft:

Die Bruderschaft an der Ursulakirche zählt heute über 500 Mitglieder, nicht nur aus Köln, sondern aus ganz Deutschland und dem Ausland. Diese sind gehalten, täglich die heilige Ursula um Fürbitte anzurufen. Jeden Sonntag und natürlich während der Ursula-Festwoche im Oktober werden Messen für die Lebenden und Verstorbenen der Ursula-Bruderschaft gefeiert. (Becker-Huberti)

Quellennachweis

Legner: Kölner Heilige; Becker-Huberti [www.heilige-ursula.de]

Severin (Severinus) von Köln

23. Oktober

Bischof von Köln
† um 397 (?)
Darstellung: in bischöflichen Gewändern
Attribute: Kirchenmodell
Patron von Köln; der Weber und Tuchmacher – angerufen für Regen und gutes Wetter; gegen Unglück

1 Vita

Severinus ist der dritte überlieferte Bischof von Köln; er trat sein Amt in der zweiten Hälfte des 4. Jahrhunderts an. Die Legende rühmt ihn wegen seiner Fähigkeit, himmlischen Gesang wahrzunehmen. Gesicherte Nachrichten über Severins Wirken fehlen. Die Gebeine des Heiligen ruhen in einem Schrein des 19. Jahrhunderts hinter dem Hochaltar der Kirche St. Severin. Heute tragen eine Brücke und ein Stadtteil in Köln, das *Vringsveedel*, seinen Namen.

2 Severinusverehrung

Der Bildzyklus in der Kirche St. Severin, geschaffen 1499–1501, schildert auf zwanzig Leinwandbildern die Geschichte und Wirkungskraft des heiligen Severin. Er illustriert die Legende, die aus zwei Bischöfen gleichen Namens in Bordeaux und in Köln einen Heiligen schuf. Die Bilder 15 bis 19 stellen das *Regenwunder* des heiligen Severin und die daraufhin erfolgte Reliquientranslation nach Köln dar. Anton Legner gibt die Szenen wieder:

Nach dem Tode des hl. Severin traf das kölnische Land eine schwere Heimsuchung dadurch, daß drei Jahre kein Regen fiel. Deshalb verordnete der hl. Bischof Evergislus ein allgemeines Fasten … Während diese Feierlichkeit vorging, wurde ein Geistlicher gleichsam im Traum folgendes zu schauen gewürdigt: es schien ihm, als ob ein Engel bei seinem Bette stehe, der also zu ihm spräche: ‚Ihr habt euren Hirten und Bischof nicht bei euch und sucht die Ursache zu ergründen, weswegen Gott euch so sehr zürne.‘ Als er von diesem Gesichte dem Bischof in Gegenwart vieler Mitteilung gemacht hatte, riefen alle einhellig: ‚Der hl. Severin muß wieder auf seinen Sitz zurückgebracht werden.‘ Bald fiel – von Gott gesandt – der Regen und das Jahr brachte eine fruchtbare Ernte.

Der heilige Severin, seine
Kirche und sein Reliquienschrein. Andachtsbild um
1750.

Oktober

Die Kölner zogen nun nach Bordeaux und baten, man möge ihnen die heiligen Überreste des Severinus zurückgeben. Sie machten geltend, es sei ihnen vom Himmel kundgetan worden, ihr Patron wolle in sein Land zurückkehren (Bild 19):

Nachdem die Kölner mit dem ganzen Volk der Burdigalenser ein Bündnis geschlossen, brachten sie, darüber erfreut, die ehrwürdigen Reste ehrfürchtig nach ihrer Vaterstadt … Auf der langen Fahrt ereigneten sich viele Wunder; der drei Jahre lang ausgebliebene Regen strömte herab und erzeugte eine so große Fruchtbarkeit, daß es sprichwörtlich wurde zu sagen: ‚Der hl. Severin ist zu Hause.‘ In der Folge pilgerten allwöchentlich die Gläubigen, Männer sowohl wie Frauen, zu ihrem Patron.

Prozessionen bei Dürre und Unwetter sind in Köln seit dem 12. Jahrhundert bekannt. Aber nicht nur in Köln galt der heilige Severin als Wetterpatron. Auch im Bergischen Land wurde er als Helfer um günstiges Wetter angerufen. Auf vielen Wegekreuzen findet sich sein Bild, das den Schutz für die Felder sicherstellen soll. In Kommern (Kreis Euskirchen) entstand im 17. Jahrhundert eine Kapelle für den Wetterpatron, die von Prozessionen aufgesucht wurde.

In Köln fanden Prozessionen mit dem Severinsschrein oder Andachten zum Heiligen auch bei wichtigen (kirchen-)politischen Ereignissen statt, wie Matthias Zender erläutert:

Man sah in ihm den Patron von Stadt, Kirche und Staat. In solchem Zusammenhang gab es auch bei Unglücken und Nöten aller Art die Zuflucht zu Sankt Severin. Im Jahre 1607 fand so in Köln eine große und feierliche Prozession um Abwendung der Pest, sogar im Jahre 1849 noch eine solche mit der Bitte um Aufhören der Cholera statt. Im selben Jahr gab es aus gleichem Anlaß eine solche Prozession auch in Lindlar.

Severin war auch Patron der Weber und Tuchwirker. Im 16. Jahrhundert heißt es: *Der Weber Zuversicht sind S. Severus und Severin.* Matthias Zender führt zu diesem Patronat aus:

Es fällt vielleicht auf, daß Severus etwas konsequenter als Patron der Woll- und Leineweber genannt wird, während Severin in vergleichbaren Fällen etwas häufiger bei Tuchmachern vorkommt, ja einmal sogar die Kürschner den hl. Severin als Patron haben … Dülken nennt vor 1764 Severus, später Severin als Patron der Weberzunft. … Bis vor kurzem war im Rheinland natürlich der 23. Oktober der Festtag der Weber, richtiger schon der Vorabend mit dem folgenden Tag. Nach einer Fernsehsendung von Januar 1985 findet nun in den früheren Weberorten am Niederrhein ein von Brauchinteressierten gestalteter Weberabend am 8. Januar statt.

3 BAUERNREGELN

Spätestens ab Severinstag ist mit Frost als Vorboten des Winters zu rechnen:

Zenter Freng (23. X.) werp de kale (kalten) Sten en de Rheng (dann beginnt der Frost), zent Gierdröck (17. III.) möt der Mus hollt en wedder erus, überliefert das RHEINISCHE WÖRTERBUCH.

QUELLENNACHWEIS

LEGNER: Kölner Heilige; RHEINISCHES WÖRTERBUCH; ZENDER: Verehrung des heiligen Severin

Judas Thaddäus

28. Oktober

APOSTEL, MÄRTYRER
† IM 1. JAHRHUNDERT IN PERSIEN
DARSTELLUNG: ALS APOSTEL
ATTRIBUTE: BUCH, KEULE, HELLEBARDE, PALMZWEIG
PATRON VON GOSLAR – ANGERUFEN IN SCHWEREN NÖTEN UND ANLIEGEN,
VOR PRÜFUNGEN; GEGEN VERLEUMDUNG

1 VITA

Judas Thaddäus war einer der zwölf Apostel. Er ist nicht zu verwechseln mit Judas, genannt Iskariot, der Jesus verraten hat. Nach der Legendenüberlieferung wirkte Judas gemeinsam mit dem Apostel Simon dem Zeloten in Persien. Judas starb als Märtyrer: Er soll mit Keulen erschlagen worden sein.

2 JUDASVEREHRUNG

Judas Thaddäus war in der katholischen Frömmigkeit lange vergessen und wurde erst im 18. Jahrhundert wiederentdeckt. Der Heilige wird besonders in Heisterbacherrott (Rhein-Sieg-Kreis) verehrt. Ein Bild des Pfarrpatrons kam 1895/96 in die Judas-Thaddäus-Kirche. Die als Gnadenbild verehrte Tafel zeigt den Heiligen mit Palmzweig im Arm, vor der Brust hält er ein Medaillon mit dem Brustbild Jesu. 1911 erhielt die Pfarrgemeinde eine Reliquie des Heiligen. Das Erzbistum Köln gestattete, die geprüfte Reliquie in der Kirche den Gläubigen zur öffentlichen Verehrung auszustellen. Zu Beginn der 1930er Jahre setzte dann die Wallfahrt zu dem Heiligen in Heisterbacherrott ein.

Klaus BEITL hat Ende der 1950er Jahre die zahlreichen, heute nicht mehr vorhandenen Votivtafeln in der Kirche ausgewertet. Den Inschriften nach wurde Judas Thaddäus in folgenden Anliegen aufgesucht und angerufen:

Abitur, Meisterprüfung, Hilfe im Beruf, gute Entscheidung, Aufklärung in Verleumdung, schwere Krankheit, wiedererlangte Gesundheit, schweres Unglück, sorgenreiche Mutter, schwere Not, Heimkehr vom Krieg, allgemeine Anliegen und Nöte. BEITL *führt aus: Das Patronat des hl. Judas Thaddäus über Menschen, die vor Prüfungen zum Abschluß ihrer Schul- und Berufsausbildung stehen, sich wichtigen Entscheidungen gegenübersehen, im Beruf Hilfe suchen, tritt als typisches Wallfahrtsmotiv deutlich hervor … Das Motiv der Aufklärung einer Verleumdung scheint ebenfalls charakteristisch zu sein.*

In der Wallfahrtskapelle liegt ein aktuelles Fürbittenbuch aus. Hier schreiben sich die Menschen ihre Sorgen von der Seele und erbitten Beistand und Trost vom heiligen Judas Thaddäus als *Patron der sehr bedrängten und von der Welt verlassenen Menschen*. (WALZ)

Heute werden an jedem ersten und zweiten Mittwoch eines Monats Messen gefeiert, die von Einzelwallfahrern, Gruppen, aber auch von Gläubigen der Pfarrgemeinde besucht werden. Die seit 1931 jährliche Oktav zum heiligen Judas Thaddäus findet an den sieben Tagen rund um das Patronatsfest des Heiligen statt. Die Wallfahrer kommen aus Eifel und Westerwald, aus dem Ahrkreis und dem Bergischen Land, aus der Umgebung von Köln und Bonn, aus dem Rhein-Sieg-Kreis, ferner aus Paderborn und dem Münsterland. Auch in der Stoffeler Kapelle (Düsseldorf) wird der Heilige heute noch verehrt.

QUELLENNACHWEIS

BEITL: Wallfahrtsorte; WALZ: Man kann auch in Godesberg beten

Gnadenbild des heiligen Judas Thaddäus, mit Christusmedaillon auf der Brust, 19. Jahrhundert. Kirche St. Judas Thaddäus, Heisterbacherrott.

Judas Thaddäus

Erkennungs-
zeichen einer
Brauerei.

NOVEMBER

Hubertus von Lüttich

3. November (in Belgien: 1. Septembersonntag)

Glaubensbote in den Ardennen, Bischof von Maastricht und Lüttich
* um 655 in Toulouse (?)
† 727 in Tervueren bei Brüssel
Darstellung: als Bischof; als Jäger vor einem Hirsch (mit Kreuz im Geweih) kniend
Attribute: Hirsch, Jagdhorn
Patron der Ardennen; der Jäger, Schützen, Kürschner; der Jagdhunde – angerufen gegen Tollwut der Hunde, Hundebiss und bei Wasserscheu

1   Vita

Hubertus war der Überlieferung nach Sohn des Herzogs Bertrand von Toulouse. Nach dem Tod seiner Gattin zog er sich von allen Ämtern zurück, lebte sieben Jahre als Einsiedler in den Ardennen und ernährte sich durch die Jagd. Er ließ sich zum Priester weihen, wirkte als Glaubensbote in Südbrabant und in den Ardennen. Um 705 wurde er Bischof von Tongern-Maastricht. 716 verlegte er den Bischofssitz nach Lüttich.

Seit dem 11. Jahrhundert wird die Legende vom Jäger Hubertus erzählt, dem ein mächtiger Hirsch mit dem Kruzifix zwischen dem Geweih erschien. Dieses Erlebnis habe Hubertus dermaßen beeindruckt, dass er sich bekehrt habe.

825 wurden die Reliquien des Heiligen in das Ardennenkloster Andagium, heute Saint-Hubert, übertragen. Dieses hat sich zu einem bedeutenden Wallfahrtsort entwickelt. Hubertus gehört zu den Heiligen Vier Marschällen (→ Heilige Helfer), gelegentlich wird er auch zu den Vierzehn Nothelfern (→ Heilige Helfer) gezählt.

2   Hubertusbrot, -schlüssel, -riemchen, -stola

Gesegnetes Brot, Schlüssel, Riemchen und Stola sollten im Namen des heiligen Hubertus vor Hundebiss und Tollwut schützen.

Die Gläubigen, die sich dem heiligen Hubertus anvertrauten, erhofften sich Schutz vor der Tollwut durch Segnungen von Nahrungsmitteln, die auf den Namen des Heiligen erfolgten. So wurden Brote am Hubertustag gesegnet und an die Gläubigen ausgegeben, die eingenommen oder dem Viehfutter beigemischt wurden. Oft trugen kleine Brote, *Hubertusbrötchen* genannt, die Darstellung eines Jagdhorns oder eines Kreuzes.

Die jährliche Brotsegnung am Hubertustag in der Kapelle von Birresdorf (Kreis Ahrweiler) dürfte seit dem späten 17. Jahrhundert üblich sein. Als Pastor Hermann Josef Knopp im Jahre 1925 die Pfarrstelle antrat, informierte ihn der Küster über den Ablauf der Brotsegnung, wie sie hier gebräuchlich war. Die verstorbene Küsterin Anna Bois berichtet im Jahre 1984 über die Brotsegnung:

Die Leute backen Wecken in der Form der Martinswecke aus Weizenmehl, Hefe, Milch, Fett und Zucker. Die gebackenen Brote werden mit Ei gesalbt ... Alles liegt dann voll. Der Pastor segnet sie. Dann wird das Hubertuslied gesungen, und anschließend beginnt die Messe. Das Brot wird nicht schimmelig. Sie backe immer noch mehr als zehn Wecken und gebe jedesmal dem Leimersdorfer Küster und dem Pastor je ein Brot. (PROTHMANN)

Das Hubertusfest ist in Niederkyll (Kreis Daun) das größte Fest des Jahres, wie Elke LEHMANN-BRAUNS schildert:

Der Pfarrer segnet nach altem Brauch Brot (Rosinenwecken), Salz und Wasser, wovon sich jeder Teilnehmer etwas mit nach Hause nimmt zum Verzehr. Wenn, wie letztes Mal, ein Eimer Wasser übrig bleibt, fragt die Küsterin in jedem Haus nach Bedarf, ehe sie davon etwas in die Weihwasserkännchen auf den Gräbern gießt. Bleibt immer noch ein Rest, dann schüttet sie ihn in die Tränke ihrer Kühe: ‚Ich glaube eher, dass es was bringt, als dass es nichts bringt. Ein bisschen Ehrfurcht vor Weihwasser haben wir schon.‘

Brotsegnungen gibt es auch in Ehlingen und Wimbach im Kreis Ahrweiler. Mechtild STOLPMANN-BLUM berichtet:

Die Gabe wird geweiht und verteilt während einer Messe am Abend ... In Wimbach feiert man Kirmes am Hubertustag. Dann gibt es gesegnete, eigens für dieses Fest gebackene runde Brötchen. Sie werden nach der Messe, beim Rundgang um den Altar, ausgeteilt. In früheren Zeiten wurde auch Brot für das Vieh in der Messe gesegnet. Zwischen Wimbach und Adenau steht ein Basaltkreuz von 1750. Es wurde errichtet nach einem Tollwutunfall im ‚Großen Pesch‘. Die Bauern, die Besitz dort hatten, mußten, je nach Größe der Felder, Roggen abliefern beim Küster. Dieses Korn wurde getrennt von anderem Getreide gemahlen und zu Hubertusbrot verarbeitet.

Der Hubertusschlüssel ist eine Art Handstempel mit eisernem Stiel und hölzernem Handgriff. Die Stempelplatte dieses Brenneisens ziert ein kleines Jagdhorn als Attribut des Heiligen.

Bis über das hohe Mittelalter hinaus war die Anwendung des Hubertusschlüssels ein Privileg der Mönche von Saint-Hubert, die als *Hubertiherren* über Land zogen. Als die Abtei auswärtigen Kirchen Hubertusschlüssel überließ, berührte man diese vorher mit dem *Originalbrennschlüssel*. Hubertusbruderschaften hielten die Verbindung von der Zentrale zu den Filialen aufrecht.

Mit einem Hubertusschlüssel erlangte Nonnweiler (Kreis St. Wendel) großes Ansehen. Gabriele OBERHAUSER beschreibt den Hubertusschlüssel:

Der Nonnweiler ‚Schlüssel‘ ist ein Eisenstab mit einem Radkreuz und einem dornartigen Fortsatz. Aller Wahrscheinlichkeit nach wurde er in einer der Eisenhütten des Hochwaldes geschmiedet. Alles was wir über seinen Gebrauch wissen, verdanken wir den Untersuchungen, die der Jesuit Johannes Roberti anstellte und in seiner ‚Historia S. Huberti‘ von 1621 festhielt. Über die Brennmethode heißt es da, daß die im Feuer glühend gemachte Stempelplatte auf die Bißwunden bei Mensch und Tier gedrückt wurde. Mit der medizinischen ging die sakrale Therapie einher. Mit der

205

Heiliger Hubertus als
Bischof, mit stehendem
Hirsch. Miniatur in
einem Stundenbuch
(Kölner Mundart),
um 1451.

Hubertus von Lüttich

Brennbehandlung war eine neuntägige Heilkur verbunden, die Speisevorschriften, körperliche Reinigung und religiöse Übungen, wie Gebet und Sakramentsempfang, einschloß.

Die genauen Anweisungen für den Gebrauch des Hubertusschlüssels enthielt der *Unterricht wie man sich der so genannten SANCTI HUBERTI Schlüssel / oder Eisenen Hörnlein / so durch absonderliche Gebetter gesegnet / und dann an die Wunderbahre Stohl des H. HUBERTI angerühret werden / gebrauchen muß.* Die Hubertusschlüssel wurden demnach gesegnet, mit der Hubertusstola in Berührung gebracht und das glühend gemachte *Hörnlein* auf die Wunde oder auf die Stirn *bis ins lebhaffte Fleisch* eingedrückt. Anschließend war für das *gebrente Vieh* eine fünf- oder neuntägige Andacht zu halten und dem Tier täglich ein wenig gesegnetes Brot oder Hafer zu geben. (DÖRING)

In seinem Tagebuch berichtet der Kempener Pfarrer Anselm Genneper für das Jahr 1667 über die Verwendung des Hubertusschlüssels am Niederrhein: *Am 6. Oktober 1667 weilte in Kempen der Kaplan und Almosensammler der Benediktiner-Abtei St. Hubert in den Ardennen der belgischen Provinz Luxemburg. Der Herr Kaplan hatte sogenannte St. Hubertusschlüssel mitgebracht, die dazu dienten, von der Wutkrankheit befallene Tiere zu brennen und zu heilen … Er überreichte uns zwei Schlüssel, einen zum täglichen Gebrauch und einen zweiten zur Aufbewahrung im Archiv der St. Hubertuskapelle.* (WEINFORTH)

Um gegen den Biss toller Hunde geschützt zu sein, trug man gesegnete Gegenstände bei sich wie Medaillen, Ringe oder Rosenkränze. Sie fanden Platz in der Geldbörse, auch wurden sie an den Hut gesteckt oder an der Halskette befestigt. Eine Besonderheit stellen die Riemchen dar, die vor allem im Kölner Raum beliebt gewesen sein müssen. Solche Hubertusriemchen bestanden aus rötlich oder bläulich gesprenkelten Schafslederstreifen bzw. Lederriemchen. Adam WREDE berichtet:

Bis in den Beginn des 20. Jahrhunderts waren Hubertusriemchen am Hubertustag vor dem [Kölner] *Dom für einige Pfennige von der ‚Käzemöhn'* [Kerzenverkäuferin] *zu haben; als kleiner Junge holte ich mir um 1882/85 auch das Riemchen und trug es den Hubertustag über und noch einen Tag oder mehrere Tage länger im Knopfloch.*

Den frühesten rheinischen Beleg zum Gebrauch der Hubertusriemchen und auch des Hubertusbrotes liefert Hermann WEINSBERG für das Jahr 1552: *Van s. Hupertz hiltum: da beiert man und offert bestrichen riemen und broit und man hilt es darvur, das die rasen hont und beisten dan einem nit schaden kunnen.*

Nach der Legende empfing der heilige Hubertus durch einen Engel eine Stola, deren Auflegen *Tollwut und Schlangenbiss, Irrsinn und Wasserscheu* heilen und alle *teuflischen Mächte* verbannen sollte. Das *Stolen* war lange Zeit geübter Brauch: Der Gläubige, der von einem tollwütigen Tier gebissen wurde, ging nach Saint-Hubert, um sich *einschneiden* zu lassen. Ein Geistlicher setzte dem Hilfesuchenden einen Stirnschnitt. In die Wunde wurde dann ein Fädchen der Hubertusstola eingelegt. Um die Wunde zu schützen, erhielt der *Gestolte* einen Kopfverband mit einer schwarzen Binde, die er neun Tage lang tragen musste. Der *Eingeschnittene* hatte genauen Anweisungen nachzukommen, *zufolge welcher die neun Tage zu Ehren des hl. Hubertus müssen gehalten werden.*

Ein nach seinem Tod gedrucktes Gedenkblatt beschreibt, wie den Kurfürsten Clemens August einst *ein in Wut verfallenes Hündlein einiger Gefahr ausgesetzt*. Darauf habe er sich in die Hubertusabtei in den Ardennen begeben. Er habe eine *Partikel der Wunderthätigen Stole des Heiligen sich in die Stirn einätzen lassen und die vorgeschrieben Novene nebst strenger Abstinente auff das genaueste mit jedermanns Verwunderung gehalten*. (DÖRING)

Um Zweifeln an dem Ritus zu begegnen, befand das *Urtheil des Bischofs zu Lüttich* aus dem Jahre 1690, *daß man die obgesagten neun Tage in aller Sicherheit und ohne etwaigen Aberglauben beobachten kann.* Auch bestätigte der Geistliche, der den Schnitt in Saint-Hubert vorgenommen hatte, *ein Theilchen der Stöhle des heiligen Hubertus in die Stirn gelegt zu haben*. (DÖRING)

Als 1885 Louis Pasteur das Impfserum gegen die Tollwut fand, nahmen die Hubertuswallfahrten in die Ardennen und zu rheinischen Verehrungsstätten ab. Das *Stolen* wurde in Saint-Hubert letztmals im Jahre 1926 vorgenommen; die Hubertussegnung von Hunden ist dort bis heute üblich.

3   JÄGERPATRONAT UND HUBERTUSMESSEN

Gewandelt hat sich die Bedeutung des Schutzpatrons der Jäger, wie Günter SCHLIEKER ausführt: *Der gewaltige Hirsch mit dem strahlenden Kreuz im Geweih versinnbildlicht legendenhaft den Schöpfer dieser Welt, der dem Jäger von heute symbolhaft die Aufgabe stellt, mitzuhelfen an der Bewahrung der Schöpfung.*

Jährlich am ersten Sonntag im September – dem belgischen Hubertusfesttag – findet in der Basilika von Saint-Hubert eine große Hubertusmesse statt. Hubertusmessen mit musikalischer Umrahmung durch Jagdhornbläser zu Anfang November sind im Rheinland inzwischen weit verbreitet. Hervorzuheben sind beispielsweise die Messen in Nonnweiler (Kreis St. Wendel), auf Burg Nideggen (Kreis Düren), in der Basilika von Kloster Steinfeld (Kreis Euskirchen), im Altenberger Dom (Rheinisch-Bergischer Kreis), im Bonner Münster oder im Selfkant-Dom St. Gangolf in Heinsberg. Aufgrund der Demonstrationen von Tierschützern versuchen die Jagdverbände, die Verbindung von Jagd und Heiligenverehrung so zu begründen:

Wenn wir Jäger alljährlich in den Kirchen unseres Landes zusammenkommen, um an diesem Tage unseres Schutzpatrons zu gedenken, dann erleben wir, wie unsere Vorfahren seit Jahrhunderten, in der Symbiose zwischen jagdlichem Tun und christlichem Gedankengut die Einheit von menschlichen Aktivitäten und gottgewollter Verantwortung. (SCHLIEKER)

QUELLENNACHWEIS

BUCH WEINSBERG; DÖRING: Wallfahrtsleben; LEHMANN-BRAUNS: Dorfkirchen; OBERHAUSER: Wallfahrten; PROTHMANN: Birresdorf; SCHLIEKER: Tollwut- und Jagdpatronat; STOLPMAN-BLUM: St. Hubertus; WEINFORTH: St. Hubert; WREDE: Kölnischer Sprachschatz

WILLIBRORD (WILLIBRORDUS)

7. November

MISSIONAR, ERZBISCHOF VON UTRECHT
* 658 IN NORTHUMBERLAND (ENGLAND)
† 739 IN ECHTERNACH
DARSTELLUNG: ALS BISCHOF
ATTRIBUTE: STAB, BUCH, KIRCHENMODELL
PATRON VON LUXEMBURG – ANGERUFEN GEGEN EPILEPSIE; HAUTERKRANKUNGEN,
BESONDERS BEI KINDERN

1   VITA

Willibrordus war Benediktinermönch und ab 690 Missionar in Friesland, wo er vierzig Jahre wirkte. Zentrum der Glaubensverkündung und christlicher Kultur war Trajectum, das heutige Utrecht. 698 gründete er von dort aus das Kloster Echternach, wo er auch begraben liegt. Sein Grab ist jedes Jahr an Pfingstdienstag das Ziel der *Echternacher Springprozession.*

2   WILLIBRORDUSWASSER

Bedeutsam ist die Segnung von Wasser *in honorem Sancti Willibrordi*. In Weinsheim (Kreis Bitburg-Prüm) *wird der Willibrordusbrunnen seit unvordenklichen Zeiten gesegnet.* (DÖRING) Mit dem gesegneten Wasser wurden die Kinder gewaschen, die mit Ausschlag behaftet waren.

Bis Anfang der 1920er Jahre kamen Wallfahrer zur Willibrordkirche in Bachem (Kreis Merzig-Wadern); sie nahmen von dem gesegneten Wasser mit nach Hause, das in einem kleinen Fass bereitstand. Außerdem gab es in der alten Kirche an der Rückwand einen Opferkasten für die Aufnahme von Naturalien. Den Abriss der Willibrordkapelle im Jahre 1922 zugunsten eines Neubaus überdauerte die Wallfahrt nicht, nur das Gnadenbild ist in der neuen Kirche noch vorhanden.

Gabriele OBERHAUSER erwähnt Besenopfer in der Bachemer Kapelle: *Eine merkwürdige Opfergabe waren die Besen, die die Wallfahrer aus dem Hochwald, Besenbinder wohl, in der Kirche hinterließen, wenn sie mit ihnen hausieren gingen.* Die Erklärung ist wohl eine Fehldeutung. Besenopfer – sonst nur im Südwesten Deutschlands, im Elsass, in der Innerschweiz oder in Niederösterreich bekannt – können als Votivgaben zum Dank für Krankheitsheilung verstanden werden.

Eine Quelle soll der heilige Willibrordus in Daleiden (Kreis Bitburg-Prüm) mit seinem in die Erde gestoßenen Stab erweckt haben. Joseph DIETZ berichtet in den 1930er Jahren: *Wallfahrer aber besuchen seit alters her den Heilquell und waschen mit dem Wasser den Kindern, die an Wildfeuer (= Kopfausschlag) leiden, den Kopf. Wie ich aus sicherer Quelle vernahm, sind sogar in neuerer Zeit Heilungen vorgekommen.*

Ein Willibrordusbrunnen liegt im Wald bei Neuenhausen (Rhein-Kreis Neuss). Nach der Überlieferung soll der Heilige im Jahre 709 eine christliche Kirche auf dem Welchenberg errichtet und dabei auch den Brunnen erschlossen haben. Das Wasser wurde früher gesegnet und vielfach zur Heilung von Kopfausschlag bei Kindern angewandt. Das als heilwirksam geltende Wasser zieht bis in die heutige Zeit die Pilger an. In Ederen (Kreis Düren) wurde ein Brunnen mit dem Heiligen in Verbindung gebracht; mit dessen Wasser benetzten die Gläubigen ihre von Hautkrankheiten befallenen Kinder.

Vom Willibrordusbrunnen bei Bosen (Kreis Sankt Wendel) überliefert Karl LOHMEYER Anfang der 1930er Jahren das Waschen von Kopfbedeckungen von Kindern, die an Kopfgrind oder Milchschorf litten:

Auf die Wallfahrt nahm man Häubchen der erkrankten Kinder mit nach dem Grindbrunnen, der bei der Kapelle auf dem Petersberge, die heute ganz verschwunden ist, lag, wusch sie in seinem Wasser und hängte sie zum Trocknen in den Hecken beim Brunnen auf. Dann ging man in die Kirche zu Bosen und opferte dem Grindmännchen Gerste, um die Hilfe dieses Götzen gegen den Kopfgrind zu erlangen. Dann kehrte man zum Grindbrunnen zurück, nahm die inzwischen trocken gewordenen Häubchen von der Hecke und kehrte in der festen Überzeugung heim, daß sie nun die Kinder heilen würden, wenn man sie ihnen aufsetze.

3   ECHTERNACHER SPRINGPROZESSION

Die frühmittelalterlichen Anfänge des Echternacher Willibrorduskultes sind belegt durch Wunderheilungen sowie durch Kulttänze am Grab. Die *Echternacher Springprozession* ist an der Wende vom Spätmittelalter zur frühen Neuzeit aufgekommen. Spekulative Deutungen bringen die Entstehung mit einer grassierenden Tanzepidemie in Verbindung.

Ein Dokument aus dem Jahre 1497 belegt erstmals die *Springenden Heiligen*. Damit sind die Wallfahrer aus der Region Prüm und Waxweiler (Kreis Bitburg-Prüm) gemeint, die sich alljährlich zu Pfingsten nach Echternach begeben, um dort an der *Procession Dansante* teilzunehmen. Die Fußwallfahrt von Pfingstsonntag bis Pfingstdienstag geht von der Salvator-Basilika in Prüm bis zur Willibrordus-Basilika in Echternach.

Die Springprozession setzt sich am Morgen des Pfingstdienstags in Bewegung, angeführt von den Sängern, die die Willibrorduslitanei vortragen. Es folgen rund 45 Springergruppen, aufgestellt jeweils vor und hinter einer Musikgesellschaft. Die Musikkapellen spielen abwechselnd den traditionellen Marsch. In der Basilika des heiligen Willibrordus findet eine Schlussandacht statt. 12 000 bis 14 000 Wallfahrer beteiligen sich jährlich an der Prozession, darunter 8 000 bis 9 000 *Springer*.

Echternacher Springprozession, 2009.

Von der Prozedur des Springens gibt es unterschiedliche Beschreibungen. Angeblich springt man mehrere Schritte vorwärts und dann wieder zurück. Diese nicht zutreffende Beobachtung wurde schon im 19. Jahrhundert von Augenzeugen widerlegt. Seit 1947 wird ausschließlich vorwärts gesprungen, und zwar einen Schritt seitlich nach links, dann einen Schritt seitlich nach rechts. Die Melodie geht auf eine einfache, in ganz Europa verbreitete Volksweise zurück.

QUELLENNACHWEIS

DIETZ: Heilige Quellen; DÖRING: Heiliges Wasser; LOHMEYER: Sagen; OBERHAUSER: Wallfahrten

November

Martin (Martinus) von Tours

11. November

<small>Bischof von Tours
* um 316 (?) in Sabaria (Ungarn)
† 397 in Candes bei Tours (Frankreich)
Darstellung: als römischer Soldat, meist zu Pferd
Attribute: Bettler, Mantel, Gans
Patron von Frankreich; der Soldaten, Reisenden, Armen, Bettler, Flüchtlinge, Gefangenen, Winzer — angerufen gegen Ausschlag, Schlangenbiss und Rotlauf; für das Gedeihen der Feldfrüchte</small>

1   Vita

Martin, Sohn eines römischen Offiziers, tritt mit 15 Jahren in die römische Armee ein, wo er sich während seiner Dienstzeit auf die christliche Taufe vorbereitet. Um 334 wird Martin in Amiens (Frankreich) stationiert. Eines Wintertages begegnet der noch nicht Getaufte am Stadttor von Amiens einem Bettler, mit dem er seinen Mantel teilt. Im Traum erscheint dem Soldaten Christus, der diese Liebestat so deutet, als sei sie ihm selbst geschehen.

Nach dem Militärdienst begibt sich Martin als Schüler des dortigen Bischofs Hilarius nach Poitiers, um die Priesterweihe zu erhalten. Nach zehnjährigem Klosteraufenthalt wird er im Jahre 371 zum Bischof von Tours geweiht. Am 8. November 397 stirbt Martin auf einer Seelsorgereise; drei Tage später wird er in seiner Bischofsstadt beigesetzt. Das Grab, über dem im 5. Jahrhundert eine Kapelle, dann eine Basilika erbaut wurde, galt bis ins späte Mittelalter als Nationalheiligtum der fränkischen Könige und Pilger.

2   Martinsfest

Die ältesten Nachrichten über festliche Aktivitäten am Martinstag reichen in das frühe Mittelalter zurück und berichten von Feiern zum Abschluss der Weinernte und zum Beginn der Weihnachtsfastenzeit, die in der katholischen Kirche bis 1917 vorgeschrieben war.

Seit dem Mittelalter verkostete man am Martinstag den neuen Wein zu Ehren des Winzerpatrons Sankt Martin. Das Patronat stützt sich auf verschiedene Legenden: Der heilige Martin habe einen wundertätigen Weinstock gepflanzt, einen armen Fährmann mit Wein versorgt oder vom Grabe aus Wasser in Wein verwandelt. Es gab aber auch eine konkrete Verbindung zwischen Weinbau und Martinsfest. Ähnlich wie beim Festtag des Winzerpatrons → Urban knüpfte auch der Martinstag an die jahreszeitlichen Weinbergsarbeiten an. Das Weintrinken an Martini war aber nicht nur Probieren des frischen Jahrgangs, sondern auch Minnetrunk (→ Heilige Helfer) zu Ehren des Heiligen (→ *Martinsminne*).

Die Feiern am Martinsfest zeichneten sich auch durch reichliches Essen aus. Das Martinischlachten zur Fleischversorgung für die Winterzeit war über Jahrhunderte eine feste Tradition. Das Schlachtfest bot Fleisch zum Sofortverzehr, ehe dieser Genuss mit der vorweihnachtlichen Fastenzeit verboten war. Die Fastenvorschriften forderten ebenso den Verzicht auf Nahrungsmittel wie Eier oder Schmalz. Daher gehörten zum Martinsschmaus auch Speisen und Gebäcke, deren Rezepte möglichst viele Eier, Milch und Fett enthielten. Am Niederrhein beispielsweise waren noch im frühen 20. Jahrhundert Hefekrapfen oder Schmalzgebäck typisch, auch die Pfannkuchen aus Buchweizenmehl mit Vollmilchsuppe, angerichtet mit Rüben- oder Möhrenkraut.

Für den kulinarischen Martinsbrauch gab es auch profane Gründe. Der Martinstag war ein wichtiger Termin des bäuerlichen Jahres nach eingebrachter Ernte und Reife des neuen Weines. Zu diesem Rechtstermin waren Natural- und Geldabgaben fällig.

Die Gans hat wohl geradezu obligatorisch zu den geschilderten Ess- und Trinkgelagen am Martinsfest gehört. Das Martinsgansessen ist jedenfalls seit dem 16. Jahrhundert sicher belegt. Martin Luther bedankt sich am 10. November 1541 für *zwei sehr feiste, voll fleischige und äußerst fette Gänse,* die er zu seinem Geburtstag als Geschenk erhalten hatte.

Die Tradition der Martinsgans wurzelt in landwirtschaftlichen und sozialen Gegebenheiten. Bis Martini war die Mast abgeschlossen. Die Gans galt als Zahlungsmittel, um den Zehnten oder die Pachtzinsen zu begleichen. Sie war also ein beachtliches, mit dem Martinsfest in Verbindung gebrachtes Wirtschaftsgut. Angesichts einer solchen Zuordnung ergab sich ein *hagiologisches* Problem, wie Werner MEZGER überzeugend darlegt: Die Attribute der Heiligen knüpfen an deren Viten an. Die Gans jedoch ließ sich aus der Lebensbeschreibung des heiligen Martin nicht herleiten. Ein gutes Jahrtausend nach Martins Tod begründete eine Legende nachträglich das Gänsemotiv. Dieser (vermutlich rheinischen) Geschichte nach verkroch sich Martin in einen Gänsestall, um seiner Wahl zum Bischof von Tours zu entgehen. Das Federvieh verriet ihn jedoch durch lautes Geschnatter. Mit dieser nachgeschobenen Legende wurde die Martinsgans zum Heiligenattribut.

3   JUGENDLICHEN-/KINDERBRAUCH

Seit dem 16. bis ins frühe 20. Jahrhundert verband sich mit dem Martinsfest das Gabenheischen der Jugendlichen. Bei ihren Heischegängen trugen sie Lieder vor, die vom Essen handelten. In den 1880er Jahren begann man in Düsseldorf, wohlgeordnete Martinszüge zu organisieren. Das Beispiel machte Schule. Seit der Jahrhundertwende bürgerte sich, veranstaltet von Martinskomitees, Vereinen und Schulen, der *pädago-gisch wertvolle* Martinsbrauch ein.

Heute gehen von Musikgruppen begleitete Martinszüge durch die dämmrigen Straßen. Die Gruppen der Kindergarten- und Schulkinder mit ihren zumeist selbst gebastelten Laternen ziehen singend durch die Straßen, dazwischen reitet Sankt Martin auf dem Pferd. Nach dem Zug erhalten die Kinder ein Martinsgebäck. Auch gehen die Kinder bei Nachbarn und Geschäftsleuten *schnörzen* oder *dotzen,* am Niederrhein *kripp-schen.* Sie singen ein Martinslied und erbitten Geld, Obst oder Süßigkeiten. Zu den Martinsgaben gehört der Weckmann mit oder ohne Tonpfeife, neuerdings auch schon mal mit Plastikpfeife und Lolli. Dieses Bildgebäck war ursprünglich mit dem → Niko-laustag verbunden. Der Martinsweckmann begann seit den 1950er Jahren immer mehr den Nikolausweckmann zu verdrängen.

4   BAUERNREGELN

Das RHEINISCHE WÖRTERBUCH überliefert:

Küt Martin em wisse Bart, wird der Wöngter streng on hart. (Fußhollen, Rhein-Sieg-Kreis)
Hät de Martin en weisse Kapp, es de Wänter lang net ab. (Neuwerk, Mönchengladbach)
Wenn et of Märdesdag rent (regnet) ane Dron (Träne), dann kammer de Kellerdir of losse stohn dann gibt es viel Wein. (Winningen, Kreis Mayen-Koblenz)

Möt Allerhelge ös de Röb (Rübe, et Krut) rip, möt St. Märten ös Plöckestit (Zeit, dass sie ge-pflückt wird); dem et dann net poss (passt), sett met St. Andreas fos (fest). (Kempen, Kreis Viersen)

QUELLENNACHWEIS

MEZGER: Brenne auf mein Licht; RHEINISCHES WÖRTERBUCH

Sankt Martin und der Bettler. Darstellung der legendarischen Mantelteilung. Kirche St. Martin, Kirchsahr.

CÄCILIA

22. November

<small>MÄRTYRERIN
* UM 200 IN ROM (?)
† 22. NOVEMBER 230 (?) DASELBST
DARSTELLUNG: IN JUNGFRAUENKLEIDUNG
ATTRIBUTE: ROSEN, SCHWERT, MUSIKINSTRUMENTE WIE ORGEL ODER GEIGE, PALME, BUCH
PATRONIN DER KIRCHENMUSIK; DER ORGANISTEN, ORGELBAUER, INSTRUMENTENMACHER, SÄNGER, MUSIKER UND DICHTER; DER WEBER</small>

1   VITA

Cäcilia soll eine hübsche adlige Römerin gewesen sein, die sich schon als Kind allein Christus angetraut fühlte. Die Eltern verheirateten sie aber mit dem heidnischen Jüngling Valerianus. Cäcilia jedoch gewann diesen und seinen Bruder Tiburtius für den christlichen Glauben. Während einer Christenverfolgung wurde sie nach Verweigerung des Götteropfers zusammen mit ihrem Mann und ihrem Schwager enthauptet, nachdem man vergeblich versucht hatte, sie im Dampfbad ihres Hauses zu ersticken. Auch die Hinrichtung durch das Schwert sei zunächst misslungen: Schwer verwundet habe sie noch drei Tage gelebt, ehe sie starb. Ihre Reliquien befinden sich in der Kirche S. Cecilia in Rom.

2   PATRONIN DER WEBER UND DER MUSIKTREIBENDEN

In Hüls (Krefeld) war der Cäcilientag ein Hochfest. Die Schwestern des dortigen Cäcilienkonvents lebten von der eigenen Landwirtschaft sowie von der Tuch- und Leinenweberei. Es gab auch eine Webervereinigung „Cäcilia", die die Heilige als Patronin verehrte. Deren Fest wurde um 1900 auf diese Weise gefeiert:

Feierliches Geläute rief die Hülser um 8 Uhr zum Hochamt. Alle Webstühle und alle Spulmaschinen standen an dem Tag still. Zum Mittagessen gab es statt des Eintopfgerichtes ein gutes Sonntagsmahl. Die jungen Leute besuchten abends den Weberball. Für die Kinder war es die größte Freude, daß sie zur Schule die Schuhe anziehen durften. (SIEMES)

Mit der Einführung des mechanischen Webstuhls ging in Hüls die Hausweberei zu Ende. Die Cäcilienvereinigung löste sich auf, das Fest geriet in Vergessenheit.

Bis in unsere Tage feiern katholische Kirchenchöre das Fest der heiligen Cäcilia. Nach einem Festhochamt in der Vorabendmesse, das vom Kirchenchor gestaltet wird, treffen sich zum Beispiel in Boisheim (Kreis Viersen) die Sängerinnen und Sänger zu einem gemeinsamen Cäcilienessen in einem Lokal:

Nach dem Essen vertreibt man sich den Abend in geselliger Runde mit allerlei Kurzweil: Spiele, Tänze, Sketche, Vorträge und gemeinsamer Gesang wechseln sich ab, und häufig endet das Fest erst in den frühen Morgenstunden. In der Regel fand das Cäcilienfest am Vorabend vor dem Buß- und Bettag statt, heute am Wochenende um den 22. November. (SIEMES)

QUELLENNACHWEIS

SIEMES: Durch das Jahr

Heilige Cäcilia, Orgel spielend.
Andachtsbild 18. Jahrhundert,
kolorierter Kupferstich.

Cäcilia

ANDREAS

30. November

APOSTEL, MÄRTYRER
* IN BETSAIDA ODER KAPHARNAUM (ISRAEL)
† 60 IN PATRAS (GRIECHENLAND)
DARSTELLUNG: ALS BÄRTIGER MANN IN TUNIKA ODER MANTEL; ALS FISCHER
ATTRIBUTE: FISCH, X-FÖRMIGES KREUZ (ANDREASKREUZ)
PATRON DER FISCHER UND FISCHHÄNDLER – ANGERUFEN UM HEIRAT, KINDERSEGEN;
BEI HALSWEH, GICHT, KRÄMPFEN ODER ROTLAUF (ANDREASKRANKHEIT)

1   VITA

Der Apostel Andreas, Bruder des Simon Petrus, verkündete der Legende nach das Evangelium in Kleinasien und Griechenland. In Patras heilte er die Frau des dortigen Statthalters und bekehrte sie zum Christentum. Nach einer Quelle des 4. Jahrhunderts erlitt Andreas am 30. November 60 den Märtyrertod an einem x-förmigen Kreuz *(Andreaskreuz)*. Das Kopfreliquiar befindet sich in Patras.

Bis in das 9. Jahrhundert endete das Kirchenjahr stets am 30. November. Deshalb verbinden sich mit der Andreasnacht auch Jahresendbräuche wie z. B. Orakelbräuche für das kommende Jahr.

2   HEIRATSORAKEL

In der Gesellschaft früherer Epochen war die Ehe der *gottgewollte* Stand. Keine Heirat in Aussicht zu haben, konnte für Frauen gravierende Folgen haben. Daher waren die heranwachsenden Mädchen daran interessiert, zeitig einen Partner zu finden – sofern darüber nicht die Eltern bestimmten. So bildeten sich abergläubische Praktiken aus, mit denen die Mädchen zu erfahren suchten, welcher Mann sich einfinden oder mit wem sie bald verheiratet sein würden. Beliebt waren Orakel, die an Silvester oder bestimmten Heiligentagen als günstig für die heiratswilligen Mädchen galten.

Zu den Orakelnächten zählte auch die Andreasnacht. Zum Beispiel sollten sich die Mädchen in solchen Nächten nackt auf den Fußboden legen und einen Schuh hinter sich werfen. Wohin die Schuhspitze wies, von dort sollte der Zukünftige erscheinen. Dazu gab es Anrufungen wie: *Heiliger Herr Andreas, / Ich bitte dich durch Gotte, / Sollst heute sein mein Bote. / Sollst mir lassen erscheinen, / Den Herzallerliebsten meinen.* (HARTINGER)

Den Heiratspatron Andreas spricht auch folgendes Stoßgebet an, das einem „Frauenzimmertaschenkalender" von 1731 entnommen ist. Das Lied stellt die *Mannstollheit*

Heiliger Andreas, mit Liebes-
Versen. Andachtsbild 18. Jahr-
hundert, geschnittenes
Spitzenbild mit Miniatur in
Deckfarbenmalerei.

Andreas

einer *alten Jungfer* als warnendes Exempel den noch unverheirateten Frauen vor Augen:

> *Andreas, du gepriesner Mann, / Ich bitte, was ich bitten kann, / Verleih mir doch in kurzer Frist, / Warum du oft gebeten bist. / Errette mich aus meiner Not / Und nimm mir lieber Bier und Brot; / Hingegen gib mir einen Mann, / Den ich zu was gebrauchen kann; / Er mag nun kurz, dick oder klein, / Arm, häßlich und ein Krüppel sein; / Er habe gar kein Bein nicht mehr, / Er sehe nicht, er höre schwer, / Ach ja, er sei auch noch so schlecht, / So ist der doch für mich schon recht. / Fällt dir nun bald ein Freier für, / So schieb ihn doch zuerst zu mir. / Zu dir steht meine Zuversicht, / Vergiß es ja beileibe nicht.* (DÖRING)

Solch magisches Tun konnte der Kirche nicht gefallen. So warnt der Jesuit Georg Scherer schon 1683 die jungen, unverheirateten Mädchen vor zauberischen Zukunftserfragungen am Andreastag:

> *Und dieweil S. Andreas sein lebenlang unbeweibt gewesen, kompt er gantz unschuldig darzu, daß die fuerwitzigen Maegd und Jungfrawen an seinem heiligen Abend, als gestern, zauberische Losung pflegen zu gebrauchen, damit ihnen die Maenner, welche sie kuennfftig zur Ehe nehmen werden, im Schlaff oder sonst erscheinen sollten, kehren zu den Ende die Stuben hinter sich auß, decken den Tisch, und was deß Narrenwercks mehr ist. Solches kompt von S. Andrea nicht her, sondern vom Teuffel. Liebe Metz, lass dir die Weil nicht lang seyn, du werdest dein Mann noch wol sehen, und nicht allein sehen, sondern auch empfinden, wenn er Dir die blawe Augen machen wird.* (DÖRING)

Von der Bedeutung des Andreasabends als Orakeltag zeugt auch die Überlieferung aus Aegidienberg (Rhein-Sieg-Kreis) aus dem Jahr 1855:

> *Am Andreasabend muss man sich umgekehrt ins Bett legen, mit den Füssen auf das Kopfkissen und dabei sagen: ich lege mich nieder in des Teufels Namen. Tut dies ein Bursche, so kommt um Mitternacht einer — man meint, es sei der Teufel — und stellt dem Dreesenden [Andreasanrufer] seine zukünftige Gattin vor. Zugleich versucht ihn der Böse mit allerlei Fragen zum Sprechen zu bringen; aber kein Wort darf er sagen. Wer nur den Mund zum Reden auftut, dem ergeht es schlecht. Wenn eine Jungfrau dreeset, so wird ihr um Mitternacht ihr zukünftiger Gatte vorgeführt.* (RHEINISCHES WÖRTERBUCH)

In Leubsdorf (Kreis Neuwied) gab man den jungen Mädchen den Rat, *in der Andreasnacht Wasser und Seife vor die Türe zu stellen; wer dann kommt und sich wasche, sei ihr zukünftiger Ehemann.* In Weibern (Kreis Ahrweiler) riet man den jungen Männern: *Wer in der Andreasnacht einen Spiegel unter den Kopf legt, sieht seine Zukünftige.* (RHEINISCHES WÖRTERBUCH)

Dass man Andreas in solchen Anliegen anrief, legt sein griechischer Name *andreios, der Männliche* nahe. Ebenso kann der kirchlich-liturgische Text an seinem Festtag das Heiratspatronat begünstigt haben; in der Antiphon der Laudes hieß es nämlich: *Concede nobis dominum iustum — gib uns einen gerechten Mann*. (CURTI)

3   ANDREASBRUNNEN

Vom Andreasbrunnen bei Vollmersbach (Kreis Birkenfeld) ist überliefert: *Der Andreasbrunnen bei Vollmersbach im Birkenfelder Land stand früher in hohem Ansehen als*

Wunderbrunnen. Die Kranken ließen dort Kleidungsstücke als Opfergabe zurück. Noch in der zweiten Hälfte des vergangenen Jahrhunderts schöpfte man aus dem Brunnen das Wunderwasser. (Döring)

4 BAUERNREGELN

Der Andreastag galt als bedeutsam für den Winteranfang. Das RHEINISCHE WÖRTER-BUCH bringt Beispiele:

Sänt Driis makt os de Wenter wiis. St. Andreas macht uns den Winter weiß.
(Geldern, Kreis Kleve)

Tsint Andrees es de Ferkesrees — Das bedeutet: Am Andreastag beginnt die sogenannte Schweinereise: Entweder werden die Schweine geschlachtet oder die Bauern verkaufen sie.
(Kerken, Kreis Kleve)

Op A. get dem Hiǝrt (Gemeindehirt) *et Johr öm.* (Scheven, Kreis Euskirchen).

QUELLENNACHWEIS

CURTI: Volksbrauch; DÖRING: Kommholmich; DÖRING: Heiliges Wasser; HARTINGER: Religion und Brauch; RHEINISCHES WÖRTERBUCH

Eligiusdenkmal, Viersen.
Die vier Flammen stellen
die Stadtteile von Viersen
dar. Auf dem Sockel ein
Auszug aus dem Kerzen-
spruch der Schmiedezunft.

DEZEMBER

ELIGIUS

1. Dezember

BISCHOF VON NOYON
* UM 588 BEI LIMOGES (FRANKREICH)
† 660 NOYON (FRANKREICH)
DARSTELLUNG: ALS BISCHOF, ALS GOLDSCHMIED
ATTRIBUTE: KELCH, HAMMER, AMBOSS, ZANGE, HUFEISEN
PATRON DER KNECHTE UND BAUERN, DER GOLD-, SILBER- UND HUFSCHMIEDE, SCHMIEDE,
SCHLOSSER, METALLARBEITER, GRAVEURE, WAGNER, KUTSCHENBAUER, PFERDEHÄNDLER
UND TIERÄRZTE – ANGERUFEN GEGEN PFERDEKRANKHEITEN

1 VITA

Eligius wurde im Goldschmiedehandwerk ausgebildet. Die Überlieferung berichtet von einer Wundertat, wonach er aus dem für einen Thronsessel bestimmten Gold die doppelte Menge machte und zwei Sessel fertigte, um den Erlös aus dem Verkauf den Armen zu geben. Eligius übernahm 641 das Bischofsamt in Noyon. Seine Reliquien befinden sich in der dortigen Kathedrale Notre-Dame.

2 SCHMIEDEPATRON

Eligius ist der Patron der Schmiede. An seinem Tage bezahlten die Leute dem Schmied die Rechnungen. Am unteren Niederrhein kamen am 1. Dezember um die Mittagsstunde alle Kunden beim Schmied zusammen, um ihre Schulden zu bezahlen. Der Termin musste eingehalten werden. Die Kunden wurden mit Weißbrot, Käse und Kaffee bewirtet; danach gab es Bier. Von Helena SIEMES erfahren wir:

Wenn unter den Kunden einer dabei war, der seit dem letzten Eligiustag geheiratet hatte, so wurde er von einem der Schmiedegesellen feierlich um den Amboß geführt. Der junge Ehemann mußte dafür ein doppeltes Trinkgeld geben. Fiel es zu kleinlich aus, so kniff der Geselle den Geizigen mit der Kneifzange so lange in den Arm, bis der Betreffende ausreichend Münzen auf den Amboß gelegt hatte.

Der Tag nach Eligius hieß *Sent Fulk – Sankt Faulenzer*. An diesem Tag gingen Meister und Gesellen gemeinsam von einer zur anderen Wirtschaft, wobei die Meister von ihren Gesellen mit Bier oder Schnaps freigehalten wurden, und zwar von dem Trinkgeld, das diese am Vortag erhalten hatten.

3 ELIGIUSFEST DER DÜLKENER SCHMIEDEZUNFT

Die Dülkener Schmiedezunft besteht seit 1620. Bis heute nimmt sie einen wichtigen Platz im gesellschaftlichen Leben ein. Jedes Jahr wird am oder nach dem 1. Dezember das Schmiedefest begangen, das Helena SIEMES beschreibt:

Am Abend beginnt, wie es immer noch heißt, das Jelooch – das Gelage, die Bruderschaftsmahlzeit … Der jüngste Lehrling eröffnet den Abend mit dem Kerzenspruch: ‚Ich zünde an das Licht der Kerzen / Zu deiner Ehr und Preis, / Daß sich erwärmen unsere Herzen / An deinem Strahlenkreis. / In bösen wie in guten Zeiten / Sei du uns Hilfe, Schutz. / Mußt uns zu allem Tun begleiten, / Du heiliger Schmied Eligius.‘ … Danach folgt der Hammerspruch: ‚Nehmet von mir, / Dem jüngsten Stift, / Im gleißen Licht / Mit viel Humor und Jammer / Zum Kusse diesen Hammer.‘ Damit beginnt das ‚Ritual‘ mit dem Zuschlaghammer. Der Lehrling übergibt den Zuschlaghammer an den Zunftmeister. Dieser küßt ihn und gibt ihn weiter. Bis er die Runde gemacht hat, wird er von allen Gesellen und Meistern begutachtet, ob er blank geputzt und der Stiel gut abgezogen worden ist. Nach dem gemeinsamen Singen traditioneller Lieder wie ‚Der Wool op, woe al di schuene Blömkes schtond …‘, ‚Bee Peter Bonge woerd jesonge, / Dat öm de Knööp fön de Boks aafschpronge …‘ und des Schmiedeliedes schließt sich das Schmiedeessen an.

Das bronzene Eligiusdenkmal auf dem Eligiusplatz in Dülken (Viersen) wurde 1983 von Mitgliedern der Eligiusbruderschaft zum 550-jährigen Bestehen initiiert und finanziert:

Der Fuß des Denkmals stellt einen Amboßstock dar, über dem ein Schmiedefeuer brennt. Die acht kleinen Randflammen symbolisieren die 80 000 Einwohner der Stadt Viersen. Aus dem Flammenkreuz züngelt das vierfache Schmiedefeuer, das die vier Stadtteile symbolisiert, die im Jahre 1979 zur Stadt Viersen zusammengelegt worden sind: Viersen, Dülken, Süchteln und Boisheim. (SIEMES)

QUELLENNACHWEIS

SIEMES: Durch das Jahr

Barbara

4. Dezember

MÄRTYRERIN, NOTHELFERIN
† 306 (?) IN NIKOMEDIA (TÜRKEI)
DARSTELLUNG: EINZELFIGUR MIT LANGEM GEGÜRTETEM KLEID
ATTRIBUTE: PALME, SCHWERT, KRONE, TURM, KELCH MIT HOSTIE
PATRONIN DER BERGLEUTE, GEFANGENEN, GLOCKENGIESSER; STERBEPATRONIN —
ANGERUFEN GEGEN GEWITTER, FEUERGEFAHR, UNGLÜCK, FIEBER, SCHWERES LEIDEN,
JÄHEN TOD

1   VITA

Barbara soll als Märtyrerin unter dem römischen Kaiser Maximinus (305–313) gestorben sein. Sie ist eine der bekanntesten christlichen Heiligen, auch wenn ihre Person historisch nicht verbürgt ist. Nach der Legende wurde Barbara von ihrem heidnischen Vater aus Eifersucht in einen Turm geschlossen, um eine Heirat seiner schönen Tochter zu verhindern. Als Barbara sich taufen ließ, lieferte ihr Vater sie dem römischen Statthalter aus, der sie mit Keulen schlagen, ihr die Brüste abschneiden, sie mit Fackeln brennen ließ. Vor Gericht gestellt, wurde Barbara dazu verurteilt, sich nackt auf dem Markt den Blicken der Leute preiszugeben. Auf ihr Gebet hin bedeckten sie Wolken und Nebel. Daraufhin sollte sie enthauptet werden. Der Vater selbst vollstreckte das Urteil und wurde gleich darauf vom Blitz getroffen und verbrannte.

Sie gehört zu den Vierzehn Nothelfern (→ Heilige Helfer).

2   BARBARAZWEIGE

Es ist ein alter Brauch, am Barbaratag Zweige ins Haus zu holen. Dafür eignen sich Forsythien-, Apfel-, Birn-, Kirsch- oder Fliederzweige, die man zunächst über Nacht in lauwarmes Wasser legt. In der Vase wechselt man das Wasser (auch lauwarm) alle drei Tage. Blühen die Zweige am Weihnachtsfest, dann wird das als gutes Zeichen für die Zukunft gewertet.

Dieser Brauch mag daher rühren, dass sich einer Legende nach der Zweig eines Kirschbaums in Barbaras Kleid verfing, als der Vater sie ins Gefängnis werfen ließ. Barbara stellte den Zweig in einen Krug mit Wasser, wo er am Tage ihrer Verurteilung erblühte.

In einem Bericht aus Grevenbroich (Rhein-Kreis Neuss) aus den 1970er Jahren heißt es:

Am Barbaratag gingen wir in unseren Garten und es galt ganz ohne zu plappern drei Zweige von dem großen Schattenmorellenbaum zu schneiden … Die kamen dann in eine spezielle Vase, dazu haben wir ein Lied gesungen. Die Barbaravase wurde in der Küche auf die Fensterbank gestellt und jeweils nach drei Tagen wurde das Wasser gewechselt – bis Weihnachten. Dann standen die mittlerweile erblühten Zweige an der Krippe. (RHEINISCHES VOLKSKUNDEARCHIV)

3   BARBARAGESCHENKE

Früher begann mit dem Barbaratag die Zeit der überraschenden Geschenke vor Weihnachten. Der Geschenktag war bis in die 1960er, vereinzelt sogar bis in die 1970er Jahre vor allem am Niederrhein und im Köln-Bonner Raum bekannt. Gelegentlich tritt die heilige Barbara als Begleiterin des → Nikolaus auf, zum Beispiel in Neuwerk (Mönchengladbach).

In Dremmen (Kreis Heinsberg) wurden bis ca. 1960 in der Barbaranacht die Kinder mit einer *Kleinigkeit* als Vorfreude auf den bevorstehenden Nikolaus beschert. Es war üblich, einen von *innen und außen glänzenden Schuh* aufzustellen, in dem die Kinder am Barbaramorgen ein paar Plätzchen oder eine Apfelsine fanden.

In Köln ging einst Barbara gemeinsam mit dem Heiligen Mann nachts in die Häuser und füllte die Schüsseln der Kinder mit Gebäck. Aus den 1970er Jahren wird berichtet:

Am Vorabend wurden die Schuhe (meistens ein paar Straßenschuhe aus Leder oder die Winterstiefel) sorgfältig geputzt und vor die Zimmertür gestellt. Am nächsten Morgen schauten wir sofort vor unseren Türen nach und fanden in unseren Schuhen Süßigkeiten, Nüsse und Mandarinen. Von der Art und Anzahl der Süßigkeiten waren es z.B. einige Spekulatius, kleine Schokoladenkugeln oder -figuren etc., alles in allem weniger, als dann am 6. Dezember erfahrungsgemäß der Nikolaus bringen würde. (RHEINISCHES VOLKSKUNDEARCHIV)

4   BERGBAUPATRONIN

Der Kohlenbergbau ist verbunden mit einer besonderen Verehrung der heiligen Barbara als Bergbaupatronin. Einer Legende nach öffnete sich vor Barbara ein Felsspalt, als sie auf der Flucht vor ihrem Vater war. Im Berg hielt sie sich verborgen. Sie wurde allerdings entdeckt und verraten.

Die Heilige gilt als Schutzheilige gegen Verletzungen bei der Sprengarbeit. Besonders gab *die Gefahr der schlagenden Wetter* im Steinkohlenbergbau Anlass, die Nothelferin anzurufen.

Gegen Unglück und Tod zünden die Bergleute im Bergwerk das Barbaralicht an. Zu ihrem Namensfest finden im Ruhrgebiet zahlreiche – häufig ökumenische – Barbarafeiern statt. In der heiligen Barbara sehen die Männer vor Ort die Retterin aus Not und Bedrängnis, vor allem aus schwierigen Lagen in der Untertagearbeit. Aus den Niederlanden ist an einem Barbaratag überliefert, dass die Bergleute bei der Arbeit in der

Grube einen lauten Schrei von einer Frauenstimme hörten *Flieht, flieht!,* und sie konnten sich alle vor einem Wassereinbruch retten.

Auch im Aachener Steinkohlenrevier wurde die heilige Barbara als Schutzpatronin verehrt. Zahlreiche Barbarapatrozinien, vor allen Dingen in den Pfarreien der nach dem Zweiten Weltkrieg errichteten neuen Bergarbeitersiedlungen, bezeugen die herausragende Stellung der Heiligen. Viele Schulen, Vereine, Apotheken, Straßen und Plätze haben ihren Namen angenommen.

Im Steinkohlenbergbau eher selten ist das Aufstellen einer Barbarastatue im untertägigen Grubengebäude. In den 1950er Jahren schuf der „Eschweiler Bergwerks-Verein" in Alsdorf die größte Grube im Aachener Revier und zugleich einen Ort der Barbaraverehrung. Im Blick der ein- und ausfahrenden Bergleute wurde eine ca. 1.30 Meter hohe, im Metallgussverfahren hergestellte Barbarafigur aufgehängt. Mit der Schließung des Bergwerks Anna I/II im Jahre 1986 fand die Barbarastatue einen neuen Platz im Foyer der ehemaligen Hauptverwaltung des „Eschweiler Bergwerks-Vereins" in Kohlscheid, 2006 gelangte sie in die Obhut des Vereins Bergbaumuseum Wurmrevier e.V.

5   STERBEPATRONIN

Von der Barbaraverehrung als Sterbepatronin zeugt die in Damm (Mönchengladbach) stehende Kapelle „Drei Heister", die den heiligen Ärzten Cosmas und Damian geweiht ist. Bei schweren Krankheiten und Leiden suchten die Bewohner hier Trost und Hilfe:

Lag jemand krank oder gar sterbend darnieder, forderten die nächsten Nachbarn die Anwohner zu einem Bittgang auf. Erwachsene und Kinder versammelten sich vor dem Haus des Kranken. Waren alle beisammen, zog man geordnet und betend zur Kapelle. Verstarb der Erkrankte während des Bittganges, so schickten die Angehörigen der Prozession einen Boten entgegen, der den Todesfall meldete. Die Gläubigen aus der Nachbarschaft begaben sich unverzüglich von der Kapelle zur Pfarrkirche und beteten dort für den Verstorbenen zur Sterbepatronin St. Barbara. (SIEMES)

An der Kapelle wurde auch *et Leed jebonge* – das Leid gebunden. Die Gläubigen verknoteten zwei Ästchen einer Hainbuche und sprachen die Worte: *Im Namen des Vaters … Hierin binde ich all mein Leid, wer den Knoten löst, übernimmt mein Leid.* (SIEMES)

Figur der heiligen Barbara mit Turm. Barbarakapelle, Frauenkron.

6   BARBARAZUNFT DER SCHNEIDER IN SÜCHTELN

In Süchteln (Viersen) feierte die Barbarazunft der Schneider am 4. Dezember ihr Zunftfest, erstmals im Jahre 1457 urkundlich erwähnt. Helena SIEMES berichtet:

Als Nachfolgerin der Barbara-Zunft betrachtet sich die heute noch existierende Barbara-Gebetsbruderschaft, die im Jahre 1957 ihr 500-jähriges Bestehen feierte. Das Barbara-Fest beginnt traditionsgemäß mit einem Hochamt für die heute noch lebenden Mitglieder, woran sich die Reliquienverehrung anschließt. Danach folgen das gemeinschaftliche Kaffeetrinken sowie die Hauptversammlung und die Jahresabrechnung. Als ihre wichtigste Aufgabe betrachtete es die Barbara-Bruderschaft noch 1957, die Not des Nächsten zu lindern. Brotspenden, die es in der Vergangenheit gab, wurden schon seit längerer Zeit eingestellt. Heute ist die Barbara-Bruderschaft lediglich eine Gebetsbruderschaft, die vierteljährlich eine gemeinsame Messe feiert.

QUELLENNACHWEIS

SIEMES: Durch das Jahr; RHEINISCHES VOLKSKUNDEARCHIV des LVR-Instituts für Landeskunde und Regionalgeschichte

Heilige Barbara mit Märtyrerpalme (im Medaillon), Wallfahrtsandenken. Andachtsbild 19. Jahrhundert, kolorierter Kupferstich.

Dezember

ANNO

5. Dezember

ERZBISCHOF VON KÖLN
* UM 1010 IN SCHWABEN
† 1075 IN SIEGBURG
DARSTELLUNG: ALS BISCHOF
ATTRIBUTE: KIRCHENMODELL, BUCH UND SCHWERT
PATRON DES VIEHS – ANGERUFEN GEGEN GICHT, KRANKHEITEN UND SCHMERZEN ALLER
ART; GEGEN TEUFEL UND DÄMONEN, BESESSENHEIT; DIEBE

1   VITA

Anno stammte aus schwäbischem Geschlecht. 1056 wurde er gegen den Willen der Kölner zum Erzbischof ernannt. Seine Regierung brachte dem Kölner Territorium bedeutenden Macht- und Gebietszuwachs. Gegen die oftmals willkürliche Herrschaft setzten sich die Bürger im Kölner Aufstand von 1074 zur Wehr. Die Gründung zahlreicher Klöster wird von Annos Biographen und im „Annolied" besonders hervorgehoben. Seine Gebeine ruhen in der Benediktinerabtei Michaelsberg in Siegburg (Rhein-Sieg-Kreis).

2   ANNOVEREHRUNG

Über die mittelalterliche Annoverehrung wissen wir vor allem aus den Siegburger Mirakelbüchern, die gegen Ende des 12. Jahrhunderts aufgezeichnet wurden. Sie berichten von Wundern, die sich am Grabe des Heiligen zugetragen haben, oder von Wundern, die Anno an anderen Orten gewirkt hat und die den Mönchen erzählt wurden. Pilger zum Annograb kamen fast aus dem gesamten west- und mitteleuropäischen Raum. Der engere Einzugsbereich reichte vom Maingebiet bis zum Niederrhein und von der Maas bis nach Westfalen.

Im Annokult waren *der bei weitem wichtigste Gegenstand […] seine Reliquien, deren heilende Kraft sich am nachhaltigsten im direkten Kontakt vermittelte,* führt Uta KLEINE aus. Mirakelberichte bezeugen dies auf vielfältige Weise:

Neben der oft erwähnten Armreliquie (sacrum brachium), die in Siegburg zur Heilung verwendet wurde, gehörten hierzu Staub vom Heiligengrab, Kleidungspartikel (de sacris vestibus) wie Stücke von der Bischofskasel oder den Sandalen, und Wasser, das durch das Eintauchen der Armreliquie oder durch Vermischen mit Reliquienstaub … aus dem Annokelch gereicht wurde.

Die Mirakelbücher (→ Heilige Helfer) schildern Alltagssituationen im Leben der Menschen: Krankheit und Leiden, Unfall und Tod. Die dem heiligen Anno zugeschriebenen Wunderberichte sprechen von 67 Lahmen, 41 Blinden, 12 Tauben und 5 Stummen. 15 Personen waren von der Wassersucht befallen, 10 hatten Bauch- oder Blutfluss, andere litten an kranken Zähnen oder Ohrschmerzen, wiesen Verbrennungen auf, wurden von Kopfschmerzen gequält, waren herzkrank oder hatten Unfälle aller Art erlitten. 21 Tote erweckte der Heilige zum Leben. Auch wurde Anno gegen Teufel und Dämonen angerufen, er heilte Besessene, half Bürgern gegen Diebe und war Schutzpatron gegen Viehseuchen.

Die Mirakelberichte schildern die Not der Opfer und ihre aussichtslose Lage, die Anrufung des heiligen Anno, das Gelöbnis einer Votivgabe sowie die Heilung bzw. Wiedererweckung zum Leben. Die Votive, die am Grabe des heiligen Anno zum Dank für die wunderbare Hilfe dargebracht wurden, bestanden aus Wachs, etwa Nachbildungen von Beinen, Füßen, Armen, Händen, Kinn, Zungen, Augen, Herzen, Köpfen, Hirnschalen. Daneben waren es Opfergaben wie Weizen, Hühner, Brote, Geld und Geschenke aus Silber. Auch der Brauch, den Kranken zu messen, um eine entsprechend große bzw. schwere Opfergabe zu bringen, ist belegt; zum Beispiel opferte man eine Kerze in der entsprechenden Körperlänge. Ebenso kannten die Annopilger das Aufwiegen des Kranken mit Brot oder Getreide.

Dazu ein charakteristischer Auszug aus den Siegburger Mirakelbüchern:

In Siegburg geschahen durch das Verdienst Annos fast zur gleichen Zeit sechs hervorragende Wunder … Als dort einer durch schwere Krankheit geschwächt zu Bett lag, gelobte er Anno für das Geschenk seiner Genesung ein Stück Wachs in der Länge seines Körpers; eine Frau, die dort von starken Kopfschmerzen geplagt wurde, stand im Kloster und gelobte ein Wachsbild ihres Kopfes und sogleich schien es ihr, als salbe ihr eine Hand liebkosend den ganzen Kopf; eine andere wurde von Herzschmerzen derart gepeinigt, daß sie den Tod herbeisehnte, als sie ein Wachsherz gelobte, genas sie; eine andere, vom gleichen Leiden betroffen, entging durch das gleiche Gelübde der Gefahr; außerdem wurde dort eine andere von schlimmen Seelenschmerzen zermürbt, als sie Anno ein Wachsbild gelobte, verschwand das lästige Leiden; wiederum wurde einer auf gefährliche Weise von heftigen Herzschmerzen befallen, als er ein Wachsbild in der Form seines Herzens gelobte, wurde ihm sogleich die gewünschte Gesundheit zurückerstattet. (Kleine)

Seit dem Spätmittelalter ging die Verehrung des heiligen Anno im Volk rapide zurück:

Für eine dauerhafte volkstümliche Annoverehrung fehlte wohl der allgemeine Konsensus im Volke, der z.B. bei Heiligen wie der hl. Ursula oder den Hl. Drei Königen, durchaus vorhanden war… [Anno] genoß wohl dann auch nicht so viele Sympathien, dass sie die im 12. Jahrhundert bestehende große Intensität und Verbreitung seiner Verehrung im Volke für die folgenden Jahrhunderte hätten konservieren können. (Herborn)

QUELLENNACHWEIS

HERBORN: Alltagsleben; KLEINE: Gesta, Fama, Scripta

Dezember

NIKOLAUS

6. Dezember

BISCHOF, WUNDERTÄTER
DARSTELLUNG: ALS BISCHOF
ATTRIBUTE: MITRA, STAB UND BUCH; DREI GOLDKUGELN, DREI BROTE, DREI ÄPFEL;
PÖKELFASS UND DREI KNABEN, SCHIFF, STEUERRAD, ANKER
PATRON DER KINDER, DER SCHÜLER, MÄDCHEN, JUNGFRAUEN, REISENDEN, SEELEUTE,
SCHIFFER; DER SINTI UND ROMA; DER GEFANGENEN; DER APOTHEKER, SALBENKRÄMER,
RICHTER, RECHTSANWÄLTE UND NOTARE, KAUFLEUTE, BÄCKER, MÜLLER, KORNHÄND-
LER, METZGER; BRÜCKENPATRON – ANGERUFEN FÜR GLÜCKLICHE HEIRAT; GEGEN WASSER-
GEFAHREN, SEENOT

1   VITA

In Nikolaus – dem beliebtesten Heiligen der Weihnachtszeit – begegnen zwei legendäre Personen: der historisch im 4. Jahrhundert belegte Bischof Nikolaus von Myra
im kleinasiatischen Lykien (heute Türkei) und der gleichnamige Abt von Sion († 564)
und Bischof von Pinora. Die Figur des bis heute verehrten Wundertäters ist erstmals
im 6. Jahrhundert in der griechischen Überlieferung bezeugt. Der Nikolauskult breitete sich im 10. und 11. Jahrhundert in Westeuropa aus. Im Jahre 1087 gelang es einer
Gruppe von italienischen Kaufleuten, Reliquien aus dem Grab in Myra zu entnehmen
und in ihre Heimatstadt Bari nach Süditalien zu bringen. Binnen weniger Jahre erbaute
die Handelsmetropole eine repräsentative Grabbasilika für ihren Patron. Bari ist bis
heute das Zentrum des Nikolauskults.

2   LEGENDEN UND PATRONATE

Zahlreiche Legenden formten das Bild des heiligen Nikolaus im Hoch- und Spätmittelalter und begründeten Patronate unterschiedlichster Stände oder Berufe. Die
Fülle der Legendenwunder – so Werner MEZGER – lässt sich kaum vollständig wieder-
geben:

*Nahezu jedes von ihnen hat irgendein Patronat begründet: Aus der Geschichte von der wunder-
baren Kornvermehrung resultierte die Beschützerfunktion des Heiligen für die Getreidehändler;
aus dem Bericht von der Vernichtung des gefährlichen Öls der Göttin Diana seine Schirmherr-
schaft über die Salbenkrämer und Spezereiverkäufer; aus der Erzählung von der Intervention des
Myrensers gegen dreiste Diebe sein Wächteramt über persönlichen Besitz. Für das im Lauf der Zeit
immer deutlicher sich ausprägende Image des heiligen Nikolaus als Kinderfreund ist es nicht un-*

wichtig zu erwähnen, daß ihn bereits frühere Legenden in dieser Rolle sahen, wenn sie ihm etwa die Rettung eines ertrunkenen Knaben oder die Rückholung eines vom Satan erwürgten Jünglings ins Leben zuschrieben.

Nach dem ältesten Bericht über Nikolauswunder soll Nikolaus in seiner Heimatstadt drei unschuldig Verurteilte vor der Enthauptung gerettet, ferner den Kaiser in Konstantinopel davon überzeugt haben, drei dort zu Unrecht eingekerkerte und von der Hinrichtung bedrohte Feldherren zu begnadigen. Seit dem 9. Jahrhundert galt Nikolaus daher als Beschützer ungerecht Verdächtigter, Verfolgter und Gefangener.

Das *Schiffswunder* schildert, wie Nikolaus in Seenot geratene Schiffsreisende vor dem drohenden Untergang bewahrt habe. Deshalb genoss der Heilige größte Wertschätzung als Schutzpatron der Seefahrer. Seeleute und Bewohner von Hafenstädten, die vom Seehandel lebten, errichteten zu Ehren des heiligen Nikolaus Kirchen und Kapellen. Auch entlang des Rheins erinnern Darstellungen des Heiligen die Schiffer an ihren Schutzpatron.

Nachhaltige Wirkung zeigte die *Jungfrauenlegende:* Drei Töchter eines verarmten Patriziers, die wegen fehlender Mitgift nicht standesgemäß heiraten konnten, wären zur Prostitution gezwungen gewesen. Der Heilige bewahrte sie vor dieser Schande, indem er ihnen nachts unbemerkt drei goldene Kugeln (goldene Äpfel, Goldklumpen) aufs Bett legte und sie so mit der Heiratsgabe ausstattete. Die Legende begründet das Patronat für die Liebenden und Heiratswilligen sowie die Brauchtradition des Gabenbringers.

Für die Bräuche um Sankt Nikolaus maßgeblich war die im 13. Jahrhundert in Nordfrankreich entstandene *Schülerlegende:* Drei vornehme Schüler oder Studenten bereisten mit erheblichen Barmitteln das Land, in dem der Bischof wirkte. Sie übernachteten bei einem Gastwirt und Metzger, der sie aus Habgier umbrachte, zerstückelte und in ein Salzfass einlegte. Nikolaus erweckte die drei Knaben wieder zum Leben. Aus dieser Überlieferung entwickelte sich das Schüler- beziehungsweise Kinderpatronat. Die Legende erklärt sich aus der Abstinenzperiode vor Weihnachten, wie Werner MEZGER überzeugend darlegt: Wegen des Fleischverzichts während der Advents- (Weihnachts-)Fastenzeit gab es für die Metzger nichts zu tun, die Ausnahme bildete das *Nikolausschlachten.* Sämtliche konservierbaren Produkte dienten als Vorrat für Weihnachten, weshalb das Fleisch in kleine Stücke geschnitten und gepökelt wurde. Diese Praxis dürfte die Schülerlegende entscheidend angeregt haben.

3   ENTWICKLUNG DER GESTALT

Die traditionelle Gestalt ist ein *Bischof* mit langem weißem Bart im bischöflichen Ornat mit Mitra, Stab und Buch in der Hand, mit weißen Handschuhen und darüber einem schweren Ring.

Seit dem 19. Jahrhundert konkurriert der *Weihnachtsmann* mit der Bischofsgestalt. Die bischöflichen Zeichen ersetzen mehr und mehr weltliche Attribute wie der lange

Bischof Nikolaus in Begleitung von Barbara
und Hans Muff als Gabenbringer am Nikolaus-
abend. Neuwerk 2006.

Mantel mit Pelzbesatz, dazu Zipfelmütze, Rute und Sack. Die gegensätzlichen Eigen-
schaften des freundlich-gütigen Kinderpatrons Nikolaus und des drohenden, erschre-
ckenden Knecht Ruprecht als Begleiter verschmelzen in der neuen Figur des Weihnachtsmanns als Gabenbringers. Drei Motivtraditionen prägen das Bild des
Weihnachtsmannes, wie Martina EBERSPÄCHER in jüngster Zeit aufgezeigt hat: Zunächst setzte (1) die bürgerliche Pädagogik des 19. Jahrhunderts den weihnachtlichen
Gabenbringer als Instrument der Kinderdisziplinierung ein. Die spätromantischen
Darstellungen des Weihnachtsmanns greifen (2) auf die Ikonographie der Kinder-
schreckfiguren des 16. und 18. Jahrhunderts zurück. Sie zeigen unartige Kinder, die in
Säcke, Fässer oder Körbe gesteckt werden und die ein Kinderschreck aufzufressen
oder zumindest an schreckliche Orte zu verschleppen droht. Als weiteres Motiv präg-
te (3) die Darstellung eines *Herrn Winter* als Jahreszeitenallegorie die weihnachtliche
Bildwelt. *Herr Winter* ist nicht nur die traditionelle Gestalt eines warm gekleideten Alten mit Eiszapfenbart, sondern trägt auch Züge des Weihnachtsmanns mit weihnachtlichen Requisiten: mit einer Kiepe voller Kindergeschenke und mit einem Lichter-
bäumchen.

Eine dritte Figur ist aus der vorweihnachtlichen Szenerie nicht mehr wegzudenken: Der *Coca-Cola-Santa-Claus* im pelzverbrämten *Outfit* mit Zipfelmütze, schweren Stiefeln und breitem Ledergürtel um die breite Taille. Man vermutet richtig, dass sich der *Amerikaner* am allerweitesten von historischen Überlieferungen des heiligen Nikolaus entfernt hat.

4   NIKOLAUSBESCHERUNG UND –EINKEHR

Das Brauchgeschehen um den heiligen Nikolaus an seinem Festtag oder am Vorabend entstammt den spätmittelalterlichen Klosterschulen. Dort entstand auch die Kinderbescherung mit der Gewohnheit, Nikolausgaben in vorbereitete Utensilien einzulegen. Die Vorstellung von Nikolaus als unsichtbarem Gabenbringer wurzelt vornehmlich in der Legende von den drei Jungfrauen, denen der Heilige nachts goldene Kugeln in das Gemach legte oder warf. In Verknüpfung mit dem Motiv des Schülerpatronats entwickelte sich die Gewohnheit, je nach Folgsamkeit, Lerneifer und religiösem Streben heimlich Gaben für die Kinder einzuwerfen *(Nikolauswerfen)* oder einzulegen. Der *Einlegebrauch* des unsichtbar wirkenden Gabenbringers ist seit dem 15. Jahrhundert bis heute bezeugt. Der Gabenbringer beschenkt die Kinder in der Nacht. Am nächsten Morgen finden sie die Gaben in den Schuhen, Stiefeln oder Gabentellern, die sie am Vorabend aufgestellt haben. Später bildeten sich die heute noch üblichen Einkehrbräuche aus, bei denen der Gabenbringer mit Gefolge persönlich erscheint. Diese Entwicklung setzte im Rheinland in nennenswertem Maße seit dem 19. Jahrhundert ein.

Im Mittelpunkt des Brauchgeschehens – zumal aus Kindersicht – stehen die Geschenke. Das RHEINISCHE WÖRTERBUCH überliefert Sprüche, mit denen die Kinder sich an den Gabenbringer wandten:

Helligen Nikolos, komm an unser Haus, pack de grusse Taschen aus, breng den Klänen vill un den grussen winnig, die kennen lafen un sech wat kafen, helligen N.! (Trier)

Senter Kl., den heiligen Mann, treckt sinn Stewels on Sporen an, ritt domet no Amsterdam, van A. no Spanien, de Äppelkes van Oranien, de Berkes (Birnen) van den Bomen, s. Kl. sall wahl bald komen! (Moers, Kreis Wesel)

Zenter Kl., gotthellig Mann, doəhg dinge beiste Tabbert (Mantel) an, riə (reite) domet no Spanie, breng Äppel van Oranie, gef die kleng Kenger jet, loss die grousse laufe, die könne sich selfs jet kaufe! (Aachen)

In den ersten Jahrzehnten des 20. Jahrhunderts bestanden die Nikolausgaben meist aus Nüssen, Äpfeln und Birnen aus dem eigenen Garten, selbstgebackenen Plätzchen, Spekulatius und anderen Süßigkeiten, manchmal einem kleinen Spielzeug. Mit dem wirtschaftlichen Aufschwung in den 1950er Jahren wurden die Geschenke reichlicher; dies gilt besonders für Spielsachen.

Zu den Nikolausgaben gehören auch Gebildbrote mit der Darstellung des Heiligen. Am bekanntesten ist der Weckmann aus Hefeteig, meist mit Pfeife. Die Tonpfeife am

Nikolausfest ist vermutlich eine Neuerung des späten 19. Jahrhunderts und gehörte zu dem großen Sortiment der Westerwälder Pfeifenbäckerei.

Das Fest des Gabenbringers wurde im 20. Jahrhundert immer mehr zu einem öffentlichen Ereignis. Heute überfluten ganze Scharen von Gabenbringern, Werbeweihnachtsmännern und Santa-Claus-Kaufanimatoren Geschäfte und öffentliche Plätze, Weihnachtsmärkte und Einkaufszonen.

5   BRÜCKENHEILIGER

Als Brückenheiliger (→ Heilige Helfer) ist Nikolaus im Südosten Frankreichs im 13. Jahrhundert nachgewiesen. Im Südwesten der ehemaligen Rheinprovinz hielt sich bis ins erste Drittel des 20. Jahrhunderts der Brauch, Nikolaus als Brückenheiligen zu verehren. Karl MEISEN erklärt die Bedeutung des Heiligen als Brückenpatron:

Wegen des besonders großen Ansehens, das Nikolaus als Pilger- und Reisepatron genoß, errichteten ihm diejenigen mittelalterlichen Vereinigungen, die sich die Anlage und Erhaltung der Straßen und Brücken zur Aufgabe gemacht hatten, gerne Kapellen und Standbilder auf den Brücken. So wurde Nikolaus der eigentliche mittelalterliche Brückenpatron, und er ist darin der Vorgänger des hl. Johannes von Nepomuk u. a., die ihr Brückenamt erst von Nikolaus übernommen haben. Durch die Wahl des Nikolaus zum Brückenpatron wurde einmal die Brücke unter den besonderen Schutz des Heiligen gegen zerstörende Fluten gestellt, und zum anderen sollte den Reisenden Gelegenheit gegeben werden zum Gebet und zur Spendung eines Almosens für den Unterhalt der Brücke.

6   BAUERNREGELN

Das RHEINISCHE WÖRTERBUCH überliefert:

Zenter Kl. setzt de Dag op de Moəss (Mass) – nach dem Nikolaustage kürzen die Tage nicht mehr. (Aachen; Geilenkirchen, Kreis Heinsberg)

Sönter Kl. mächt de Bröck (Eis) of he breckt se. (Rees, Kreis Kleve)

Andres (Andreas) brengkt der kaule Fres (Frieren); we dat nit glöve mag, mott warde bös zinter Kl. dag. (Düsseldorf)

QUELLENNACHWEIS

EBERSPÄCHER: Weihnachtsmann; MEISEN: Nikolauskult und Nikolausbrauch; MEZGER: Sankt Nikolaus; RHEINISCHES WÖRTERBUCH

Weihnachtsmann. Karikatur von Ottfried Zielke.

AMBROSIUS VON MAILAND

7. Dezember

BISCHOF, KIRCHENLEHRER
* 339 IN TRIER
† 397 IN MAILAND
DARSTELLUNG: ALS BISCHOF
ATTRIBUTE: BIENENKORB, BUCH UND GEISSEL
PATRON DER IMKER, KRÄMER, WACHSZIEHER; DER BIENEN UND HAUSTIERE

1   VITA

Ambrosius, nach Anfängen einer staatsmännischen Laufbahn noch als Katechumene zum Bischof von Mailand gewählt, wurde dann zu einer der bedeutendsten Kirchenpersönlichkeiten der ersten Jahrhunderte. Er starb am Vorabend von Ostern 397 und wurde in der Basilika S. Ambrogio bestattet, wo er bis heute verehrt wird. Seit 1298 trägt Ambrosius den Ehrentitel „Kirchenvater".

2   SCHUTZPATRON DER IMKER

Der heilige Ambrosius ist Schutzpatron der Imker. Die Legende um den Mailänder Bischof liefert einen anschaulichen Beweis, welche Bedeutung Bienen und Honig für das christliche Mittelalter hatten: Als der spätere Kirchenmann noch ein Kind war, soll sich ein Bienenschwarm auf seinem Gesicht niedergelassen haben. Die Bienen seien gar in den Mund des Kindes gekrochen und hätten es mit Honig genährt. Dies wurde als ein Zeichen Gottes und ein Hinweis auf die große Zukunft des Kindes gedeutet. Deshalb wird Ambrosius auf Gemälden meist mit einem Bienenkorb abgebildet.

In Straelen (Kreis Kleve) feiert der „Imkerverein Straelen St. Ambrosius" – vormals: „Sanct-Ambrosius-Bruderschaft" – jährlich sein Namensfest. Die Bruderschaft ist im Jahre 1815 für *Liebhaber der Bienenzucht* gegründet worden. Über die Pflichten der Mitglieder gibt die Gründungsurkunde Auskunft, sie lautet in das Hochdeutsche übertragen:

St. Ambrosius-Bruderschaft Straelen

Im Jahre unseres Herrn Jesus Christus, dem 14. November 1815

Wir Unterschriebenen von Stadt und Land, haben beschlossen, eine Bruderschaft zu Ehren des heiligen Ambrosius zu errichten und für gut befunden. Wie aus Obigem zu ersehen ist, soll sie den Liebhabern der Bienenzucht zur größeren Ehre und Glorie des Allerhöchsten dienen und darum wählen wir Unterschriebenen den heiligen Ambrosius zu unserem Patron.

S·AMBROSIUS

Heiliger Ambrosius in Bischofsornat, mit Buch und Bienenkorb. Andachtsbild 18. Jahrhundert, kolorierter Kupferstich.

Ambrosius von Mailand

1. Jeder Bruder ist verpflichtet, jährlich ½ Pfund Wachs zu liefern oder 15 Stüver zu bezahlen, welches für 4 Kerzen zur Feier an den Aposteln auf dem hohen Chor bestimmt ist.

2. Stirbt ein Bruder, so muss ein Hochamt gehalten werden, das aus der Kasse bezahlt wird. Alle Brüder sind verpflichtet, den Leichnam zur Erde zu bestatten. Bei Versäumnis muss ½ Pfund Wachs bezahlt werden, wenn kein triftiger Entschuldigungsgrund vorliegt. Diese Verpflichtung muss eingehalten werden.

3. Alle Brüder sind verpflichtet, am 7. Dezember, dem Patronatstag des heiligen Ambrosius, das feierliche Hochamt zu besuchen unter Strafe von ½ Pfund Wachs, wenn kein genügender Entschuldigungsgrund vorliegt.

4. Jeder Bienenzüchter ist berechtigt, der Bruderschaft beizutreten und sich einschreiben zu lassen, wenn er die obige Verpflichtung erfüllt. Ein Bienenzüchter, der Bienen hat und vor dem 14. November 1815 nicht eingeschrieben ist, muss 1 Pfund Wachs oder 30 Stüver beim Einschreiben entrichten. (IMKERVEREIN STRAELEN)

3 BAUERNREGELN

Helena SIEMES überliefert folgende Bauernregeln vom Niederrhein:
Kommen de Bejen niet herüt, es et met et guje Weer host üt.
Kommen de Bejen op hellechten Dag Heg op Hüs an gefloge, / Kommen der Schnüre, den Buur mot sich plooge.

QUELLENNACHWEIS

SIEMES: Durch das Jahr; IMKERVEREIN STRAELEN [www.imkerstraelen.de]

JODOKUS

13. Dezember

Priester, Einsiedler
* um 620 in der Bretagne (Frankreich)
† um 670 in Runiac (Frankreich)
Darstellung: als Einsiedler, Priester oder Pilger
Attribute: Pilgerstab, Haustiere
Patron der Pilger, des Viehs (Pferd, Schwein), des Wetters — angerufen bei Krankheiten der Menschen und der Tiere, für gute Ernte und das Gedeihen der Feldfrüchte, bei Pest und Viehseuche

1   VITA

Jodokus war der Überlieferung nach ein bretonischer Prinz. Als sein älterer Bruder in ein Kloster eintrat, verzichtete auch Jodokus auf die ihm zufallende Herrschaft und flüchtete um 640. Als er der Legende nach seine Krone zu Boden warf, entsprang dort eine Quelle. Er wurde Priester, gründete Einsiedeleien, u. a. eine in Montreuil, aus der die Benediktinerabtei Saint-Josse-sur-Mer hervorging.

2   PATRONATE

Die Anliegen, bei denen Jodokus um Hilfe angerufen wurde, sind laut Auskünften volkskundlicher Umfragen der 1920er Jahre: menschliche Gebrechen sowie Gedeihen des Viehs und der Feldfrüchte. Krankheiten, um deren Heilung und Linderung der Heilige angegangen wurde, waren Gicht(leiden), Rheuma/Rheumatismus und Ischias; ferner *Knochenkrankheiten, Knochenerkrankungen, Knochenbrüche, Erkrankungen der Gliedmaßen/der Glieder, Arm- und Beinleiden, Krüppel, Verkrüppelungen, Krüppelkranke, Krüppelleidende, Wiederherstellung verkrüppelter Gliedmaßen, Beinleiden für Krüppel, Fußkrankheiten, Lahmheit und Lähmung.* (Herborn)

Jodokus wurde ferner bei Augenleiden angerufen, vereinzelt bei Kopfkrankheiten, Leib- und Halsschmerzen; in einigen Fällen auch bei *Veitstanz* und Fallsucht, bei Bettnässen und Kinderkrankheiten. Ferner *zum Gedeihen der (Feld)früchte, zum Schutz und Segen der Feldfrüchte, Erntesegen, gute Ernte und Feldfrüchte; gedeihliche Witterung, Gewitter, Getreidebrand und Nahrungssorgen.* Besonders im Trierer Raum wurde er angerufen bei *Viehseuchen, krankem Vieh/Viehkrankheiten, gegen Schweinekrankheiten, Rotlauf (eine Schweinekrankheit) und Pferdeseuchen.* (Herborn)

Votivtafel für den heiligen Jodokus.
Kapelle St. Jost, Langenfeld.

3   JODOKUSVEREHRUNG

Die Wallfahrtskapelle in Sankt Jost (Kreis Mayen-Koblenz) entstand um 1400. Über den heiligen Jodokus berichtet die Sage, überliefert im RHEINISCHEN WÖRTERBUCH:

Er flehte, dass seine Schwester sich von ihm trenne, und es ward ihm in einem Gesichte kund ge-tan, dass seine Schwester so weit von ihm entfernt wohnen sollte, als er mit einem Steine werfen würde; der Hl. stieg aus dem Tale auf die Höhe, wo jetzt sich noch ein Kreuz befindet, und warf ei-nen Stein weg, der bis nach Adenau-Üss flog, wo demnach die Schwester ihren Aufenthalt hatte; Gebrechliche und bes. solche, die an Halsübeln leiden, wallfahrten im September und Oktober nach St. Jost.

An einem alten Pilgerweg zur Kapelle steht ein Basaltlavabildstock aus dem Jahr 1645. Mit diesem Bildstock verbindet sich folgender Brauch:

Ehe die Pilger den Abstieg antreten, beten sie davor: ‚Heiliger Jodokus, zu Dir kommen wir, Dei-ne Hilfe erflehen wir‘, und legen bei ihm kleine Kreuze nieder, die sie unterwegs aus Ästen, Hölzern, dünnstem Reisig, Tannengrün oder auch Blumen gesteckt, geschnitzt oder anders gefertigt haben. ‚Mit dem Kreuz legt jeder seine persönlichen Anliegen nieder‘, erklärt dazu eine Bewohnerin aus dem Dorf Pommern … ‚Das eigene Kreuz unter das Kreuz Jesu legen‘, so will der Pfarrer von Lan-genfeld … diesen über Jahrhunderte geübten Brauch interpretiert sehen. (LEHMANN-BRAUNS)

Nahe der Kapelle fließt das Jodokusbrünnchen, an dem die Gläubigen Wasser schöpfen und damit die Augen benetzen. Bei den Wallfahrtsgottesdiensten wird eine Jodokusreliquie verehrt. Früher war die Kapelle reich bestückt mit Krücken und Wachsvotiven wie Armen, Beinen, Augen, Herzen.

In Biewer (Kreis Trier-Saarburg) wurde um 1930 Jodokus gemeinsam mit dem hei-ligen → Jakobus als Seuchenpatron verehrt. Ferner gab es eine Verehrungsstätte des Heiligen in Kirf (Kreis Trier-Saarburg). Am Niederrhein und im Bergischen Land wurde der Heilige als Ernte- und Wetterpatron verehrt.

QUELLENNACHWEIS

HERBORN: Volkstümliche Verehrung; LEHMANN-BRAUNS: Himmel, Hölle; RHEINISCHES WÖRTERBUCH

Dezember

ODILIA (OTTILIE)

13. Dezember

KLOSTERGRÜNDERIN, ÄBTISSIN AUF DEM ODILIENBERG
* UM 660 IM ELSASS
† 720 IM KLOSTER NIEDERMÜNSTER (ELSASS)
DARSTELLUNG: ALS ÄBTISSIN
ATTRIBUTE: KELCH, STAB, BUCH, AUF DEM ZWEI AUGEN LIEGEN
PATRONIN DES ELSASS; DER BLINDEN — ANGERUFEN BEI AUGEN-, OHREN- UND KOPF-
LEIDEN; UM KINDERSEGEN

1   VITA

Odilia war die Tochter eines elsässischen Herzogs. Sie gründete das später nach ihr benannte Kloster Odilienberg im Elsass sowie das Kloster Niedermünster mit heilkräftiger Quelle am Fuße des Odilienberges. Die Legende berichtet: Als der Vater seine blind geborene Tochter töten lassen wollte, konnte die Mutter sie retten und in ein Kloster bringen lassen. Dort erhielt Odilia das Augenlicht, als sie die christliche Taufe empfing.

Eine weitere Legende berichtet vom Tod der Gründerin:

Demnach ahnte sie ihn voraus und schickte die Schwestern in die Kapelle, damit diese für sie beten sollten. Als die Nonnen in die Kammer Odilias zurückkehrten, lag diese tot auf dem Boden. Während die Schwestern um ihre Äbtissin trauerten und für ihre Seele beteten, erwachte diese wieder zum Leben und mahnte die Schwestern, sich nicht zu beunruhigen. Dann nahm sie einen Kelch mit der Heiligen Kommunion, empfing sie und legte sich ruhig zum Sterben nieder. (HEILIGEN-KALENDER)

Odilia wurde auf dem Odilienberg bestattet, dem *heiligen Berg des Elsass*. Ihr Grab zählt zu den bedeutendsten Wallfahrtsorten in Frankreich.

2   ODILIENWASSER

Im Namen der heiligen Odilia waren früher Wassersegnungen üblich, beispielsweise in Havert (Kreis Heinsberg): Am Wallfahrtsfest wurde das Odiliawasser gereicht, das die Gläubigen mit nach Hause nahmen. In Gohr schöpften die Wallfahrer aus einem Holzbottich *vor dem Pfarrhaus oder zeitweise im Pfarrhaus gesegnetes Wasser — Odilienwasser — und füllten es in mitgebrachte Gefäße. Manche benetzten dabei auch die Augen mit dem gesegneten Wasser.* (KOLBECHER) Vor dem alten Pfarrhaus befinden sich noch Reste einer früheren Brunnenanlage, die vermutlich aus dem 16. Jahrhundert stammt. Seit vielen Jahren können die Gläubigen das Odilienwasser aus einem Tongefäß in der Kirche entnehmen. Das Wasser wird mit dem Gebet gesegnet: *Herr, segne dieses natürliche Wasser, wobei die heilige, benedeite, allzeit jungfräuliche Maria, deine glorreiche Mutter, mit dir, dem heiligen Joseph, der heiligen Odilia, der heiligen Eugenia und allen Heiligen helfen mögen, damit es Heilmittel sei für das menschliche Geschlecht.* (KOLBECHER)

In Gohr sind bis in jüngere Zeit Heilungsberichte überliefert. Folgendes Ereignis soll sich um 1900 zugetragen haben, das Heinrich Kemper aufgezeichnet hat:

Eines Tages *bemerkte mein Vater während des Mittagessens, dass eine Zigeunerin, welche ein Kind auf dem Rücken trug, zur Kirche ging … In gebrochenem Deutsch erzählte sie uns dann nachher, dass sie einen sechsjährigen Sohn habe, der blind und nach Angabe verschiedener Ärzte unheilbar sei. Sie lägen nun mit ihren Wagen in Stommeln, und dort habe sie von dem Gohrer Gnadenbild gehört. Sie habe daraufhin sofort eine Wallfahrt unternommen. Unter Mitnahme von geweihtem Wasser zum Waschen der blinden Augen ihres Kindes begab sie sich auf den Heimweg. Einige Wochen später kamen etwa vierzig Zigeuner laut betend zur Gohrer Kirche – vorauf schritt der kleine Junge – sehend!* (KOLBECHER)

Bis heute finden Wallfahrten zur Odilienkapelle im Großen Lückner bei Wahlen (Kreis Merzig-Wadern) statt. Dem Wasser des dortigen Heiligenborns wird besondere Heilkraft bei Blindheit zugeschrieben. Die Odilienwallfahrt soll auf ein Prozessionsgelöbnis im Dreißigjährigen Krieg zurückgehen. Im Lückner hat sich der Brauch des *Kinnerstechens* erhalten. An die Kapelle stellen Kinder oder auch Erwachsene kleine Kreuze, aus Holz geleimt oder aus Reisig gebunden; daran sind Zettel befestigt mit dem Wunsch nach Geschwistern oder der Bitte um Heilung. Karl LOHMEYER überliefert: ,*Op de Hälljenborn am Leckener*' *wallfahren die Hochwälderinnen, um Kindersegen zu erflehen, oder sie schicken auch unschuldige Kinder dahin, die am Pfingstmontag dort hölzerne Kreuzchen ins Waldmoos stecken.*

In der 1910 abgerissenen Odilienkapelle in Dillingen (Kreis Saarlouis) befanden sich *Krücken und Metallkronen, die neben dem Altar abgelegt worden waren als Zeichen für erfolgreiche Heilungen.* (OBERHAUSER)

QUELLENNACHWEIS

HEILIGENKALENDER; KOLBECHER: Odilia; LOHMEYER: Sagen Saar; OBERHAUSER: Wallfahrten

LUZIA

13. Dezember

MÄRTYRERIN
* UM 286 IN SYRAKUS AUF SIZILIEN
† 304 IN SYRAKUS
DARSTELLUNG: ALS JUNGFRAU IN LANGEM GEWAND
ATTRIBUTE: PALME, KERZE, SCHWERT, HALSWUNDE, ÖLLAMPE, AUGENPAAR AUF EINEM
TELLER
PATRONIN DER ARMEN UND DER BLINDEN, DER WEBER, SCHNEIDER, NÄHERINNEN,
NOTARE – ANGERUFEN GEGEN AUGENLEIDEN, HALSSCHMERZEN, SEUCHEN, RUHR UND
INFEKTIONSKRANKHEITEN

1   VITA

Der Legende nach gelobte Luzia schon als Kind ewige Jungfräulichkeit. Sie weigerte sich, den von ihrer Mutter ausgewählten nichtchristlichen Verlobten zu heiraten. Dieser ließ sie daraufhin martern:

Es heißt, sie habe die Misshandlungen über sich ergehen lassen, ohne zu klagen. Immer grausamere Foltermethoden werden für Luzia geplant: Sie soll gefesselt auf einem Ochsenkarren durch die Stadt gefahren werden. Doch Luzia wird auf wundersame Weise vor dieser Erniedrigung bewahrt: kein Ochse vermag den Karren zu bewegen. Auch als sie daraufhin mit heißem Öl übergossen wird, bleibt Luzia unversehrt. Daraufhin wird der Befehl erteilt, sie mit dem Schwert zu töten, was auch geschieht. Über den Verbleib ihrer Reliquien herrscht Unklarheit. (HEILIGENKALENDER)

2   LICHTERBRAUCH

In Schweden ist Luzia zu einer Lichter tragenden Gabenbringerin geworden. Die älteste Tochter einer Familie tritt am Luzienmorgen in einem langen weißen Kleid auf, den Kopf mit einem grünen Kranz geschmückt, in den brennende Kerzen gesteckt sind. Sie weckt alle Familienmitglieder und bringt ihnen das Frühstück. Am frühen Morgen des 13. Dezember wandert Luzia durch schwedische Städte und Gemeinden, gefolgt von Jungfern und Sternknaben, mit denen zusammen sie Lieder vorträgt. Meist wird die offizielle Luzia einer Gemeinde durch eine Zeitung vorgeschlagen und von den Lesern gewählt. Aber auch Schulen, Vereine, sogar einzelne Firmen wählen „ihre" Luzia. Zum kulinarischen Teil des schwedischen Luzienfestes gehören der Weihnachtspunsch und das Weihnachtsbuffet.

Im Rheinland gibt es Luzienfeste zum Beispiel im Rahmen deutsch-schwedischer Kontakte:

Die Deutsch-Schwedische Gesellschaft e. V. Köln feiert ihr Luciafest seit Jahren am zweiten Adventssonntag in der evangelischen Kirchengemeinde in Rösrath. Dabei wird eine Adventsandacht durch den zuständigen schwedischen Pfarrer gehalten (seit dem Jahr 2001 ist dies der Pfarrer der schwedischen Gemeinde Frankfurt), und von den Kindern der schwedischen Schulvereine Köln und Bonn wird der Luciazug gebildet. Im Anschluss an die Andacht erfolgt im Gemeindesaal ein gemeinsames Kaffeetrinken mit allsång (gemeinsamen Singen) und einer Tombola. Die Gewinne bestehen grösstenteils aus schwedischem Weihnachtsschmuck und Schnitzereien, es finden sich aber meistens auch ein paar schwedische Spezialitäten. (LUZIAFEST KÖLN)

In weißem Gewand mit roter Schärpe und mit einer Lichterkrone aus sieben brennenden Kerzen auf dem Kopf tritt die schwedische Lichterkönigin am Luziafest des Partnerschaftskomitees Bad Honnef–Ludvika im Gemeindehaus der evangelischen Kirche Bad Honnef (Rhein-Sieg-Kreis) auf. In ihrem Gefolge sind sechs junge Mädchen, vier Sternknaben und zwei Wichtelmänner. In einem Bericht des Jahres 2008 heißt es:

Knapp einhundert Freunde und Mitglieder des Partnerschaftskomitees Bad Honnef–Ludvika erleben dieses Schauspiel Jahr für Jahr. Neben der Faszination des Auftritts sorgen schwedische Nationalspeisen für das Wohlwollen der Gästeschar. Fischiges stand dabei im Vordergrund, aber auch Rentierfleisch und Schinken konnten genossen werden. Alle Gäste nahmen die beruhigende Botschaft der Lichterkönigin mit nach Hause, dass es von nun an Tag für Tag wieder heller wird. (LUZIAFEST BAD HONNEF)

Höhepunkt des Luziamarkts in dem Winzerdorf Rech (Kreis Ahrweiler) ist der Besuch der *Schwedischen Lichterkönigin, in schlichte Gewänder gehüllt,* am zweiten Adventssonntag.

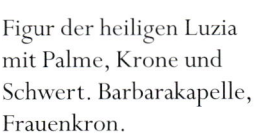

Figur der heiligen Luzia mit Palme, Krone und Schwert. Barbarakapelle, Frauenkron.

3   LUZIAVEREHRUNG

Als 1811 zwischen Maas und Rhein die *rote Ruhr* ausbrach, suchte man Zuflucht bei der heiligen Luzia. Sehr lebendig war ihre Verehrung im Gelderland. Von Kevelaer aus pilgerte man seit 1811 zur Kapelle der Heiligen nach Walbeck (Kreis Kleve). In einem Bericht aus den 1930er Jahren heißt es:

Früher lag an und auf der Straße, die die Prozession zog, allerlei Bettelvolk, das die verschiedensten Gebrechen vortäuschte, den Rosenkranz betete oder wenigstens so tat. Eine Mütze oder ein Tuch lag vor ihren Knien, und manches Zweipfennigstück flog ihnen zu. Später verhinderte die Polizei diesen Bettel, und seit mehr als 30 Jahren sieht man keinen Bettler mehr. Wenn man in Walbeck eingezogen war, fand ein Hochamt mit Predigt statt. Eine lange, schwere Kerze wurde zu Ehren der hl. Lucia geopfert, die so lange brannte, als die Prozession anwesend war. (SIEMES)

Gegen die seuchenhaft auftretenden Krankheiten Durchfall und Ruhr wurden rote Seidenfäden gesegnet. Diese Segnung scheint speziell in der westlichen und südlichen Eifel Brauch gewesen zu sein, nach Nikolaus KYLL noch bis in die 1920er Jahre in Wetteldorf, Brandscheid und Kleinlangenfeld (Kreis Bitburg-Prüm) sowie in Dürler bei St. Vith (Belgien):

Ihr Festtag am 13. Dezember gilt in den genannten Orten nach altem Gelöbnis aus Seuchenzeiten als örtlicher Feiertag mit Arbeitsruhe und Festgottesdienst. Zu Ehren der Heiligen werden rote Seidenfäden gesegnet und ausgeteilt. Sie heißen im Volksmund ,Luzienfäden' und gelten als Schutzmittel gegen Durchfall, besonders Ruhr. In Kleinlangenfeld werden sie heute angesehen als volksfrommes Heiltum gegen Halsleiden ... Beim Opfergang schreiten die Leute von links nach rechts um den Hochaltar. Auf der Epistelseite überreicht ein Priester jedem Opfernden einen gesegneten Seidenfaden. Der Faden, etwa 50 cm, wird dann vom Empfänger um den Hals gelegt und vorne zugeknotet. Man trägt ihn nicht bloß während des Gottesdienstes, sondern während des ganzen Tages und legt ihn dann zur Aufbewahrung in ein Gebetbuch oder eine Brieftasche. Männer tragen ihn mit Vorliebe unter dem Schweißfutter der Kopfbedeckung.

Für Wetteldorf werden im 17. Jahrhundert Reliquien der Heiligen erwähnt; man segnete damals die roten Seidenfäden durch *Anrühren* an diese Reliquien. Laut einem Bericht des Ortspfarrers von Anfang des 17. Jahrhunderts segnete man rote Seidenfäden zu Ehren der heiligen Luzia in Hamm (Kreis Trier-Saarburg). Bis um 1830 fand die Segnung roter Seidenfäden in Ueß (Kreis Daun) und bis um 1900 in Einig, Pfarrei Mertloch (Kreis Mayen-Koblenz), statt, ferner in Büdesheim (Kreis Bitburg-Prüm) bis um 1880 und in Habscheid (Kreis Bitburg-Prüm) bis um 1900.

QUELLENNACHWEIS

HEILIGENKALENDER; KYLL: Luzienfäden; SIEMES: Durch das Jahr; LUZIAFEST BAD HONNEF [www.diebad-honnefer.de/lucia-bringt-licht.htm]; LUZIAFEST KÖLN [www.dsg-koeln.de/lucia.html]

STEPHAN (STEPHANUS)

26. Dezember

ARCHIDIAKON, ERZMÄRTYRER
† UM 40 BEI JERUSALEM
DARSTELLUNG: ALS JUGENDLICHER MANN, IM DIAKONGEWAND
ATTRIBUTE: PALME, BUCH ODER STEINE
PATRON VON ROM; DER PFERDE, KUTSCHER, WEBER, SCHNEIDER – ANGERUFEN GEGEN
BESESSENHEIT, KOPFWEH; FÜR EINEN GUTEN TOD

1   VITA

Stephanus war der erste von sieben Diakonen der urchristlichen Gemeinde in Jerusalem, die von den Aposteln durch Handauflegen geweiht wurden. Durch seine Predigten geriet Stephanus mit den Juden in Jerusalem in Konflikt. Unter dem Vorwurf der *Reden wider die heiligen Stätten und das Gesetz* brachten sie ihn vor den Hohen Rat, der ihn als Gotteslästerer verurteilte. Vor den Stadttoren steinigte ihn die aufgebrachte Menge. Die Steinigung bildete den Auftakt zu einer großen Christenverfolgung in Jerusalem. Die Gebeine des Stephanus wurden 415 aufgefunden, Teile seiner Reliquien kamen später über Konstantinopel nach Rom in die Kirche des heiligen Laurentius (S. Lorenzo fuori le mura).

2   STEPHANUSWASSER UND –BROT, PFERDESEGNUNG UND UMRITT

Besondere Bedeutung erlangte Stephanus als Patron für Pferde, die in seinem Namen gesegnet werden. Am Stephanustag nahm man Krüge mit Wasser mit in die Kirche, wo sie der Pfarrer während der Messe segnete. Die Pferde erhielten beim ersten Frühlingsausritt mit *Stephanswasser* getränktes Brot, damit sie gesund blieben und nicht verunglückten.

In Büderich (Rhein-Kreis Neuss) gab man für jedes Pferd, das ein Bauer besaß, am Stephanustag den Armen ein Brot *(Stefanusbrod)*. Man glaubte, auf diese Weise die Pferde vor Krankheit und Unglücksfällen bewahren zu können. Auch ließ man die Pferde zur Ader.

In Kessel (Kreis Kleve) versammeln sich jährlich am Patronatsfest der Kirche St. Stephanus die Pferdebesitzer der ganzen Gegend hoch zu Ross oder in Kutschen vor der Kirche zur Pferdesegnung. Sie wird organisiert vom Reiterverein gemeinsam mit der St.-Stephanus-Schützengilde Kessel und soll seit Jahrhunderten Brauch sein.

Stephanusritt mit Pferdesegnung.
Kessel 2005.

3 GESINDEWECHSEL

Am Stephanustag ritten *die Burschen in der Flur herum* (Mülheim an der Ruhr; Keldenich, Kreis Euskirchen; Wesseling, Rhein-Erft-Kreis). Pferdeknechte und Kutscher wechselten ihren Arbeitgeber. An diesem Tag zog *in Trier das Gesinde aus zu einer neuen Stelle, deshalb: Steäfen däht (helft) de Gesinner de Kläder (Lompen) reafen; Gehann (27. XII.) de fihrt se zu em annere Mann.* (RHEINISCHES WÖRTERBUCH)

4 BAUERNREGELN

Aus dem RHEINISCHEN WÖRTERBUCH:
Wer op Stefesdag Äppel esst, de kreit en Schwären op de Hals. (Mayen; Daun).
Der Stefe lütt (läutet), he brengt Ren – Wenn die Leute aus den Dörfern östlich von Lank, wo Stephanus Kirchenpatron ist, das Läuten der Lanker Glocken hören, sagen sie: Der Stephan läutet, er bringt Regen. (Meerbusch, Rhein-Kreis Neuss).

QUELLENNACHWEIS

RHEINISCHES WÖRTERBUCH; SIEMES: Durch das Jahr

Stephan

Johannes der Evangelist

27. 12.

* In Betsaida, in Syrien (?)
† um 101 in Ephesus (?)
Darstellung: als junger Mann oder als Greis
Attribute: Adler, Kelch, Schlange, Buch, Schreibfeder
Patron der Bildhauer, Maler, Buchdrucker, Papiermacher, Buchbinder,
Schreiber, Notare, Theologen, Winzer; der Freundschaft – angerufen bei
Brandwunden; Vergiftungen, Fussleiden und Epilepsie

1 Vita

Nach der bis in die jüngste Vergangenheit maßgebenden traditionellen Auffassung war Johannes, Bruder von → Jakobus dem Älteren, Jesu *Lieblingsjünger* und zugleich auch der Verfasser des Johannesevangeliums und der Johannesapokalypse. Er wurde nach legendarischen Berichten im Jahr 95 – es war die Zeit der Christenverfolgung unter Kaiser Domitian (81–96) – in Ephesus ergriffen und nach Rom gebracht, später auf die Insel Patmos verbannt. Nach dem Tod Domitians sei er nach Ephesus zurückgekehrt und dort gestorben.

Unbestritten ist seine Leistung als Autor des vierten Evangeliums, das einen eigenständigen und theologisch stark reflektierten Weg der Darstellung christlicher Glaubensinhalte geht. Seine Wertschätzung wird auch von Papst Benedikt XVI. (seit 2005) geteilt; dieser hält daran fest, *dass der Evangelist als Lieblingsjünger und Apostel Johannes Augenzeuge des historischen Geschehens um Jesus gewesen sei und diese Erinnerung in die kirchliche Tradition hineingetragen habe.* (Ratzinger) Jedoch muss letztlich offen bleiben, ob der Evangelist Johannes tatsächlich mit dem Apostel Johannes identisch ist.

2 Johannesweinsegnung

Noch heute kennt die katholische Kirche am 27. Dezember die kirchlich-liturgische Segnung von Johanneswein (*Johannesminne*; → Heilige Helfer). Das Benediktionale erklärt zur Begründung der Weinsegnung: *Die Legende berichtet vom Apostel Johannes, er habe einen Becher vergifteten Weins gesegnet und so vom Gift befreit. Der Johanniswein erinnert uns an das Gebot argloser Liebe, das dieser Apostel besonders geprägt hat.*

Schon um 767/768 wird aus St. Aposteln in Köln überliefert, dass an diesem Tag eine Flasche Wein gesegnet und in der Kirche ausgeschenkt wurde. Laut Adam Wrede war dieser Brauch noch etwa 1922 in Köln und den umliegenden Dörfern lebendig.

Eine „Handpostille" aus dem Jahre 1906 führt über Segnung und Gebrauch von Johanneswein aus: *Dies geschieht, damit alle, die von dem gesegneten Wein trinken, vor allen giftigen Krankheiten und Seuchen bewahrt bleiben und die Gesundheit des Leibes und das Heil der Seele erhalten mögen und damit wir durch die Fürbitte des hl. Johannes, der einen vergifteten Trunk aus Liebe zu Gott und den Nächsten, nämlich einen Götzendiener zu bekehren, genommen hat, mit der Liebe Gottes und des Nächsten mit heiliger Freude erfüllt werden mögen. Deswegen spricht der Priester bei Darreichung des Johannesweines die Worte: Trinke die Liebe des hl. Johannes im Namen des Vaters, des Sohnes und des Hl. Geistes, Amen.* (JOHANNESWEIN)

In Frauwüllesheim (Kreis Düren) war es üblich, dass am 27. Dezember viele Leute eine oder zwei Flaschen Wein mit in die Pfarrkirche brachten und segnen ließen. Der gesegnete Wein wurde bei Schwächeanfällen und Krankheiten als Medizin eingenommen. Für die Kinder war der Johannessegen ein besonderes Ereignis. Sie durften an diesem Tag das einzige Mal im Jahr einen Schluck Wein zu sich nehmen.

In Westum (Kreis Ahrweiler) ist die Johannesweinsegnung seit dem 17. Jahrhundert überliefert. Ein Chronist schreibt 1830: *Johannestag wird von den privaten Wein zum segnen gebracht. Wenn Wein gewachsen, wird von dem Kirchmeister aus der Bruderschaft Weißer zum segnen und austeilen gegeben. Man geht um den Altar und derselbe wird aus einem Schenkbecher gereicht.* (SCHMALZ) Das Ausschenken des Johannesweins war bis 1900 üblich. Von dem gesegneten Wein gab man dem Vieh einige Tropfen in das Trinkwasser, Kranke erhielten ihn in das Essen oder schluckweise zu trinken.

In der Laurentiuskirche in Großlangenfeld (Kreis Bitburg-Prüm) hat sich am Festtag des heiligen Johannes der Brauch des *sant Johannes minn und segen* bis heute erhalten. Die Besucher der heiligen Messe gehen allerdings nicht mehr – wie früher – um den Hochaltar, um einen Schluck gesegneten Wein zu trinken. Vielmehr wird der Pokal jedem Einzelnen vor dem Altar gereicht. Danach segnet der Pfarrer auch den Wein in den mitgebrachten Flaschen, die zu Hause beim Festessen geleert werden. Elke LEHMANN-BRAUNS berichtet:

Josef Reusch, Ehemann der Küsterin, erinnert sich, wie froh er und die anderen Kinder immer waren, wenn sie dies eine Mal im Jahr vor den Erwachsenen, vor dem Trunk, die Kirche verlassen durften. Sie schlupften durch das Örzeltchen (Törchen) im Chor, eine winzige, heute vermauerte Tür. Das Langenfelder Fest, zu dem die Häuser mit Fahnen geschmückt waren, dauerte dann mit Frühschoppen, Festbraten, Tortenessen mit Verwandtschaftsbesuch von auswärts und Tanz bis in die Nacht hinein.

3   WANNERSCHESDAACH

Seit einigen Jahren ziehen am 27. Dezember – der früher bei der bäuerlichen Bevölkerung des Hunsrücks auch *Wannerschesdaach* (Wandertag) oder *Bindelschesdaach* genannt wurde – die unterschiedlichsten Gruppen los, um gegen Abend in einem Lokal einzukehren. Den historischen Hintergrund dieses Brauchs gibt der Gesindewechsel ab. Knechte und Mägde wurden im 18./19. Jahrhundert auf Gesindemärkten ge-

S. IOANNES. APOST. et. EVAN

T. Busch. A.V.

Heiliger Johannes
mit Schreibfeder
und Adler zu seinen
Füßen. Andachtsbild
18. Jahrhundert,
kolorierter Kupfer-
stich.

dungen. Beim *Stellenwechsel- oder Wannerschesdaach* wurden die Arbeitsverträge in der Regel mündlich vereinbart, mit Handschlag und dem *Mejtpenning* (Mietpfennig) bekräftigt.

Lehrer Winfried Palm hat in der Ortschronik von Hundheim (Rhein-Hunsrück-Kreis) die Tradition des Gesindewechsels beschrieben:

An diesem Tag wechselten die Knechte und Mägde, die sich bei den wohlhabenden Bauern verdingt hatten, die Arbeitsstelle. Für viele Jugendliche war dieser Tag ein ‚Feiertag‘. Sie begleiteten mit Musik und Gesang die Knechte und Mägde bei ihrem ‚Umzug‘ und trugen deren Kleiderkiste zu der neuen Arbeitsstelle. Im Hause des neuen Arbeitgebers angekommen, stärkte man sich an einer gemeinsamen Kaffeetafel und einem Umtrunk (Branntwein) für den Rückmarsch. Die Knechte und Mägde verdingten sich für ein ganzes Jahr. Der Jahreslohn, dessen Rest am ‚Wannerschesdaach‘ bezahlt wurde, betrug den Gegenwert von 10 Zentner Korn plus dem ‚Doppelzubehör‘. (BOHN)

QUELLENNACHWEIS

BENEDIKTIONALE; BOHN: Neujährchen; LEHMANN-BRAUNS: Dorfkirchen; RATZINGER: Jesus von Nazareth; SCHMALZ: Bräuche; WREDE: Rheinische Volkskunde; JOHANNESWEIN [wikipedia.org/wiki/Johanneswein]

SILVESTER

31. Dezember

PAPST
* IN ROM
† 335 IN ROM
DARSTELLUNG: ALS PAPST
ATTRIBUTE: BUCH, STAB, SCHLANGE, ENGEL
PATRON DER HAUSTIERE UND PFERDE – ANGERUFEN UM EINE GUTE FUTTERERNTE,
UM EIN GUTES NEUES JAHR

1   VITA

Der letzte Tag des Jahres erinnert ursprünglich an Papst Silvester I. (314–335). In seine Amtszeit fallen das kirchengeschichtlich bedeutsame Konzil von Nizäa (325) sowie die Errichtung der drei großen römischen Basiliken St. Johann im Lateran, St. Peter im Vatikan und St. Paul vor den Mauern.

Die seit dem 5. Jahrhundert entstandenen Legenden berichten u. a. von Silvesters Standhaftigkeit während der Christenverfolgungen. Die Legende sagt auch, dass er Kaiser Konstantin getauft habe.

Ab dem 8. Jahrhundert wurde diese Legende noch durch den Bericht von der sogenannten ‚Konstantinischen Schenkung' erweitert. Danach hat Konstantin dem Papst aus Dankbarkeit für die Heilung die Stadt und Rom und das ganze Abendland geschenkt und ihm erlaubt, die kaiserlichen Insignien zu tragen. Konstantin leitete durch seine Förderung und Unterstützung der Kirche ein neues Zeitalter für die Christen ein. Bei der … ‚Konstantinischen Schenkung' handelt es sich jedoch sicher um eine Fälschung. (HEILIGENKALENDER)

2   PFERDESEGNUNGEN UND UMRITTE

Papst Silvester gilt als Patron der Haustiere und der Pferde. Mit dem Patronat verbunden sind Pferdesegnungen und Umritte. Eine Pferdesegnung zu Ehren des heiligen Silvester gab es bis Ende der 1960er Jahre am 1. Mai in Brenk (Kreis Ahrweiler). Zur dortigen Kapelle Sankt Silvester kamen seit dem frühen 19. Jahrhundert viele Wallfahrer zum Namensfest des Heiligen. Ältere Ortsbewohner erinnern sich daran, dass sich am Silvestermorgen die Landwirte der umliegenden Ortschaften einfanden, um den Gottesdienst zu Ehren des heiligen Silvester zu feiern. Anschließend traf man sich zu einem zünftigen Frühschoppen in der Gaststätte. Noch heute findet am 31. Dezember die Brenker Silvester-Kirmes statt.

In Hausen (Kreis Mayen-Koblenz) kennt man den Silvesterritt mit Pferdesegnung bis heute. Er geht zurück auf die Legende, Papst Silvester habe in Hausen Station gemacht, um sein Pferd auf dem Ritt von Rom nach Trier beschlagen zu lassen. An dieses Ereignis erinnert der Silvesterritt, der Anfang der 1970er Jahre – vermutlich an ältere Traditionen anknüpfend – eingeführt wurde. Im Rahmen eines kleinen Feldgottesdienstes segnet der Ortsgeistliche Pferde und Reiter, dann zieht die Pferdeprozession dreimal um die Kirche. Der Silvesterritt erfreut sich wachsender Beliebtheit: Nahmen 1972 nur 12 Pferde teil, so sind es inzwischen bis zu 100 Pferde sowie Zugtiere zweispänniger Kutschen.

3   JAHRESWECHSEL

Den Silvesterabend beschließen viele Pfarreien und religiöse Gemeinschaften mit einem Jahresrückblick. Dazu gehören Predigt und Fürbittgebet sowie das besondere Gedenken für die verstorbenen Gemeindemitglieder. Um Mitternacht läuten die Kirchenglocken das neue Jahr ein. Papst Silvester ist dabei weitgehend vergessen.

QUELLENNACHWEIS

HEILIGENKALENDER

ANHANG

Literatur / Quellen

A

Arnold ANGENENDT: Heilige und Reliquien. Die Geschichte ihres Kultes vom frühen Christentum bis zur Gegenwart. München 1994

Günter ASSENMACHER: Heiligsprechung – Seligsprechung – Confirmatio cultus. Mit einem Verzeichnis der seit 1983 erschienenen Literatur zum Thema Selig- und Heiligsprechung von Michael Prill. In: Heilige im Bistum Aachen. Hrsg. Geschichtsverein für das Bistum Aachen e.V. (Geschichte im Bistum Aachen, Beiheft 4). Neustadt a. d. Aisch 2005, S. 7–54

B

Manfred BECKER-HUBERTI: Kölner Vornamen. Köln 2007

Manfred BECKER-HUBERTI: Sankt Apollinaris. Düsseldorfer Stadtpatron (Hrsg. Katholische Pfarrgemeinde Sankt Lambertus Düsseldorf). Düsseldorf 2003

Manfred BECKER-HUBERTI: Der heilige Martin. Leben, Legenden und Bräuche. Köln 2003

Manfred BECKER-HUBERTI: Die Heiligen Drei Könige. Geschichte, Legenden und Bräuche. Köln 2005

Manfred BECKER-HUBERTI: Der heilige Nikolaus. Leben, Legende und Bräuche. Köln 2005

Stephan BEISSEL: Die Verehrung der Heiligen und ihrer Reliquien in Deutschland im Mittelalter. Nachdruck Darmstadt 1991

Klaus BEITL: Wallfahrtsorte. Umfrage 1959 Erzdiözese Köln. 2 Bde. [Rheinisches Volkskundearchiv des LVR-Instituts für Landeskunde und Regionalgeschichte]

BENEDIKTIONALE. Studienausgabe für die katholischen Bistümer des deutschen Sprachgebietes. Freiburg/Basel/Wien 1994

Birgit BERNARD: Die Wallfahrten der St.-Matthias-Bruderschaften zur Abtei St. Matthias in Trier. Vom 17. Jahrhundert bis zum Ende des Zweiten Weltkrieges. Heidelberg 1995

Birgit BERNARD: Geschichte und Andenken der Matthias-Wallfahrt. In: Zwischen Andacht und Andenken. Kleinodien religiöser Kunst und Wallfahrtsandenken aus Trierer Sammlungen. Trier 1992, S. 111–116

Günter BERS: Die Verehrung der seligen Christina von Stommeln in Jülich vom 16. zum 20. Jahrhundert. Zur Kultgeschichte einer Heiligen (Veröffentlichungen des Jülicher Geschichtsvereins, 9). Jülich 1986

GÜNTER BERS: Timerlin von Ollesheim. Ein vergessener rheinischer Volksheiliger. In: Dürener Geschichtsblätter 84 (1997), S. 157–184

Leopold BLEIBTREU: Ueber den St. Adelheidis-Brunnen am Kloster Pützchen, in der Bürgermeisterei Vilich, Kreises Bonn, und den dortigen großen Jahrmarkt am 2. Sonntage im Monat September. In: Rheinische Provinzial-Blätter NF 2 (1835 /H. 3) 279 ff. [Neue Ausgabe: Pützchens Markt. Ein Bericht des Zeitzeugen Leopold Bleibtreu (Station 2 der Doku-Reihe Die Bleibtreus, Stationen einer Pionierfamilie). Bonn 2006]

Hermann BOHN: Zwischen Neujährchen und Johanneswein. Hunsrücker Bräuche und ihre Geschichte. Erfurt 2007

BONNER KIRCHEN UND KAPELLEN. Geschichte und Kunst der Katholischen Gotteshäuser und Pfarreien. Bonn 1989

Ulrich BRZOSA: Die Geschichte der katholischen Kirche in Düsseldorf. Von den Anfängen bis zur Säkularisation. Köln, Weimar, Wien 2001

Josef BÜSCHER: Chronik St. Cornelius zu Heumar [http://www.koeln-rath.net/ueber/ stcornelius.pdf]

C

CAESARIUS VON HEISTERBACH: Dialogus miraculorum. Hrsg. Joseph Strange. 2 Bde. Köln, Brüssel 1851

Paul-Georg CUSTODIS, Stephan PAULY: Die Apollinariskirche in Remagen (Rheinische Kunststätten, 503). Köln 2008

Notker CURTI: Volksbrauch und Volksfrömmigkeit im katholischen Kirchenjahr. Basel 1947

D

Das Antoniusbrot. In: Sendbote des heiligen Antonius, Februar 2009 [www.heiligerantonius.org/portale/oper-apdp.asp]

Das Buch Weinsberg. Kölner Denkwürdigkeiten aus dem 16. Jahrhundert. Zweiter Band bearbeitet von Konstantin Höhlbaum (Publikationen der Gesellschaft für rheinische Geschichtskunde, 4). Düsseldorf 2000 (Nachdruck der Ausgabe Leipzig 1887)

Josef DIETZ: Heilige Quellen im Eifelland. In: Eifelvereinsblatt 33 (H. 9/10, 1932), S. 131–132

Josef DIETZ: Vom Brot im kirchlichen Brauch des Bonner Landes. In: Rheinisch-westfälische Zeitschrift für Volkskunde 9 (1962), S. 18–27

Die Verehrung des heiligen Hubertus im Rheinland. Le culte de saint Hubert en Rhénanie. Ein Handbuch herausgegeben von Klaus Freckmann und Norbert Kühn. Köln 1994

Ludger DISTELKAMP: Vor 375 Jahren in Kalkar: Pest kam nach Marienbaum-Wallfahrt wie durch ein Wunder zum Stillstand. „Schwarzer Tod" löschte ganze Familien am Niederrhein aus. In: Rheinische Post vom 2. Juni 2001

Peter und Wiltrud DOHMS: Der angelsächsische Missionsbischof Suitbertus und seine Verehrung im Raum Lank. In: Michael Regenbrecht (Hrsg.), 1100 Jahre Langst-Kierst und Ilverich 904–2004. Die Geschichte zweier Dörfer im Rheinbogen (Im Rheinbogen, 12). Meerbusch 2004, S. 74–92

Hans J. DOMSTA: Unbekannte Quellen zum Diebstahl des Annahauptes. In: Dürener Geschichtsblätter 85 (2001), S. 15–30

Alois DÖRING: Blasiussegen. In: Lexikon des Mittelalters 2 (1983), S. 266

Alois DÖRING: Altenberg, Bergheim, Blieskastel, Bodenheim, Bödingen, Bonn, Bornhofen, Bottenbroich, Bruchhausen, Buschhoven. In: Marienlexikon 1 (1988) S. 114–115, 439, 505, 515, 516, 537, 540, 546, 591, 620

Alois DÖRING: Christes, Dieburg, Exorzismus an marianischen Gnadenstätten. In: Marienlexikon 2 (1989), S. 52, 188, 428–429

Alois DÖRING: Hadamar. In: Marienlexikon 3 (1991) S. 66–67

Alois DÖRING: Limburg-Diözese, Marienstatt, Marienthal. In: Marienlexikon 4 (1992) S. 124–126, 315, 316–317

Alois DÖRING: Kräuterweihe an Mariä Himmelfahrt im Rheinland. In: Rheinisch-westfälische Zeitschrift für Volkskunde 30/31 (1985/86), S. 35–49

Alois DÖRING: Heiliges Wasser. Quellenkult und Wassersegnungen im Rheinland (Diözesen Aachen, Köln und Trier). In: Rheinisch-westfälische Zeitschrift für Volkskunde 41 (1996), S. 61–100

Alois DÖRING: Wallfahrtsleben im 18. Jahrhundert. In: Hirt und Herde. Religiosität und Frömmigkeit im Rheinland des 18. Jahrhunderts (Der Riss im Himmel. Clemens August und seine Epoche, 5). Köln 2000, S. 37–58

Alois DÖRING (Hrsg.): Faszination Nikolaus. Kult, Brauch und Kommerz (Eine Veröffentlichung des Landschaftsverbandes Rheinland, Amt für rheinische Landeskunde Bonn). Essen 2001

Alois DÖRING: Bestattet am anonymen Ort? Zum Begräbnisschicksal von (ungetauften) totgeborenen Kindern. In: Sterben und Tod. Rheinisches Jahrbuch für Volkskunde 34 (2001/02), S. 29–48

Alois DÖRING: Nikolaus, Weihnachtsmann und die Hl. Drei Könige. Brauchwandel an Rhein und Maas seit 1945. In: Volkskultur an Rhein und Maas 20 (2/2002), S. 17–37

Alois DÖRING: Weinbau und Weinkultur. In: Rheinische Heimatpflege 40 (2003), S. 30–39

Alois DÖRING: Quellen. In: Reallexikon der germanischen Altertumskunde 24 (2003), S. 11–15

Alois DÖRING: Auf Jakobs Wegen … Zur Erschließung der Jakobuspilgerwege im Rheinland und zur Aktualität des Pilgerns. In: Aspekte „religiöser" Kultur. Rheinisches Jahrbuch für Volkskunde 35 (2003/2004), S. 53–62

Alois DÖRING: Wallfahrt. In: Das grosse Köln-Lexikon. Hrsg. Jürgen Wilhelm. Köln 2005, S. 463–464

Alois DÖRING: Neujahrsbrezel, Mendelbrote und Weckmänner. Gebildgebäcke im Jahreslauf. In: Wir im Rheinland 24 (2/2006), S. 15–20

Alois DÖRING: Rheinische Bräuche durch das Jahr. 2. Auflage Köln 2007

Alois DÖRING: „Oh Isidor steh uns bei!" Heilige Schutzpatrone für das Internet. In: Wir im Rheinland 26 (1–2/2008), S. 160–165

Alois DÖRING: „Heiliger Kommholmich". Partnersuche in alter Zeit. In: Wir im Rheinland 26 (1–2/2008), S. 42–47

Alois DÖRING: 72 Kräuter gegen Krankheit und Unwetter. Kräutersegnung am Hochfest der Aufnahme Mariens in den Himmel. In: Rheinische Heimatpflege 46 (2009), S. 133–143

E

Martina EBERSPÄCHER: Der Weihnachtsmann. Stuttgart 2002

F

Hans FELDMANN: „Donnerkeil, Feuer, und ein entsetzlicher Hagel …" Der Heilige Donatus von Münstereifel. In: Brand – Heimatkundliche Blätter 13 (2002), S. 56–91

Josef FELLENBERG gen. REINOLD: Die Verehrung des Heiligen Gotthard von Hildesheim in Kirche und Volk (Rheinisches Archiv, 74). Bonn 1970

Gert FISCHER, Wolfgang HERBORN: Geschichte des rheinischen Brauwesens. In: Bierbrauen im Rheinland (Führer und Schriften des Rheinischen Freilichtmuseums und Landesmuseums für Volkskunde in Kommern, 28). Köln 1975, S. 9–118

Helmut FISCHER: Volkserzählungen zwischen Rhein und Eifel. Erzähler und Schreiber, Sammler und Herausgeber vom 12. bis zum 21. Jahrhundert (Veröffentlichungen des Geschichts- und Altertumsvereins für Siegburg und den Rhein-Sieg-Kreis e.V.). Siegburg 2007

Magdalene FRANK: Die Volksheilige Lüfthildis von Lüftelberg und ihre Attribute in Legende, Kult und Brauchtum. Düsseldorf 1959

Adalbert FUCHS: Johannes der Täufer. Geschichte, Verehrung, Brauchtum (Hrsg. Heimat- und Geschichtsverein Bruchhausen). Bruchhausen 2004

G

GEBETBÜCHLEIN für die Pilger zum Grabe des hl. Arnoldus in Arnoldsweiler. 1936

Artur GEMMEL: Chronik von Schweich (Schriftenreihe: Ortschroniken des Trierer Landes, 7). Trier 1960

Leo GILLESSEN: Bienenwachs für Kirchenkerzen. In: Ders., Der alten Väter Bräuche. Eine volkskundliche Dokumentation aus dem Kreis Heinsberg. Heinsberg 2008, S. 68–79

Leo GILLESSEN: Ein untergegangener Heiligenkult. St. Urbans- und andere Kerzen im Mittelalter. In: Heimatkalender des Kreises Heinsberg 1987, S. 113–119

Winfried GODDE: Die Wallfahrt zur Kornelius-Kapelle in Neuss-Selikum. Neuss 1990

Harald GODER: Zur Geschichte der Wolfshovener Kapelle und der Wallfahrt zum Hl. Wendelin in Jülich-Stetternich. In: Beiträge zur Jülicher Geschichte 54 (1986), S. 47–68

Werner GRASEDIEK: Das Markuskreuz auf dem Steffelberg. In: Heimatjahrbuch Kreis Daun 2002, S. 210–212

Karl GUTHAUSEN: Kallmuth. Dorf am Pflugberg. Kallmuth 1976

H

Maria Anna HAHN: Siedlungs- und wirtschaftsgeografische Untersuchungen der Wallfahrtsstätten in den Bistümern Aachen, Essen, Köln, Limburg, Münster, Paderborn, Trier. Düsseldorf 1969

Dagmar HÄNEL: „Maria sei ewigen Dank" – Überlegungen zur Funktion von Votivtafeln. In: Aspekte „religiöser" Kultur. Rheinisches Jahrbuch für Volkskunde 35 (2003/2004), S. 155–171

Walter HANF: Heilige für alle Fälle. Volkstümliche Heiligenverehrung zwischen Schleidener Tal und Schneifel. Hollerath 1997

Walter Hanf: Dörfliche Heiler. Gesundbeten und Laien-medizin in der Eifel. Köln 2007

Walter Hartinger: Religion und Brauch. Darmstadt 1992

Heike Hawicks: Xanten im späten Mittelalter. Stift und Stadt im Spannungsfeld zwischen Köln und Kleve (Rheinisches Archiv, 150). Köln, Weimar, Wien 2007

Eduard Hegel: Das Erzbistum Köln. Zwischen der Restauration des 19. Jahrhunderts und der Restauration des 20. Jahrhunderts. 1815–1962 (Geschichte des Erzbistums Köln, 5). Köln 1987

Gerhard Heilfurth: Der Bergbau und seine Kultur. Eine Welt zwischen Dunkel und Licht. Zürich 1981

Heilige im Bistum Aachen. Hrsg. Geschichtsverein für das Bistum Aachen e.V. (Geschichte im Bistum Aachen, Beiheft 4). Neustadt a. d. Aisch 2005

Heiligenkalender [http://kirchensite.de/?myELEMENT=69533 – Bistum Münster online]

Andreas Heinz: St. Wendel in der Eifel. In: Heimatkalender Landkreis Bitburg-Prüm 1987, S. 156–160

Berthold Heizmann: Wallfahrtsorte im Rheinland. In: Wallfahrt im Rheinland. Hrsg. Amt für rheinische Landeskunde in Verbindung mit dem Volkskunderat Rhein-Maas und dem Niederrheinischen Freilichtmuseum (Schriftenreihe der Museumsvereins Dorenburg e.V., 35). Köln 1981, S. 113–163

Wolfgang Herborn: Alltagsleben in Siegburg und an der unteren Sieg im Mittelalter und in der frühen Neuzeit. Volksreligiosität, Lebens- und Jahresrhythmus. In: Heimatblätter des Rhein-Sieg-Kreises 53 (1985), S. 84–108

Wolfgang Herborn, Frank Körfer: Die Brigida-Verehrung und die Brigida-Wallfahrt nach Baal. In: 1100 Jahre Baal. Beiträge zur Ortsgeschichte. 1993, S. 38–44

Wolfgang Herborn: Die volkstümliche Verehrung des heiligen Jodokus im Rheinland. In: E. Senner (Hrsg.): Omnia disce. Kunst und Geschichte als Erinnerung und Herausforderung. Willehad Paul Eckert OP zum 70. Geburtstag und Goldenen Professjubiläum. Köln 1996, S. 358–369

Wolfgang Herborn: Wallfahrt und Heiligenverehrung. Zur Geschichte der Volksfrömmigkeit in Bonn. In: In Bonn katholisch sein. Ursprünge und Wandlungen der Kirche in einer rheinischen Stadt (Hrsg. Katholisches Bildungswerk Bonn). Bonn 1989, S. 124–145

Wolfgang Herborn: Die volkstümliche Jakobusverehrung in den Rheinlanden zu Beginn des 20. Jahrhunderts und ihre historischen Wurzeln – Zur Auswertung der rheinischen Fragebögen aus der Zeit um 1930. In: Jakobuskult im Rheinland. Hrsg. Robert Plötz und Peter Rückert (Jakobus-Studien, 13). Tübingen 2004, S. 197–220

Wolfgang Herborn: Volkstümliche Heiligenverehrung und Wallfahrt im bäuerlichen Milieu um 1930. Der Selfkant und seine nähere Umgebung (Joseph-Kuhl-Gesellschaft für die Geschichte der Stadt Jülich und des Jülicher Landes, Kleine Schriftenreihe, 18). Jülich 2008

Johann Herkendell: Bad Münstereifel und seine Wälder. Band 1: Die landwirtschaftliche Nutzung. Köln 2006

Paul Heusgen: Das Dekanat Zülpich (Geschichte der Pfar-reien der Erzdiözese Köln, 2. Folge, Band III). Siegburg 1958

Klaus Hippler: 350 Jahre St.-Rochus-Kapelle in Ahrbrück. In: Heimatjahrbuch Kreis Ahrweiler 44 (1987), S. 126–129

Gunther Hirschfelder: Mittsommer, Sonnenwende und Johannesfeuer im Rheinland zwischen Tradition und Inszenierung. In: Rheinisch-westfälische Zeitschrift für Volkskunde 50 (2005), S. 101–140

Ulrich Houben, Christel Gerarts: Auf den Spuren des Heiligen Antonius des Einsiedlers. Zeugnisse zwischen Tönisvorst und Tönisberg. In: Heimatbuch des Kreises Viersen 41 (1990), S. 187–195

Rainer Hülsheger: Der hl. Quirinus von Rott. In: Eifel-Jahrbuch 1999, S. 117–123

I/J

In Gottes Namen unterwegs. Wallfahrten im Bistum Trier. Hrsg. Bischöfliches Generalvikariat Trier. Trier 1987

Jakobswege DVD. Wege der Jakobspilger im Rheinland – Eine interaktive Reise. Köln 2005

Kay Peter Jankrift: Mit Gott und schwarzer Magie. Medizin im Mittelalter. Darmstadt 2005

Heinrich Janssen, Udo Grote: Zwei Jahrtausende Geschichte der Kirche am Niederrhein. Münster 1998

Johannes von Hildesheim: Die Legende von den Heiligen Drei Königen. München/Köln 1963

Johannes Paul II., Apostolisches Schreiben „Redemptoris custos" über Gestalt und Sendung des heiligen Josef im Leben Christi und der Kirche vom 15. August 1989 (Verlautbarungen des Apostolischen Stuhls, 93). Bonn 1989

K

Hermann Josef Kesternich: Kirchliches Brauchtum in der Pfarrei Heilig Kreuz. [www.woenge.de/woeng/dorf-buch/beitraege.html (Dorfbuch Kreuzweingarten-Rheder Dokumentationen, Archivierungen, Chroniken und Ereignisse. Online-Archiv)]

Helmut J. Kirfel: Der heilige Chorherr Hermann Josef von Steinfeld. Sein Leben und seine Verehrung auf dem Hintergrund der Steinfelder Geschichte. In: Heilige im Bistum Aachen. Hrsg. Geschichtsverein für das Bistum Aachen e.V. (Geschichte im Bistum Aachen, Beiheft 4). Neustadt a. d. Aisch 2005, S. 81–263

Uta Kleine: Gesta, Fama, Scripta. Rheinische Mirakelliteratur des Hochmittelalters zwischen Geschichtsdeutung, Erzählung und sozialer Praxis (Beiträge zur Hagiographie, 7). Stuttgart 2007

Josef Könen: St. Irmunduskaplle Hahnerhof Bedburg/Erftkreis. Auf den Spuren des hl. Irmundus. Jackerath 2002

Simon Kolbecher: Zurückschauen – Hinschauen – Vorausschauen. 700 Jahre Pfarrei Sankt Odilia Gohr 1308–2008. Dormagen-Gohr 2008

Karl Kollbach: Rheinisches Wanderbuch. Bilder aus dem Natur- und Volksleben der Rheinlande, insbesondere der Rheinprovinzen. Bonn 1897

Gottfried KORFF: Maria in der technischen Welt. In: Tübinger Beiträge zur Volkskultur (Untersuchungen des Ludwig-Uhland-Instituts der Universität Tübingen im Auftrag der Tübinger Vereinigung für Volkskunde, 69). Tübingen 1986, S. 195–219

Gottfried KORFF: Seht die Zeichen, die euch gelten. Fünf Bemerkungen zur Symbolgeschichte des 1. Mai. In: 100 Jahre Zukunft. Zur Geschichte des 1. Mai. Hrsg. I. Marßoleck. Frankfurt, Wien 1990, S. 25–39

Gottfried KORFF: „Heraus zum 1. Mai". Maibrauch zwischen Volkskultur, bürgerlicher Folklore und Arbeiterbewegung. In: Volkskultur. Zur Wiederentdeckung des vergessenen Alltags (16.–20. Jahrhundert). Hrsg. R. van Dülmen, N. Schindler. Frankfurt 1984, S. 246–281

Lenz KRISS-RETTENBECK: Ex Voto. Zeichen, Bild und Abbild im christlichen Votivbrauchtum. Zürich 1972

Nikolaus KYLL: Luzienfäden. Zur Segnung von roten Seidenfäden im Trierer Bistum. In: Mitteilungen zur Landesgeschichte und Volkskunde in den Regierungsbezirken Trier und Koblenz 1960, S. 21–29

L

Arnold LASSOTTA: Pilger in Köln. Das Hospital zum Ipperwald und seine Passantenlisten aus den Jahren 1770–1790. Ein Beitrag zum Wallfahrtswesen am Ende des alten Reiches. In: Die heiligen drei Könige – Darstellung, Verehrung. Ausstellungskatalog Wallraf-Richartz-Museum Köln. Köln 1982, S. 81–96

Anton LEGNER: Kölner Heilige und Heiligtümer. Ein Jahrtausend europäischer Reliquienkultur. Köln 2003

Elke LEHMANN-BRAUNS: Die alten Dorfkirchen der Eifel. Zeiten, Zank und Zauber. Köln 1994

Elke LEHMANN-BRAUNS: Himmel, Hölle, Pest und Wölfe. Köln 1986

LEXIKON DER CHRISTLICHEN IKONOGRAPHIE. Begr. von Engelbert Kirschbaum. Hrsg. Wolfgang Braunfels. 8 Bde. Freiburg im Breisgau 1968–1976

LEXIKON FÜR THEOLOGIE UND KIRCHE. 11 Bde. 3. Aufl. Freiburg 1993–2001

LITTERAE ANNUAE. Die Jahresberichte des Neusser Jesuitenkollegs 1616–1673. Übersetzt und erläutert von Peter Stenmans (Schriftenreihe des Stadtarchiv Neuss, 4). Neuss 1966

Karl LOHMEYER: Die Sagen von der Saar, Blies, Nahe, vom Hunsrück, Soon- und Hochwald. Saarbrücken 1935

Karl LOHMEYER: Die Sagen der Saar von ihren Quellen bis zur Mündung. Saarbrücken 1955

M

MARIENLEXIKON. Hrsg. Remigius Bäumer, Leo Scheffczyk. Gesamtausgabe Band 1–6. St. Ottilien 1994

Alois MAYER: Hubertusbrauchtum in Pützborn. In: Heimatjahrbuch Kreis Daun 1991, S. 245–247

Karl MEISEN: Nikolauskult und Nikolausbrauch im Abendlande. Eine kultgeographisch-volkskundliche Untersuchung (Forschungen zur Volkskunde, 9–12). Düsseldorf 1931 (Reprint Düsseldorf 1981)

Werner MEZGER: Sankt Nikolaus zwischen Kunst und Klamauk. Zur Entstehung, Entwicklung und Veränderung

der Brauchformen um einen populären Heiligen. Ostfildern 1993

Werner MEZGER: „Brenne auf mein Licht …". Zur Entwicklung, Funktion und Bedeutung der Brauchtumsformen des Martinstages. In: Werner Groß, Wolfgang Urban (Hrsg.): Martin von Tours. Ostfildern 1997, S. 273–350

Werner MEZGER: Vom Kirchenmann zum Kassenschlager. In: Alois Döring (Hrsg.), Faszination Nikolaus. Kult, Brauch und Kommerz. Essen 2001, S. 11–42

Dietz-Rüdiger MOSER: Bräuche und Feste im christlichen Jahreslauf. Brauchformen der Gegenwart in kulturgeschichtlichen Zusammenhängen. Graz, Wien, Köln 1993

Heribert MÜLLER: Heribert, Kanzler Ottos III. und Erzbischof von Köln. In: Rheinische Vierteljahrsblätter 60 (1996), S. 16–64

N

Arie NABRINGS: Die hl. Irmgardis von Süchteln (Ortstermine. Historische Funde und Befunde aus der deutschen Provinz, 7). Siegburg 1995

O

Gabriele OBERHAUSER: Wallfahrten und Kultstätten im Saarland. Von der Quellenverehrung zur Marienerscheinung. Saarbrücken 1992

Gabriele OBERHAUSER: „Kopfwehkronen" im Raum zwischen Saar und Mosel. In: Bayerisches Jahrbuch für Volkskunde 1995, S. 57–62

Joseph Matthias OHLERT: Die Münstereifeler Wollweberzunft. Bad Münstereifel 1986

P

Martin PERSCH, Bernhard SCHNEIDER (Hrsg.): Auf dem Weg in die Moderne 1802–1880 (Veröffentlichungen des Bistumsarchiv Trier, 38: Geschichte des Bistums Trier, 4). Trier 2000

Martin PERSCH, Bernhard SCHNEIDER (Hrsg.): Beharrung und Erneuerung 1881–1981 (Veröffentlichungen des Bistumsarchiv Trier, 39: Geschichte des Bistums Trier, 5). Trier 2004

Karl PFEIFFER: Der „Gute Born" bei Börfink. In: Zeitschrift des Vereins für rheinische und westfälische Volkskunde 7 (1910), S. 111–114

Luzian PFLEGER: Wasserkult und heilige Quellen im Elsaß. In: Volk und Volkstum 3 (1938), S. 192–211

Robert PLÖTZ, Peter RÜCKERT (Hrsg.): Jakobuskult im Rheinland (Jakobus-Studien, 13). Tübingen 2004

Beate PLÜCK: Der Kult des Katakombenheiligen Donatus von Münstereifel. In: Jahrbuch für Volkskunde Neue Folge 4 (1981), S. 112–126

Jörg POETTGEN: Die Anfänge der Dürener St.-Anna-Wallfahrt im Zeugnis der Anna-Glocke von Vianden (1503). Mit einer Ergänzung des Pilgerzeichenkatalogs von Kurt Köster (†). In: Dürener Geschichtsblätter 85 (2001), S. 31–59

Jörg POETTGEN und Andreas HAASIS-BERNER: Pilgerzeichen als Zeugnisse der Wallfahrt zu den Heiligen Drei Königen – Neue Funde und Typologie. In: Ad Summum 1248. Der gotische Dom im Mittelalter. Ausstellung des Historischen Archivs der Stadt Köln aus Anlaß der Grundsteinlegung des Kölner Doms vor 750 Jahren. Köln 1998, S. 167ff. [auch im Internet unter: www2.rz.hu-berlin.de/sachkultur]

Michael PROSSER: Das Fest Sancti Urbani. Neue Befunde unter besonderer Berücksichtigung Ungarns. In: Jahrbuch für europäische Ethnologie. Dritte Folge 1 (2006), S. 29–58

Ottmar PROTHMANN: Landleben in der Voreifel. Oeverich um 1910. Köln 1982

Ottmar PROTHMANN: Hubertuskapelle Birresdorf. Mittelpunkt der Dorfgeschichte. Grafschaft-Birresdorf 1996

R

Joseph RATZINGER (Benedikt XVI.): Jesus von Nazareth. Von der Taufe im Jordan bis zur Verklärung. Freiburg 2007

Michelle REUSCH: Der Kult der Siebenschläfer in Trier, um Köln und in der Westeifel. In: Rheinisch-westfälische Zeitschrift für Volkskunde 45 (2000), S. 137–152

RHEINISCHES WÖRTERBUCH. Bearbeitet und herausgegeben von Josef Müller, Heinrich Dittmaier, Rudolf Schützeichel und Matthias Zender. 9 Bände. Bonn, Berlin 1928–1971

S

Dietmar SAUERMANN: Thomasesel, Eselritt und Strafesel. In: Hessische Blätter für Volkskunde 61 (1970), S. 69–78

Werner SCHÄFKE: Die Wallfahrt zu den Heiligen Drei Königen. In: Die Heiligen Drei Könige. Darstellung und Verehrung. Köln 1982, S. 73–80

Vera SCHAUBER, Hanns Michael SCHINDLER: Heilige und Patrone im Jahreslauf. München 2001

Dieter SCHELER: Die Xantener Viktorstracht. Wallfahrt, Politik und Kommerz am Niederrhein im 15. Jahrhundert. In: Jürgen Petersohn (Hrsg.), Überlieferung, Frömmigkeit, Bildung als Leitthemen der Geschichtsforschung. Vorträge beim wissenschaftlichen Kolloquium aus Anlaß des achtzigsten Geburtstags von Otto Meyer, Würzburg, 25. Oktober 1986. Wiesbaden 1987, S. 96ff.

Jakob SCHLAFKE: Leben und Verehrung der heiligen Adelheid von Vilich. Sonderdruck aus: Irmingard Achter, Die Stiftskirche St. Peter in Vilich (Die Kunstdenkmäler des Rheinlandes, Beiheft 12). Düsseldorf 1968

Jakob SCHLAFKE: Wallfahrt im Erzbistum Köln. Köln 1989

Günter SCHLIEKER: Das Tollwut- und Jagdpatronat des heiligen Hubertus. In: Die Verehrung des heiligen Hubertus im Rheinland. Le culte de saint Hubert en Rhénanie. Ein Handbuch herausgegeben von Klaus Freckmann und Norbert Kühn. Köln 1994, S. 29–74

Heinz SCHMALZ: Bräuche in Westum. Bd. 1: Bräuche in der Jahresfolge. Masch.-Manuskript. Sinzig 1978 [Rheinisches Volkskundearchiv des LVR-Instituts für Landeskunde und Regionalgeschichte]

Hubert SCHMITZ: St. Georgsritt in Kallmuth – Wurzeln und Anfänge. In: Jahrbuch Kreis Euskirchen 2005, S. 125ff

Bernhard SCHNEIDER: Die Trauben- und Johannesweinsegnung in der Trierer Bistumsliturgie vom Spätmittelalter bis zum 19. Jahrhundert. In: Archiv für mittelrheinische Kirchengeschichte 37 (1985), S. 57–74

Bernd SCHRANDT: Zur Verehrung der Mutter Anna an Rhein und Ahr. 500 Jahre Sankt-Anna-Wallfahrt in Düren. In: Heimatjahrbuch Kreis Ahrweiler 58 (2001), S. 101–108

Georg SCHREIBER: Deutsche Weingeschichte. Der Wein in Volksleben, Kult und Wirtschaft (Werken und Wohnen, 13). Köln 1980

Jean SCHROEDER: Zur Frage der frühmittelalterlichen Kulttänze am Grabe Willibrords in Echternach. In: Willibrord. Apostel der Niederlande. Gründer der Abtei Echternach. Hrsg. Georges Kiesel, Jean Schroeder. 2. Auflage Luxemburg 1990, S. 186–193

Peter SCHUG: Geschichte der zum ehemaligen kölnischen Ahrgaudekanat gehörenden Pfarreien der Dekanate Adenau, Ahrweiler und Remagen (Geschichte der Pfarreien der Diözese Trier, 4). Trier 1952

Herbert und Elke SCHWEDT: Bräuche zwischen Saar und Sieg (Studien zur Volkskultur in Rheinland-Pfalz, 5). Mainz 1989

Herbert und Elke SCHWEDT: Jahresfeuer. Kirchweih und Schützenfest (Geschichtlicher Atlas der Rheinlande Beiheft XI/3–XI/4). Köln 1989

Alois SELZER: St. Wendelin. Leben und Verehrung eines alemannisch-fränkischen Volksheiligen. 2. Auflage Mödling b. Wien 1962

Helena SIEMES, Gerd PHILIPS: Durch das Jahr. Feste und Bräuche am Niederrhein. Duisburg 2001

Peter SIMONS: Weilerswist. Geschichte der kurkölnischen Herrlichkeit von den ältesten Zeiten bis auf die Gegenwart. Köln 1939

Mechtild STOLPMANN-BLUM: St. Hubertus im Kreis Ahrweiler. In: Heimat-Jahrbuch Kreis Ahrweiler 49 (1992), S. 112f.

T

Ulrich TOLKSDORF: Volksleben in den Ermländersiedlungen der Eifel (Schriftenreihe der Kommission für ostdeutsche Volkskunde in der Deutschen Gesellschaft für Volkskunde e.V., 4). Marburg 1967

Ralph TROST: Eine gänzlich zerstörte Stadt. Nationalsozialismus, Krieg und Kriegsende in Xanten (Studien zur Geschichte und Kultur Nordwesteuropas, 11). Münster u. a. 2004

V

DIE VEREHRUNG DES HEILIGEN HUBERTUS IM RHEINLAND. Le culte de saint Hubert en Rhénanie. Ein Handbuch herausgegeben von Klaus Freckmann und Norbert Kühn. Köln 1994

VITA ADELHEIDIS. Das Leben der hl. Adelheid von Vilich. Lateinisch und deutsch eingeleitet und übersetzt von Heinz Piesik. Bonn 2003

W

WALLFAHRT UND PILGERZEICHEN [www2.hu-berlin.de/sachkultur/pz/stammblatt.php?hid=74]

WALLFAHRTEN AM NIEDERRHEIN. Stadtmuseum der Landeshauptstadt Düsseldorf, 1982

WALLFAHRTSORTE IM ERZBISTUM KÖLN. Hrsg. Presseamt des Erzbistums Köln. Köln o. J.

Markus WALZ: „Man kann auch in Godesberg beten": Bonn und die Thaddäus-Wallfahrt Heisterbacherrott. In: In Bonn katholisch sein. Ursprünge und Wandlungen der Kirche in einer rheinischen Stadt. Hrsg. Katholisches Bildungswerk Bonn. Bonn 1989, S. 146–158

Herbert WEFFER: Lengsdorf. Die Geschichte eines Bonner Vorortes. Hrsg. Heimat- und Verschönerungsverein. Bonn 1974

Andreas WEINER: Mettlach lädt zur Lutwinus-Wallfahrt ein (2003). Wieder entdeckte spätgotische Lutwinus-Figur wurde eingesegnet. [www.lutwinuswerk.de]

Friedhelm WEINFORTH: Geschichte von St. Hubert. Hrsg. Heimatverein St. Hubert 1964 e.V., 1997

Gerhard WELLERSHAUS: Brückenheilige in der ehemaligen preußischen Rheinprovinz. In: Rheinisch-westfälische Zeitschrift für Volkskunde 34/35 (1989/1990), S. 97–114

Adam WREDE: Eifeler Volkskunde. 3. Aufl. Bonn 1960 (Reprint Frankfurt/M. 1983)

Adam WREDE: Rheinische Volkskunde. 2. Aufl. Heidelberg 1922 (Nachdruck Frankfurt/M. 1979)

Adam WREDE: Neuer Kölnischer Sprachschatz. 3 Bde. 12. Auflage Köln 1999

Dieter P. J. WYNANDS: Salmannus. Ein Lokalheiliger des Aachener Landes. In: Rheinisch-westfälische Zeitschrift für Volkskunde 25 (1979/1980), S. 233–254

Dieter P. J. WYNANDS: Geschichte der Wallfahrten im Bistum Aachen (Veröffentlichungen des Bischöflichen Diözesanarchivs Aachen, 41). Aachen 1986

Dieter P. J. WYNANDS: Zum Kult des Gerlach von Houthem – ein einst auch im Rheinland und Westfalen verehrter Heiliger. In: Rheinisch-westfälische Zeitschrift für Volkskunde 37 (1992), S. 161–177

Dieter P. J. WYNANDS: Wallfahrten 1000–2000 (Geschichtlicher Atlas der Rheinlande, Beiheft XI/12). Köln 2002

Dieter P. J. WYNANDS: Irmundus vom Hahnerhof. Anmerkungen zu Vita und Kult eines Heiligen des Jülicher Landes. In: Rheinisch-westfälische Zeitschrift für Volkskunde 49 (2004), S. 257–268

Dieter P. J. WYNANDS: Die mittelalterlichen Volksheiligen Irmund, Salmann, Arnold und Timmerlin. In: Heilige im Bistum Aachen. Hrsg. Geschichtsverein für das Bistum Aachen e.V. (Geschichte im Bistum Aachen, Beiheft 4). Neustadt a. d. Aisch 2005, S. 55–80

Z

Matthias ZENDER: Räume und Schichten mittelalterlicher Heiligenverehrung in ihrer Bedeutung für die Volkskunde. Die Heiligen des mittleren Maaslandes und der Rheinlande in Kultgeschichte und Kultverbreitung. Düsseldorf 1959

Matthias ZENDER: Die Verehrung des hl. Quirinus in Kirche und Volk. Neuss 1967

Matthias ZENDER: Schutzheilige der Haustiere im Rheinland. In: Ders., Gestalt und Wandel. Aufsätze zur rheinisch-westfälischen Kulturraumforschung. Hrsg. H. L. Cox, G. Wiegelmann. Bonn 1977, S. 275–288

Matthias ZENDER: Die Verehrung des heiligen Severin von Köln (Geschichtlicher Atlas der Rheinlande, Beiheft XI/2). Köln 1985

Heiligenregister

Adelheid (Adelheidis) von Vilich 18, 20, 22, 65 ff.
Agatha 18, 63 ff.
Aldericus 17
Ambrosius 234 ff.
Andreas 136, 216 ff.
Anna 23, 150 ff.
Anno 22, 227 ff.
Antonius der Große 14, 18, 20, 44 ff., 117
Antonius von Padua 18, 116 ff.
Apollonia 24, 69 ff.
Apollinaris 137 ff.

Barbara 24, 223 ff.
Bartholomäus 24, 164 ff.
Blasius 24, 60 ff.
Bonifatius (Eisheiliger) 24, 104, 106
Brigida (Brigitta) von Kildare 18, 20, 24, 56 ff.

Cäcilia 214 ff.
Cassius 184, 185, 187
Christophorus 15, 141 ff.

Donatus von Münstereifel 9, 131 ff.

Edeltrudis 19
Eisheilige 24, 104 ff.
Eligius 220 ff.

Fides, Spes und Caritas 181 ff.
Florentius 184, 185, 187
Franz Xaverius 19

Georg 24, 91 ff.
Gerlach von Houthem 20, 21
Gertrud (Gertrudis) von Nivelles 20, 21, 24, 81 ff.
Gezelinus von Schlebusch 20, 25, 154 ff.
Goar 19
Godehard (Godehardus, Gotthardus) von Hildesheim 16, 100 ff.

Heilige Drei Könige 23, 37 ff.
Heilige Vier Marschälle 14, 44, 96, 176, 203
Heribert von Köln 166 ff.
Hermann Josef von Steinfeld 20, 111 ff.
Hubertus von Lüttich 14, 18, 21, 202 ff.

Ignatius von Loyola 19
Irmgard (Irmgardis) von Köln 20, 168 ff.
Irmund (Irmundus) von Mündt 20, 54 ff.
Isidor von Sevilla 15

Jakobus der Ältere 16, 18, 23, 38, 144 ff., 238, 246
Jodokus 19, 20, 237 ff.
Johannes der Evangelist 21, 24, 246 ff.
Johannes der Täufer 18, 20, 120 ff.
Johannes von Nepomuk 15, 108 ff.
Josef von Nazareth 84 ff.

260

Judas Thaddäus 200 ff.

Kornelius 14, 18, 20, 176 ff.

Laurentius 15, 18, 20, 157 ff.
Lüftildis von Lüftelberg 18, 50 ff.
Lutwinus (Luitwin) von Trier 175, 179 ff.
Luzia 241 ff.

Mamertus (Eisheiliger) 104
Maria 20, 21, 22, 23, 24, 26 ff.
Martin (Martinus) von Tours 11, 15, 21, 24, 211 ff.
Matthias 74 ff.

Nikolaus 15, 24, 229 ff.

Odilia (Ottilie) 20, 24, 239 ff.
Oranna 174 ff.

Pankratius (Eisheiliger) 20, 24, 104 f.

Peter und Paul 38, 128 ff.
Petrus (Petrus Martyr, Petrus von Mailand) von Verona 88 ff.
Philippus Benitius 18
Polykarp 9

Quirinus von Rom / von Neuss 20, 23, 96 ff.
Quirinus von Malmedy 188 ff.

Rochus 160 ff.

Salmanus von Würselen 20, 94 ff.
Sebastian (Sebastianus) 18, 21, 48 ff.
Servatius (Eisheiliger) 24, 104, 105 f.
Severinus von Köln 197 ff.
Severus 18
„Siebenschläfer" 125 ff.
Silvester 24, 250 ff.
Sophia und ihre Töchter 24, 181 ff.
Stephan (Stephanus) 18, 20, 24, 244 ff.

Suitbertus (Swidbert) von Kaiserswerth 172 ff.

Thebäische Legion 185 ff.
Thomas 134 ff.
Timerlin von Ollesheim 20

Urban (Urbanus) 14, 114 ff.
Ursula und ihre Gefährtinnen 23, 38, 194 ff.

Valentin (Valentinus) von Terni 20, 71 ff., 175
Vierzehn Nothelfer 12, 13, 14, 60, 63, 141, 203, 223
Viktor von Xanten 185 f.

Walburga (Walpurgis) 18, 20, 77 ff.
Wendelin (Wendelinus) 18, 20, 24, 25, 190 ff.
Willibrord (Willibrordus) 20, 208 ff.

Ortsregister

1. Nach kreisfreien Städten

Aachen 30, 38, 47, 63, 70, 97, 135, 148, 152, 232
Bonn 18, 26, 61, 65 ff., 93, 106, 129, 138, 184, 185, 187, 207
Düsseldorf 109, 110, 125, 137, 139, 142 f., 161, 172, 212
Essen 125, 130
Köln 23, 29, 37 ff., 83, 90, 125, 129, 143, 157 ff., 166 f., 178, 194 ff., 206, 224, 246
Krefeld 64, 82, 114, 135
Leverkusen 109, 154 ff.
Mönchengladbach 69, 195, 213, 224 f., 231
Mülheim / Ruhr 245
Solingen 136
Wuppertal 124

2. Nach Kreisen

Aachen 58, 91 ff., 117, 119, 176, 178, 188 f., 225
Ahrweiler 21, 29, 53, 69, 92, 109, 137, 140, 152, 160, 203 f., 213, 218, 242, 247, 250
Bad Kreuznach 33, 149
Bernkastel-Wittlich 19, 87, 124, 152
Birkenfeld 20, 121, 218

Bitburg-Prüm 24, 35, 46, 77, 93, 98, 106, 109, 115, 123, 126 f., 149, 192, 208 f., 243, 247
Cochem-Zell 93, 130, 149, 153
Daun 44, 69, 122, 136, 149, 152, 243
Düren 20, 23, 29, 54 f., 76, 93, 109, 135, 150, 152, 177, 191, 207, 209, 247
Euskirchen 13, 17 f., 32, 35, 46, 48, 56, 58, 61, 91 ff., 97 ff., 105, 109, 111 f., 123, 131 f., 152, 158, 181 f., 199, 207, 219, 245
Heinsberg 32, 46 f., 49, 56, 69, 98, 115, 159, 207, 224, 239
Kleve 29, 49, 63, 69, 83, 123, 130, 141, 143, 149, 162, 165, 219, 234, 242, 244 f.
Mainz-Bingen 160
Mayen-Koblenz 122, 148, 152, 213, 238, 243, 245, 251
Merzig-Wadern 73, 85, 98, 130, 175, 179 f., 208, 240
Mettmann 21, 29
Neunkirchen 32, 73, 87
Neuwied 29, 130, 146, 192, 218
Oberbergischer Kreis 46, 63
Rheinisch-Bergischer Kreis 29, 87, 124 f., 148 f., 194, 207, 242
Rhein-Erft-Kreis 57, 78, 98, 108 f., 125 f., 245
Rhein-Hunsrück-Kreis 33 f., 157, 249
Rhein-Kreis Neuss 14, 23, 62, 96 ff., 129, 143, 149, 177, 209, 223, 239 ff., 244 f.
Rhein-Sieg-Kreis 22 f., 29, 45, 47, 50 f., 63, 78, 93, 122, 130, 133, 137 ff., 147, 149, 192, 200 f., 213, 218, 227 f., 242
Saarbrücken 158, 175
Saarlouis 89 f., 132, 158, 174, 240
Saar-Pfalz-Kreis 87
Sankt Wendel 72 f., 122, 175, 190 ff., 204, 207, 209
Trier-Saarburg 21, 33, 74, 76, 124, 126, 130, 132, 148 f., 165, 232, 237 f., 243
Viersen 16, 35, 45 f., 49, 82 f., 100 ff., 110, 117, 123 f., 135, 143, 147, 158, 163, 165, 169 f., 206, 213, 215, 220 ff., 226
Wesel 29, 44, 58, 124, 149, 153, 185 f., 232

3. Gesamtverzeichnis (Ort, Gemeinde, Kreis)

Aachen 30, 38, 47, 63, 70, 97, 135, 148, 152, 232
Aegidienberg, Bad Honnef, Rhein-Sieg-Kreis 218
Ahrbrück, -, Ahrweiler 160
Aldenhoven, -, Düren 29
Alkenrath, Leverkusen 155
Alsdorf, -, Aachen 225
Altenberg, Odenthal, Rheinisch-Bergischer Kreis 29, 125, 194, 207
Amern, Schwalmtal, Viersen 117, 123, 135
Anrath, Willich, Viersen 110, 123

Aremberg, -, Ahrweiler 152

Baal, Hückelhoven, Heinsberg 58
Bachem, Losheim, Merzig-Wadern 208
Bad Honnef, -, Rhein-Sieg-Kreis 242
Bad Münstereifel, -, Kreis Euskirchen 46, 61, 93, 109
Barweiler, -, Ahrweiler 21
Basselscheid, Emmelshausen, Rhein-Hunsrück-Kreis 34
Bergheim, -, Rhein-Erft-Kreis 109
Bergisch Gladbach, -, Rheinisch-Bergischer Kreis 124
Berk, Dahlem, Euskirchen 13
Bernkastel-Kues, -, Bernkastel-Wittlich 152
Berus, Überherrn, Saarlouis 174
Biewer, Trier, Trier-Saarburg 238
Bingen, -, Mainz-Bingen 160
Birgelen, Wassenberg, Heinsberg 32
Birkenfeld 121
Birresdorf, Grafschaft, Ahrweiler 203
Blankenheim, -, Euskirchen 109
Blumenthal, Hellenthal, Euskirchen 56, 122
Bockum, Krefeld 82
Bödingen, Hennef, Rhein-Sieg-Kreis 22
Börfink, Birkenfeld 20
Boisheim, Viersen 215
Bonn 18, 26, 65, 106, 129, 184, 185, 187, 207
Borr, Erftstadt, Rhein-Erftkreis 57
Bosen, Nohfelden, Sankt Wendel 209
Boslar, Linnich, Düren 93
Brandscheid, -, Bitburg-Prüm 243
Brauweiler, Pulheim, Rhein-Erft-Kreis 125, 126
Breberen, Gangelt, Heinsberg 46
Brenk, -, Ahrweiler 250
Breyell, Nettetal, Viersen 124
Bruchhausen, -, Neuwied 29
Brühl, -, Rhein-Erft-Kreis 108, 109
Büderich, Meerbusch, Rhein-Kreis Neuss 244
Büdesheim, -, Bitburg-Prüm 243
Buschhoven, Swisttal, Rhein-Sieg-Kreis 29

Cochem, -, Cochem-Zell 93

Dahnen, Arzfeld, Bitburg-Prüm 192
Daleiden, -, Bitburg-Prüm 209
Damm, Mönchengladbach 225
Daun 152
Dausfeld, Prüm, Bitburg-Prüm 24
Deutz, Köln 166, 167

Dhron, Neumagen-Dhron, Bernkastel-Wittlich 87, 124
Dilkrath, Schwalmtal, Viersen 82, 83
Dillingen, -, Saarlouis 240
Dinslaken, -, Wesel 149
Dobach, Würselen, Aachen 94
Dollendorf, Blankenheim, Euskirchen 18
Dormagen, -, Rhein-Kreis Neuss 62
Dremmen, Heinsberg 159, 224
Dülken, Viersen 165, 220, 222
Düppenweiler, Beckingen, Merzig-Wadern 73
Düren 23, 76, 109, 135, 150, 152
Dürler (Belgien) 243
Düsseldorf 109, 110, 125, 137, 139, 212

Echternach (Luxemburg) 49, 208 ff.
Ederen, Linnich, Düren 209
Ehlingen, Bad Neuenahr-Ahrweiler, Ahrweiler 204
Eidenborn, -, Saarlouis 89
Einig, -, Mayen-Koblenz 243
Eiweiler, Saarbrücken 175
Elberfeld, Wuppertal 124
Ellscheid, -, Daun 44
Emmerich, -, Kleve 141
Erfweiler-Ehlingen, Mandelbachtal, Saar-Pfalz-Kreis 87
Eschringen, Saarbrücken 158
Essen 125, 130
Ettringen, -, Mayen-Koblenz 152
Euskirchen 131
Eyll, Kamp-Lintfort, Wesel 44

Fisch, Saarburg, Trier-Saarburg 149
Fischeln, Krefeld 64
Fleringen, -, Bitburg-Prüm 35
Fließem, -, Bitburg-Prüm 127
Floisdorf, Mechernich, Euskirchen 105
Frauwüllesheim, Nörvenich, Düren 247
Füssenich, Zülpich, Euskirchen 17
Fußhollen, Ruppichteroth, Rhein-Sieg-Kreis 63, 213

Geilenkirchen, -, Heinsberg 47, 115
Geldern, -, Kleve 130, 219
Gemünd, -, Euskirchen 109
Gereonsweiler, Linnich, Düren 135
Gielsdorf, Alfter, Rhein-Sieg-Kreis 147
Gleuel, Hürth, Rhein-Erft-Kreis 78
Goch, -, Kleve 143
Gohr, Dormagen, Rhein-Kreis Neuss 239, 240
Gondelsheim, Weinsheim, Bitburg-Prüm 98

Grefrath, -, Viersen 158
Grevenbroich, -, Rhein-Kreis Neuss 223
Großkampen, Großkampenberg, Bitburg-Prüm 192
Großlangenfeld, -, Bitburg-Prüm 247
Güdesweiler, Oberthal, Sankt Wendel 72, 73, 175

Habscheid, -, Bitburg-Prüm 243
Hamm, Konz, Trier-Saarburg 243
Harperscheid, Schleiden, Euskirchen 131
Hausen, Mayen, Mayen-Koblenz 251
Havert, Selfkant, Heinsberg 239
Heinsberg 49, 69, 207
Heisterbacherrott, Königswinter, Rhein-Sieg-Kreis 200, 201
Hellenthal, -, Euskirchen 35
Herchen, Windeck, Rhein-Sieg-Kreis 147
Hersdorf, -, Bitburg-Prüm 149
Hetzerath, -, Bernkastel-Wittlich 19
Heumar, Köln 178
Hinsbeck, Nettetal, Viersen 163
Hollerath, Hellenthal, Euskirchen 48
Houthem (Niederlande) 20
Hülzweiler, Schaarbach, Saarlouis 158
Hüls, Krefeld 214
Hundheim, Morbach, Rhein-Hunsrück-Kreis 249

Illingen, -, Neunkirchen 32

Kaimt, Zell, Cochem-Zell 149
Kaiserswerth, Düsseldorf 172
Kalkar, -, Kleve 162
Kallmuth, Mechernich, Euskirchen 91 f.
Katzwinkel, -, Daun 136
Keldenich, Kall, Euskirchen 245
Kempen, -, Viersen 46, 206, 213
Kerken, -, Kleve 219
Kessel, Goch, Kleve 244, 245
Kevelaer, -, Kleve 29, 63, 83
Kirchsahr, -, Ahrweiler 213
Kirf, -, Trier-Saarburg 238
Kleinlangenfeld, -, Bitburg-Prüm 243
Kleve 49, 123
Kliding, Ulmen, Cochem-Zell 149
Köln 23, 29, 37 ff., 90, 125, 129, 143, 157 ff., 194 ff., 206, 224, 246
Kommern, Mechernich, Euskirchen 199
Kornelimünster, Aachen 176, 178
Korschenbroich, -, Rhein-Kreis Neuss 143, 177
Kranenburg, -, Kleve 165

Krankel, Asbach, Neuwied 192
Krautscheid, -, Bitburg-Prüm 192
Krefeld 135
Kronenburgerhütte, Dahlem, Euskirchen 58

Lascheid, -, Bitburg-Prüm 46
Leichlingen, -, Rheinisch-Bergischer Kreis 87
Lessenich, Bonn 61
Leubsdorf, -, Neuwied 218
Leutesdorf, -, Neuwied 130
Leuth, Nettetal, Viersen 35
Leverkusen 154, 156
Ließem, -, Bitburg-Prüm 115
Linz, -, Neuwied 146
Lorbach, Mechernich, Euskirchen 32
Lucherberg, Inden, Düren 76
Lüftelberg, Meckenheim, Rhein-Sieg-Kreis 50 f.

Maastricht (Niederlande) 106, 107
Marienbaum, Xanten, Wesel 29
Mayen, -, Mayen-Koblenz 245
Meerbusch, -, Rhein-Kreis Neuss 245
Mehlem, Bonn 93
Mertloch, -, Mayen-Koblenz 243
Merzig, -, Merzig-Wadern 85, 130
Mettlach, -, Merzig-Wadern 175, 179, 180
Millen, Selfkant, Heinsberg 98
Monschau, -, Aachen 70, 117, 119
Mödrath, Kerpen, Rhein-Erft-Kreis 98
Möhn, Welschbillig, Trier-Saarburg 126
Moers, -, Wesel 153, 232
Mönchengladbach 69, 159
Mülheim/Ruhr 245
München 30
Mündt, Titz, Düren 54 f.

Neersen, Willich, Viersen 45, 143
Neuenhausen, Grevenbroich, Rhein-Kreis Neuss 209
Neuss, -, Rhein-Kreis Neuss 14, 23, 96 ff., 129, 149
Neuwerk, Mönchengladbach 213, 224, 231
Neviges, Velbert, Mettmann 21, 29
Nideggen, Düren 207
Niederheckenbach, Heckenbach, Ahrweiler 69
Niederkastenholz, Euskirchen 158
Niederkyll, Stadtkyll, Daun 204
Niederlauch, -, Bitburg-Prüm 192
Niedermendig, Mendig, Mayen-Koblenz 122, 152
Niederöfflingen, -, Bernkastel-Wittlich 19

Niederweis, Irrel, Bitburg-Prüm 93
Nonnweiler, -, Sankt Wendel 204, 207
Noorbek (Niederlande) 59

Oberbohlscheid, Eitorf, Rhein-Sieg-Kreis 149
Oberemmel, Konz, Trier-Saarburg 165
Oedekoven, Alfter, Rhein-Sieg-Kreis 138
Ödingen, Remagen, Ahrweiler 92
Ollesheim, Nörvenich, Düren 20
Opladen, Leverkusen 109
Ottweiler, -, Neunkirchen 87

Pempelfort, Düsseldorf 161
Perl, -, Merzig-Wadern 98
Pommern, -, Cochem-Zell 130
Prüm, -, Bitburg-Prüm 123, 126
Pützchen, Bonn 67 ff.
Pützfeld, Ahrbrück, Ahrweiler 29

Rappweiler, Weiskirchen, Merzig-Wadern 175
Rech, -, Ahrweiler 109, 242
Rees, -, Kleve 130
Reizenborn, Riesweiler, Rhein-Hunsrück-Kreis 33
Remagen, -, Ahrweiler 137, 140
Rengen, Daun 122
Rheinbach, -, Rhein-Sieg-Kreis 122, 130
Rheinberg, -, Wesel 124
Rhens, -, Mayen-Koblenz 148
Rickelrath, -, Heinsberg 69
Roden, Saarlouis 132
Rodenkirchen, Köln 83
Rödingen, Titz, Düren 177
Rösrath, -, Rheinisch-Bergischer Kreis 242
Rövenich, Zülpich, Euskirchen 123
Rott, Roetgen, Aachen 188, 189

Saarburg, -, Trier-Saarburg 76, 124
Sankt Anton, Schwalmtal, Viersen 45
Saint Hubert (Belgien) 206
Sankt Jost, Langenfeld, Mayen-Koblenz 238
Sankt Wendel 122, 190 ff.
Scheid, -, Daun 69
Scheven, Kall, Euskirchen 219
Schlebusch, Leverkusen 155
Schravelen, Kevelaer, Kleve 130, 149
Schweich, -, Trier-Saarburg 33
Schwirzheim, -, Bitburg-Prüm 192
Sechtem, Bornheim, Rhein-Sieg-Kreis 192

Seffern, -, Bitburg-Prüm 109
Selikum, Neuss, Rhein-Kreis Neuss 177
Siegburg, -, Rhein-Sieg-Kreis 137, 227, 228
Simmerath, -, Aachen 43
Simmern, -, Rhein-Hunsrück-Kreis 157
Sistig, Kall, Euskirchen 97, 98
Solingen 136
Spabrücken, -, Bad Kreuznach 33
Speicher, Bitburg, Bitburg-Prüm 123
Spitze, Kürten, Rheinisch-Bergischer Kreis 148, 149
Staffel, Kesseling, Ahrweiler 53
Steinfeld, Kall, Euskirchen 111, 112, 152, 207
Steinmehlen, Prüm, Bitburg-Prüm 106
Stoffeln, Düsseldorf 142, 143
Straelen, -, Kleve 234
Strassfeld, Swisttal, Rhein-Sieg-Kreis 45, 47
Stromberg, -, Bad Kreuznach 149
Strotzbüsch, -, Daun 149
Süchteln, Viersen 169, 170, 226
Süchterscheid, Hennef, Rhein-Sieg-Kreis 93

Trier, -, Trier-Saarburg 21, 74, 130, 148, 232, 237

Udenbreth, Hellenthal, Euskirchen 132
Ueß, -, Daun 243
Uerdingen, Krefeld 64
Usch, -, Bitburg-Prüm 77

Venwegen, Stolberg, Aachen 58
Viersen 102, 220
Vilich, Bonn 66, 68, 138
Vollmersbach, -, Birkenfeld 218
Vorst, Tönisvorst, Viersen 16, 49, 100 ff.

Wahlen, Losheim am See, Merzig-Wadern 240
Walbeck, Geldern, Kleve 242
Walberberg, Bornheim, Rhein-Sieg-Kreis 78
Waldbröl, -, Oberbergischer Kreis 46
Waldorf, Bornheim, Rhein-Sieg-Kreis 133
Wallerfangen, -, Saarlouis 90
Weeze, -, Kleve 69
Weibern, -, Ahrweiler 218
Weiden, Würselen, Aachen 94
Weilerswist, -, Euskirchen 181, 182

Weinsheim, Prüm, Bitburg-Prüm 208
Weisweiler, -, Aachen 58
Werthoven, Wachtberg, Rhein-Sieg-
    Kreis 138
Wesseling, -, Rhein-Erftkreis 245
Westum, Sinzig, Ahrweiler 247
Wetteldorf, Schönecken, Bitburg-
    Prüm 243
Wiesbach, Eppelborn, Neunkirchen
    73

Wiesenbach (Belgien) 164
Wimbach, -, Ahrweiler 204
Winningen, -, Mayen-Koblenz 213
Wipperfürth, -, Oberbergischer
    Kreis 63
Witterschlick, Alfter, Rhein-Sieg-
    Kreis 23, 139
Wittlich, -, Bernkastel-Wittlich 121
Wolfshoven, Jülich-Stetternich, Dü-
    ren 191

Würselen, -, Aachen 95
Wuppertal 124

Xanten, -, Wesel 58, 185, 186

Zell, -, Cochem-Zell 153
Zülpich, -, Euskirchen 97, 99

263

Patronate / Anliegen

Arme (Bettler, Bedürftige) 117, 157,
    211

Berufe
Architekt 135
Arzt 60, 22
Bäcker 229
Bauern (Landwirte, Hirten) 77,
    91,104, 164, 176, 190, 221
Bauhandwerker 74
Bierbrauer 89
Bildhauer 246
Feuerwehr 104
Fischer 128, 216
Gerber 120, 264
Hutmacher 144
Jäger 208
Kaufleute, Händler 216, 221, 229
Koch 157
Küfer 114
Küster 111
Maler 246
Maurer 135
Metallarbeiter (Schlosser, Schmiede)
    221
Metzger 74, 229
Müller 229
Nadelmacher 137
Orgel-, Instrumentenbauer 214
Papiermacher 246
Sattler 164
Schneider 44, 120, 241, 244
Schuhmacher 164
Uhrmacher 111
Wachszieher 144
Weber (Wollweber, Tuchmacher) 60,
    197, 214, 244
Winzer 15, 114, 120, 137, 164, 208
Wirt 157
Zimmerleute 74, 84, 120, 135

Brücken, Flussübergänge 15, 108,
    229

Familie (Ehe, Kinder, Jugendliche)
    71, 84, 101, 111, 144, 150, 155,
    190, 229

Feld (Aussaat, Ernte, Gedeihen der
    Feldfrüchte) 54, 77, 81, 89,
    104 ff., 114, 131, 141, 144, 188,
    190, 211, 223, 237, 250

Feuer, Brandgefahr 44, 63, 131, 141,
    157, 223

Frauen (Schwangere, Wöchnerinnen)
    89, 101, 111, 117, 150

Internet 15

Kino 120

Krankheit
„Antoniusfeuer" 46
Augen 19 ff., 33 ff., 50, 65, 77, 96,
    101, 155, 157, 179, 239, 241
Epilepsie, Fallsucht 37, 71, 111, 120,
    128, 137, 155, 164, 176, 208, 246
Fieber 81, 91, 104, 111, 125, 128,
    157, 169, 179
Kinderkrankheiten 101, 176, 185,
    194, 208, 237
Krankheiten, sonstige (Hals-, Brust-,
    Fuß-, Arm-, Zahn-, Blasenleiden,
    Lepra, Syphilis) 44, 50, 60, 63, 69,
    74, 77, 89, 94, 96, 101, 111, 114,
    120, 128, 135, 137, 160, 164, 172,
    174, 176, 179, 208, 216, 237, 239,
    241, 244
Pest 44, 48, 71, 77, 99, 141, 157,
    160, 181, 185, 237
Tollwut, Hundebiss 77, 128, 160,
    208

Liebe (Liebende, Verlobung, Heirat)
    71, 117, 135, 144, 174, 176, 194,
    216, 229

Mäuseplage 81

Pilger 141, 144, 237

Reisen 39, 82, 229

Reiter 91

Ritter 96, 144

Schützen 48, 91, 208

Seelische Nöte (Gefangenschaft, Un-
    glück, Verfolgung, Examensängste,
    Dämonenfurcht) 27, 44, 57, 108,
    117, 160, 181, 188, 200, 211, 227

Soldaten 48, 91

Sterben / Tod 48, 84, 113, 141, 144,
    194, 223, 244

Umwelt 190

Verkehr
Autofahrer 46, 141
Schifffahrt, Seeleute 108, 141, 229

Tiere
Haustiere 44, 60, 77, 120, 250
Bienen 234
Hunde 208
Schafe 120
Pferde 91, 96, 101, 244, 250
Rindvieh 96, 101, 176
Schweine 44, 237

Vieh, allgemein 17, 54, 144, 190,
    237, 246

Viehseuchen, -krankheiten 44, 54,
    57, 63, 96, 169, 181, 190, 237

Wetter 37, 63, 89, 114, 128, 131,
    144, 166, 194, 197, 237

Wiederfinden von Verlorenem 117,
    150

Bildnachweis

Landschaftsverband Rheinland: LVR-Institut für Landeskunde und Regionalgeschichte, Rheinisches Volkskundearchiv (= RhVA): S. 67, 80, 251; S. 16, 23, 29, 33, 49, 51, 61, 78, 100, 103, 105, 112, 133, 140, 156, 158, 163, 184, 201 (A. Döring); S. 13, 19, 36, 45, 47, 48, 56, 63 (auch: Hans Peter Hilger, Stadtpfarrkirche St. Nicolai in Kalkar, Boss, Kleve 1990), 85, 92, 109, 122, 213, 225, 238, 242 (P. Weber); S. 11, 25, 41, 62, 70, 79, 86, 88, 116, 118, 130, 134, 151, 153, 161, 165, 215, 217, 226, 235, 248 (Slg. Engels); S. 39, 64 (Slg. Heckmanns); S. 178 (Slg. Pfeifenbäckerei). LVR-Fachbereich Umwelt: S. 53, 59, 107, 145 (A. Heusch-Altenstein). LVR-Amt für Denkmalpflege: S. 126 (A. Liebl)

Museen / (Bild)archive / Kommunen / Kirchliche Einrichtungen / Vereinigungen: Universitäts- und Landesbibliothek Darmstadt: S. 205 (Hs 70, fol. 207). St. Eligiusbruderschaft 1433-Schmiedezunft Dülken e. V.: S. 220. Montessori Grundschule Lindenstraße, Düsseldorf (Projektgruppe „Herzog Wilhelm AG"): S. 139. Rheinisches Bildarchiv, Köln: S. 22 (rba_c001874). Clemens-Sels-Museum, Neuss: S. 99 (Inv. Nr. 1970Ne063). Gemeindeverwaltung Oberthal: S. 72. Stadtarchiv St. Wendel: S. 191, 193.

Fotografen / Privatarchive: Klaus-Walter Bleischwitz, Viersen: S. 168, 170. Karl-Heinz Chudojar, Hürtgenwald: S. 43. Franz-Josef Cohnen, Dilkrath: S. 83. Ernst Gierlich, Bornheim (Heimatfreunde Roisdorf): S. 182. Axel Gläser, Bonn: S. 68. Gregor Gödderz, Bonn: S. 75. Rainer Hülsheger, Roetgen (Heimat- und Eifelverein Rott): S. 189. Fotografie Thekla Meusel, Bonn: S. 231, 245. Gabriele Oberhauser, St. Ingbert: S. 180. Horst Pippert, Swisttal: S. 210. Andreas Woitschützke, Neuss: S. 97

Internet: commons.wikimedia.org/wiki/File:Vatican_StPaul_Statue.jpg: S.129 (Urheber: AngMoKio). www.duesseldorferjonges.de/sz/images/Nepomuk: S. 110. de.wikipedia.org/wiki/Datei:Figur-gezelin3.jpg: S. 154 (Foto: Gerard Kloock). www.bonner-muenster.de/aktuelles/nachrichten-09/2009-04-28-mai-maria.htm: S. 26. commons. wikimedia.org/wiki/image:2008.05.23.HubertusBr.uselang=de: S. 202 (Foto: Anton-kurt). upload.wikimedia.org/ wikipedia/commons/thumb/2/22/Ravensburg_St_Christina_Hl_Urban.jpg/140px-Ravensburg_St_Christina_Hl_ Urban.jpg: S. 14 (Foto Andreas Praefcke).

Literatur: Detlev Arens: Das Wasser von Köln (Greven, Köln 2004): S. 143. Manfred Becker-Huberti, Der heilige Nikolaus (Greven, Köln 2005): S. 233 (Karikatur Ottfried Zielke). Anton Legner, Kölner Heilige und Heiligtümer (Greven, Köln 2003): S. 195 (Foto A. Legner), 198 (Foto C. Körber-Leupold). Dieter P. J. Wynands: Sankt Sebastian in Würselen (Einhard, Aachen 1998): S. 95 (Foto K. Herzog).

Verlagsarchiv: S. 38

Umschlagfotos: Heilige Barbara (in Medaillon) mit Engel. Andachtsbild, 19. Jahrhundert (RhVA Slg. Engels). – Hl. Luzia (RhVA Döring), Quirinus-Prozession (Woitschützke), Hl. Martin (RhVA Slg. Engels), Nikolaus und Barbara (Meusel)

Leider war es nicht in allen Fällen möglich, die Inhaber der Bildrechte ausfindig zu machen. Wir bitten, sich gegebenenfalls mit dem Verlag in Verbindung zu setzen.